AF218540

Al margen de la norma

Claudia A. D'Amico
(coordinadora)

AL MARGEN DE LA NORMA

Manifestaciones y representaciones
siniestras de lo femenino
en el Próximo Oriente antiguo

SHADUM

EDITORIAL
UNIVERSIDAD DE SEVILLA

Colección Shadum
Núm.: 3

Comité editorial de la
Editorial Universidad de Sevilla:

Araceli López Serena
(Directora)
Elena Leal Abad
(Subdirectora)

Concepción Barrero Rodríguez
Rafael Fernández Chacón
María Gracia García Martín
María del Pópulo Pablo-Romero Gil-Delgado
Manuel Padilla Cruz
Marta Palenque
María Eugenia Petit-Breuilh Sepúlveda
Marina Ramos Serrano
José-Leonardo Ruiz Sánchez
Antonio Tejedor Cabrera

Motivo de cubierta: Composición de un relieve paleobabilonio de una madre amamantando a su hijo, actualmente en el Sulaymaniyah Museum, Iraq, y un amuleto neoasirio que representa a Lamashtu amamantando un cerdo, actualmente en el British Museum © Mateo Alba Asensio.

© Editorial Universidad de Sevilla 2024
  c/ Porvenir, 27 - 41013 Sevilla.
  Tfnos.: 954 487 447; 954 487 451
  Correo electrónico: info-eus@us.es
  Web: https://editorial.us.es

© Claudia Andreina D'Amico (coord.) 2024
© De los textos, los autores, 2024

Impreso en papel ecológico
Impreso en España-Printed in Spain

ISBN: 978-84-472-2632-0
Depósito Legal: SE 1887-2024

Maquetación y realización de cubierta: Dosgraphic s.l. (dosgraphic@dosgraphic.es)
Diseño de cubierta: Santi García. santi@elmaquetador.es
Impresión: Masquelibros

ÍNDICE

INTRODUCCIÓN

Claudia A. D'Amico

UNIVERSIDAD COMPLUTENSE DE MADRID (E)

Desde mediados del siglo XX, y especialmente en las últimas décadas, el creciente interés por la aplicación de la perspectiva de género en el estudio del Próximo Oriente antiguo ha propiciado un acercamiento cada vez más crítico a las representaciones femeninas y el conocimiento de las mujeres en sus sociedades, sus textos y su iconografía[1]. Sin duda, estas iniciativas académicas han contribuido, por una parte, al abandono de los estereotipos exóticos y sexualizantes del discurso orientalista del siglo XIX[2] y a la inscripción de nuevas realidades y experiencias femeninas dentro de las sociedades de la Antigüedad[3]. Y, por otra, han permitido la identificación de los principios sobre los que se sustentaba la noción de mujer en dichas sociedades y el cuestionamiento de los sesgos y las políticas de género que le dieron forma[4].

Si esto es así, precisamente, es porque en el centro de los debates y los estudios de género se halla el cuestionamiento y el análisis crítico, no solo de las mismas identidades de género y la naturaleza de la organización social por sexos, sino también de las políticas, los discursos y las interpretaciones de la realidad que las sustentan. La afirmación de 1949 de la filósofa Simone de Beauvoir de que «no se nace mujer, sino que se llega a serlo» ilustra esa denuncia de que aquello que se asocia con lo femenino tiene un origen social, construido con base en una cosmovisión cuya medida y eje es el hombre. En consecuencia, y a modo de una «hermenéutica de la sospecha», el enfoque de género abre la posibilidad de desestabilizar y refutar los discursos

---

1. Para un estado de la cuestión actualizado sobre historia de las mujeres y perspectiva de género aplicada al Oriente cuneiforme, ver García-Ventura y Justel (2018: 21-38). Sobre el mundo bíblico, ver Fuchs 2008. Para Egipto, Navrátilová 2012.

2. Ver Bahrani 2016, especialmente el capítulo dedicado a las mujeres babilonias en la imaginación occidental (pp. 161-179).

3. Resulta significativo, por ejemplo, el número cada vez mayor de estudios en torno al papel de las mujeres del Próximo Oriente en la sociedad, el trabajo, las artes o la religión. Por ejemplo, Budin y MacIntosh Turfa 2016, Lion y Michele 2016, Halton y Svärd 2018, García-Ventura y Justel 2018.

4. Las obras de la especialista bíblica Esther Fuchs sirven de ejemplos claros de este tipo de enfoque, especialmente Fuchs 2003.

androcéntricos (Puleo 2013), así como de actualizar y proponer nuevos (distintos, más complejos y liberadores) modelos de feminidad.

En consonancia con estos intereses, el presente volumen vuelve la mirada a los márgenes de la razón androcéntrica donde acechan las figuras de las «otras» mujeres, aquellas cuyos rostros se convirtieron en una amenaza o en un recordatorio de la fragilidad del orden impuesto por las jerarquías de género. No en vano el adjetivo *siniestro* aquí empleado señala, precisamente, la relación de estos personajes con las experiencias sensibles del miedo o del espanto.

1. Lo siniestro

En su ensayo de 1919 titulado *Lo Siniestro* (*Das Unheimliche*), Sigmund Freud aventuraba una definición del concepto de lo siniestro en su estrecha relación con la angustia. Partiendo de la afirmación de Schelling de que «se denomina UNHEIMLICH todo lo que, debiendo permanecer secreto, oculto… no obstante, se ha manifestado» (Freud 2006: 2487) y reconsiderando la hipótesis de Ernst Jentsch sobre lo siniestro como respuesta a la incertidumbre ante lo desconocido, Freud concluye que se percibe como siniestro aquello conocido o familiar que aparece como extrañado (Abalia 2020: 111). Para el psicoanalista, este proceso de extrañamiento tendría lugar debido a un proceso de represión, fundamentando el origen de lo siniestro en aquello familiar que ha sido reprimido (Freud 2006: 2501) y caracterizándolo como un concepto cargado de ambivalencia.

A pesar de que la obra de Freud es considerada, con razón, el análisis más exhaustivo sobre el tema, lo siniestro ya había sido interpretado por los artistas y escritores románticos durante el siglo XIX; no en vano Freud hace uso de la obra de E. T. A. Hoffman para ilustrar su tesis. Dentro del pensamiento romántico, el gusto por lo siniestro comparte lugar con el de lo monstruoso, el mal y lo pesadillesco, elementos que constituyen una respuesta al racionalismo de la Ilustración y la escisión que había provocado en el sujeto con respecto al mundo de las emociones y la imaginación (Molpeceres Arnáiz 2020: 40). Así, tanto en la definición psicoanalítica como en la literatura y el arte románticos, lo siniestro se enfrenta con el individuo y lo atrae a aquello que escapa a la razón, bien el inconsciente freudiano, bien los temores propios del siglo XIX.

De estos últimos, es pertinente para la definición de nuestro objeto de estudio la relación entre el yo y la otredad como paradigma de lo siniestro, especialmente en lo que se refiere a la alteridad femenina. Sirva de ejemplo una de las obras más reconocibles de este periodo, *El pecado*, de Franz Stuck (1893). Oculto entre las sombras, un rostro femenino observa. Sin embargo, lo primero que llama la atención del espectador es su torso semidesnudo, primero el ombligo, luego los pechos, los pezones, brillando con el esplendor de su palidez. Solo después es posible reparar en los ojos, la boca cerrada en un rictus ambiguo, a medio camino entre la sonrisa y el desafío. Y, en seguida, nos damos cuenta del enorme reptil que se enrosca en sus hombros, en su estómago. Mujer y serpiente se funden en la oscuridad y, así identificadas, protagonizan el famoso lienzo. Esta obra no solo se encuadra y representa la moral de su época, sino que también apunta claramente a la articulación de lo siniestro en torno a la figura femenina y, en concreto, su sexualidad. En consonancia con el espíritu finisecular y el gusto simbolista, el artista resalta el carácter seductor del personaje que, en una clara referencia a la Eva bíblica, se convierte en prototipo del peligro asociado a lo femenino.

2. Lo siniestro, lo abyecto y la alteridad femenina

Esta representación negativa de la feminidad es posible, en primer lugar, debido a su alteridad. En las sociedades androcéntricas, retomando la idea sobre el carácter construido del género bosquejada más arriba, la configuración de lo femenino responde a un posicionamiento del hombre como sujeto en oposición a la mujer, definida y representada como su «otra» (Braidotti 2004: 13)[5]. Como resultado de este acto de organización y jerarquización, la existencia de las mujeres va a conceptualizarse y a representarse a partir de la experiencia del yo masculino, de sus deseos y también de sus miedos. El sitio de confluencia de estos miedos y estos deseos es el cuerpo de las mujeres, puesto que en él no solo se cumplen su sexualidad y la reproducción, sino que también se concreta su diferencia. Es, por tanto, un espacio que suscita, a la vez, fascinación y horror (Braidotti 1997: 65), ambivalencia que, como ya vimos, es un requisito fundamental de lo siniestro.

El horror que anticipa el cuerpo femenino no es otro que el que provoca lo abyecto. Lo abyecto, definido por Julia Kristeva (1982: 4) como aquello que perturba la

---

5. Hay que tener en cuenta, sin embargo, que dentro de esta condición de alteridad operan otros factores como la raza o el estatus social y hay que entenderla como el resultado de una red compleja de exclusiones. Sobre la importancia de pensar críticamente las opresiones, ver Kim 2007.

identidad y el orden y no respeta límites ni normas, enfrenta al individuo con los elementos de su propia mortalidad y animalidad (las secreciones corporales, la corrupción, la desintegración). Dentro del orden simbólico androcéntrico, el primer objeto «abyectado» es el cuerpo materno, acción necesaria en el proceso de construcción de una identidad propia y diferenciada (Kristeva 1982: 13). Sin embargo, no desaparece del todo y permanece como una sombra, amenazando la integridad del sujeto (Jones 2007: 8). Es a partir de este primer rechazo y el miedo a volver al útero matero que todos los cuerpos femeninos, en tanto que cuerpos reproductores, se convierten en potenciales vehículos de lo abyecto.

Como consecuencia, no solo encarnará lo siniestro, sino también será el rostro por excelencia del monstruo. Si como manifestación de lo siniestro el cuerpo femenino se presenta como una amenaza latente y el peligro de su sexualidad solo se intuye, en las representaciones monstruosas femeninas se revela en sus formas más terroríficas: la madre primigenia, el útero monstruoso, la bruja, la vampira, la mujer poseída, la madre monstruosa y la castrante (Creed 2007: 83). Todas estas expresiones de lo que Creed (2007) llama «lo monstruoso femenino» coinciden en subvertir «los límites que determinan lo que resulta aceptable desde un punto de vista físico, biológico e incluso moral» (Roas 2019: 30). Es decir, la condición de su mera existencia es la fijación previa de una norma, un patrón cultural, biológico y moral que transgreden, exceden o rompen por completo.

Puesto que dichos límites dependen siempre del lugar y la época en la que se fijan, lo que se sitúa a sus márgenes estará siempre en constante negociación. Así, cuando hablamos de sociedades androcéntricas, partimos de la premisa de que la mujer ocupa un lugar subsidiario con respecto al hombre (es su otra); sin embargo, los modos en que se negocia y controla la diferencia femenina varía, evoluciona y fluctúa. De este hecho se colige que aquello que resulta siniestro o monstruoso va a reflejar en todos los casos las inquietudes de la época y la cultura a la que pertenecen (Useros Rodríguez 2014: 109).

3. El Próximo Oriente antiguo

El *Próximo Oriente antiguo*, término utilizado para delimitar el contexto en el que se circunscriben las aportaciones recogidas en este libro, comprende geográficamente áreas de Asia occidental: Mesopotamia, la costa egea de Turquía, el Levante (lo que es hoy en día Siria, Líbano, Palestina, Israel e Irán) y del noroeste de África

(Egipto y Sudán) (Bryce y Birkett-Rees 2016: 2). Cronológicamente, abarca desde la aparición de las fuentes escritas (en torno al 3.500-3.200 a.n.e.) hasta la conquista de Alejandro Magno en el 331 a.n.e. o su muerte en el 323 a.n.e. (García Ventura y Justel 2018: 24).

A lo largo de esos tres milenios, las civilizaciones que florecieron dentro de esa región fueron diversas, cada una con sus rasgos originales y sus propias variables internas, a pesar de estar unidas entre ellas por lazos culturales, políticos y comerciales (Liverani 1995: 26). Este escenario plantea una doble dificultad: dada las particularidades de estas civilizaciones y las variadas y desiguales fuentes para su estudio, no es posible generalizar o dibujar un panorama único desde el que estudiar y entender a las mujeres y las dinámicas de género vigentes (García-Ventura y Justel 2018: 25).

Puesto que los estudios que componen el presente libro abarcan prácticamente todo el ámbito geográfico próximo-oriental y se ocupan de diversos períodos concretos dentro de cada sociedad, el elemento de cohesión, tal como apuntaba al principio, es la idea de lo siniestro en relación con lo femenino. A pesar de que el marco conceptual del que depende es fruto de teorías psicológicas y filosóficas contemporáneas y occidentales, nos ofrece un punto de partida común a partir del cual acercarnos a aquellos personajes femeninos que trascienden y transgreden los criterios de normalidad establecidos en el seno de las culturas del Próximo Oriente.

La motivación que subyace es la de ofrecer aproximaciones novedosas al modo en que estas sociedades, en un momento concreto, conceptualizaron lo femenino y construyeron y representaron aquello que constituía su reverso ominoso, censurable o extraordinario. El orden en que se presentan las contribuciones sigue una lógica geográfica, aunque el lector encontrará entre ellos vínculos interpretativos y temáticos.

Así, la contribución de Inmaculada Vivas Sanz, «Erotismo en el arte egipcio del Reino Nuevo: al margen de lo formal», se enmarca en el mundo egipcio y se ocupa de los ostraca del Reino Nuevo con escenas eróticas transgresoras. En diálogo con las representaciones de desnudos femeninos en contextos funerarios sujetas, estas sí, a las normas del decoro, su aportación hace hincapié en las posibilidades de expresión y representación de lo femenino en el arte al margen de lo formal.

Los siguientes cuatro artículos se ocupan del mundo mesopotámico. En «Inbum, illūru y otros términos asociados a las metáforas de cuerpos femeninos en la poesía amorosa acadia», Claudia Muñoz Riesco lleva a cabo un recorrido por el reducido corpus de poesía erótica escrita en acadio para reflexionar en torno a las metáforas, especialmente frutales y florales, empleadas para referirse al cuerpo sexuado de la mujer. Al final de su análisis se pregunta, por una parte, por el lugar que ocupa realmente la mujer dentro de estos textos y, por otra, por la verdadera función del uso de esas figuras retóricas en este tipo de composiciones.

En «¿Quién le teme a la diosa enfadada? El caso de Ishtar, Anat y Tiamat», propongo un acercamiento a las figuras de Ishtar, Anat y Tiamat, tres divinidades caracterizadas por su ambivalencia, con el fin de reflexionar en torno a las expectativas de género que subvierten y los elementos de negatividad que se les atribuyen.

A continuación, el trabajo de M. Érica Couto-Ferreira, «Madres de monstruos: reflexiones teóricas sobre las mujeres y la producción de lo monstruoso en la Mesopotamia antigua», se acerca a los textos de *Enki y Ninmah* y *Enūma eliš*, a la serie adivinatoria conocida como *Šumma izbu* y a diversos textos terapéuticos sobre la gestación y el parto con el objetivo de definir las concepciones sobre el cuerpo de las mujeres vigentes en la Mesopotamia de los siglos segundo y primero a. n. e. Su lectura confirma una percepción de los cuerpos femeninos como espacios de negatividad y liminaridad, capaces de engendrar seres terroríficos y peligrosos.

Cierra este grupo «The Multi-sectional Identity and Iconography of the Neo-Assyrian Queen», obra de Amy Rebecca Gansell. La autora propone una nueva aproximación a las representaciones de las reinas neo-asirias con el propósito de definir su iconografía y establecer una serie de criterios para identificar imágenes de reinas en el arte neo-asirio. Su perspectiva, definida como «multi-seccional», tiene en cuenta las múltiples categorías (como el género o el estatus) que conforman su identidad regia.

Cuatro artículos constituyen el bloque dedicado al mundo del antiguo Israel. En el primero, «Débora y Yael: mujeres diferentes, mujeres transgresoras», Guadalupe Seijas de los Ríos-Zarzosa aborda los personajes bíblicos de Débora y Yael desde dos perspectivas distintas: la de la exégesis feminista decimonónica anglosajona y la de la historia del arte. La vigencia en el tiempo de ambos personajes pone de relevancia su carácter único y las posibilidades que ofrece su feminidad transgresora.

En «"Perversas son las mujeres". Mal y feminidad en el judaísmo antiguo», E. Macarena García García lleva a cabo un recorrido por el papel jugado por la mujer y lo femenino dentro de la literatura judía en época helenística dedicada al origen del mal. Los textos analizados subrayan que la misoginia imperante en la época tiene su justificación en una pretendida naturaleza perversa de lo femenino que debe ser controlada y sometida por el hombre.

Por su parte, Andrés Piquer Otero hace dialogar a la teoría marcusiana sobre la represión del deseo como base del orden establecido y las ideologías del Segundo

Templo sobre el eros y lo femenino. En su artículo, «"No lo hagáis porque viene el Apocalipsis". Eros y ¿civilización? en el judaísmo y cristianismo antiguo», el autor argumenta que lo siniestro femenino se construye de manera gradual, partiendo de la consideración de la lujuria y la agencia femenina como causas del pecado y la caída individual, hasta convertir las manifestaciones del deseo (especialmente del femenino) en la causa misma del fin de los tiempos.

En «¿Prostituta o mesonera? Las metamorfosis de Rajab en la lexicografía de hebreo bíblico», Clara Carbonell Ortiz realiza un repaso por la historia lexicográfica del epíteto *zōnâ*, palabra hebrea que designa a la prostituta y con la que se califica al personaje de Rajab en Josué 2-6. Lo especialmente interesante de este recorrido es la relación profunda entre la exégesis de la voz *zōnâ* y los intereses que motivaron las distintas interpretaciones del propio personaje de Rajab a lo largo del tiempo.

En el último artículo, dedicado al mundo persa y titulado «Maligna o empoderada: una relectura de la información histórica de la reina aqueménida Parisátide», Juan Antonio Álvarez-Pedrosa analiza la información proporcionada por el médico griego Ctesias de Cnido (siglos V-IV a. n. e.), sobre la reina aqueménida Parisátide. Aunque el retrato de la reina como una mujer terriblemente cruel y malvada forma parte de un discurso griego antipersa, sin duda la condición femenina de Parisátide contribuye al juicio severo al que es sometida en la obra de Ctesias.

Como se puede apreciar, cada contribución ofrece un diálogo entre los paradigmas sancionados de lo femenino y las negociaciones y renegociaciones que desde las distintas fuentes se llevan a cabo para definir o controlar los aspectos más irreductibles de las identidades femeninas (la maternidad, la sexualidad, sus corporalidades). Además, estos acercamientos, en última instancia, enriquecen no solo las indagaciones académicas sobre el género y lo femenino en la Antigüedad, sino que, en el caso concreto del Próximo Oriente, también ofrecen herramientas y metodologías para repensar aquello que desde Occidente se ha fijado como «lo oriental».

Si esto es así es porque «lo oriental» se había construido (y se sigue construyendo) en torno a un modelo de alteridad análogo al de lo femenino. Es especialmente durante el siglo XIX, en pleno auge imperialista europeo, cuando surge en el seno de la intelectualidad y la academia un interés por lo oriental y cuya principal consecuencia es la regularización y la representación sesgada de Oriente, sostenida a través de estereotipos e imágenes enormemente dependientes de las propias ideas occidentales sobre el género y la sexualidad femenina (Bahrani 2006: 163). Por este motivo, estudiar estos modelos de feminidad transgresores, diferentes y a veces malvados (¿poderosos?) y preguntarnos cómo y por qué son representados, pone en perspectiva y contextualiza aquellos rasgos y prejuicios endémicos y cuestiona los sesgos y el imaginario contemporáneo al ofrecer una visión crítica, particular y cada vez más completa de lo que significaba lo femenino para las sociedades del Próximo Oriente antiguo.

Bibliografía

Bahrani, Zainab (2001): *Women of Babylon. Gender and Representation in Mesopotamia.* Londres / Nueva York: Routledge.

Braidotti, Rosi (1997): «Mothers, monsters, machines», en Katie Conboy *et al.* (eds.), *Writing the body: Female embodiment and Feminist theory.* Nueva York, Chichister: Columbia University Press, 59-70.

Bryce, Trevor y Jessie Birkett-Rees (2016): *Atlas of the Ancient Near East. From Prehistoric Times to the Roman Imperial Period.* Abingdon, Nueva York: Routledge.

Budin, Stephanie Lynn y Jean Macintosh Turfa (eds.) (2016): *Women in Antiquity. Real Women Across the Ancient World.* Londres / Nueva York: Routledge.

Creed, Barbara (2017): *The Monstrous-Feminine. Film, Feminism, Psychoanalysis.* Londres / Nueva York: Routledge.

Feliú, Lluís (2018): «Retratos y semblanzas: las mujeres en la literatura sumeria», en Agnès García-Ventura y Josué J. Justel (eds.), *Las mujeres en el Oriente cuneiforme.* Alcalá de Henares: Servicio de Publicaciones de la Universidad de Alcalá, 117-140.

Freud, Sigmund (2006): *Obras completas de Sigmund Freud. Tomo 7 (1916-1924). Ensayos XCVIII al CXLIV.* Madrid: Biblioteca Nueva.

Fuchs, Esther (2003): *Sexual Politics in the Biblical Narrative: Reading the Bible as a Woman. JSOTSup 310.* Sheffield: Sheffield Academic Press.

Fuchs, Esther (2008): «Feminist approaches to the Hebrew Bible», en Frederick E. Greenspahn (ed.), *The Hebrew Bible: New Insights and scholarship.* Nueva York / Londres: New York University Press, 76-95.

Halton, Charles y Saana Svärd (eds.) (2018): *Women's Writing of Ancient Mesopotamia.* Cambridge: Cambridge University Press.

Jones, Leisha (2007): «Women and Abjection: Margins of Difference, Bodies of Art», *Visual culture and Gender*, 2, 6-15.

Kim, Hyun Sook (2007): «The politics of border crossings. Black, Postcolonial, and Transnational Feminist Perspectives», en Sharlene Nagy Hesse-Biber (ed.), *Handbook of Feminist Research: Theory and Praxis.* Thousand Oaks, California: Sage, 107-122.

Kristeva, Julia (1982): *Powers of Horror. An Essay on Abjection.* Nueva York: Columbia University Press.

Lion, Brigitte y Cécile Michel (eds.) (2016): *The Role of Women in Work and Society in the Ancient Near East.* Boston / Berlín: De Gruyter.

Liverani, Mario (1995): *El Antiguo Oriente. Historia, sociedad y economía.* Barcelona: Crítica.

Marijuán, Andrea Abalia (2020): «Lo siniestro femenino: Olimpia y otros fantasmas imaginarios con rostro de mujer», *Tropelías. Revista de teoría de la literatura y literatura comparada*, 34, 109-125.

Molpeceres Arnáiz, Sara (2020): «Oscuro interior: lo siniestro freudiano y sus raíces románticas», *Tropelías. Revista de teoría de la literatura y literatura comparada,* 34, 32-51.

Navrátilová, Hana (2012): «Gender and Historiography (in Deir el-Medina)», en Gregor Neunert, Kathrin Gabler y Alexandra Verbovsek (eds.), *Sozialisationen: Individuum-Gruppe-Gesellschaft.* Beiträge des ersten Münchner Arbeitskreises Junge Ägyptologie (MAJA 1), Göttinger Orientforschungen 51. Wiesbaden: Harrassowitz, 153-171.

Puleo, Alicia (2013): «El concepto de género como hermenéutica de la sospecha: de la biología a la filosofía moral y política». *Arbor*, 189-763, a070. Disponible en https://arbor.revistas.csic.es/index.php/arbor/article/view/1871/2044 [fecha de consulta: 08/06/2023].

Roas, David (2019): «El monstruo fantástico posmoderno: entre la anomalía y la domesticación», *Revista de Literatura, LXXXI,* 161, 29-56.

Useros Rodríguez, Silvia (2014): «El monstruo femenino y la violencia liberadora en *A Girl Walks Alone at Night* de Ana Lily Amirpour», *Estudios humanísticos. Filología,* 43, 107-122.

EROTISMO EN EL ARTE EGIPCIO DEL REINO NUEVO: AL MARGEN DE LO FORMAL

Inmaculada Vivas Sainz

UNIVERSIDAD NACIONAL DE EDUCACIÓN A DISTANCIA,

DEPARTAMENTO DE HISTORIA DEL ARTE

Resumen:

El erotismo en el arte egipcio es una temática amplia, vinculada con aspectos teóricos como la concepción del desnudo y sus múltiples significados. A través del análisis de ciertos ejemplos de pintura mural del Reino Nuevo, este estudio aborda la creación de imágenes con carga erótica en un contexto artístico funerario sujeto a las normas del decoro. En esas pinturas los artistas utilizan recursos (el movimiento), poses atípicas para llamar la atención sobre la escena (la frontalidad) y símbolos eróticos para crear imágenes sensuales, como las bailarinas desnudas, en contraposición con las representaciones de niñas desnudas (hijas del difunto) carentes de carga erótica. Por su parte, los ostraca con escenas de sexo explícito revelan un verdadero arte al margen de lo formal, con una creatividad y espontaneidad extraordinarias, liberadas de normas y tabúes. Esas imágenes solo tienen paralelos en el llamado «Papiro Erótico de Turín» (CGT 55001), con un carácter transgresor y espontáneo impensable en el arte funerario, pero que no descuida las formas sensuales de las mujeres representadas. El análisis de estas fuentes de índole diversa revela una compleja concepción del erotismo en el antiguo Egipto plasmada en un arte al margen de lo formal.

Palabras clave: Erotismo, pintura, tumbas, ostraca, papiro, artistas.

1. Introducción

El presente estudio trata de abordar un complejo tema como es la representación del erotismo en el arte del antiguo Egipto, que está íntimamente ligada a la imagen del desnudo femenino. Las fuentes iconográficas relativas a esta temática son especialmente ricas en el periodo del Reino Nuevo, sobre todo en la XVIII y XIX dinastías, conformando una amplia documentación, que se complementa con fuentes escritas (poemas amorosos, textos religiosos, etc.). Su análisis excede con creces los límites de este trabajo, que pretende investigar una serie de imágenes significativas del erotismo que podrían clasificarse en dos grupos. Por un lado, las escenas del arte funerario presentes en la decoración de las tumbas privadas del Reino Nuevo, y por otro, las imágenes de los ostraca, dibujos realizados en un soporte de lajas de piedra caliza (o de fragmentos de cerámica). Ambas categorías pueden ser consideradas como ejemplos de un arte al margen del estilo formal y canónico sujeto fuertemente a unas normas establecidas, en las que el artista se atreve a mostrar, en mayor o menor medida, escenas cargadas de sensualidad y de erotismo protagonizadas por mujeres, o por parejas. Si bien no corresponde a ninguna de estas categorías, ostraca o arte mural, una breve mención al llamado «Papiro Erótico de Turín» (CGT 55001) es relevante y servirá para ilustrar la iconografía de escenas egipcias de contenido sexual (Vernus 2018: 107-118).

Para comprender el concepto del erotismo, es necesario tener en cuenta un elemento intrínsecamente relacionado como es el desnudo en el arte egipcio, y definir su uso, que tiene múltiples facetas. A inicios del siglo XX se publicaron ya los primeros estudios sobre la desnudez en la cultura faraónica (Müller 1906), seguidos de trabajos más exhaustivos (König 1990; Goelet 1993) y más recientemente incluso con enfoques comparativos respecto al arte próximo-oriental (Asher-Greve y Sweeney 2006). Las aportaciones y perspectivas de estos estudios son diversas, Müller concebía la desnudez como la ausencia de vestimenta que exige nuestra costumbre, analizando fuentes de distintas culturas del mundo antiguo (Müller 1906: 3). El trabajo de König ponía el énfasis en que la función decorativa y simbólica de la desnudez era la más importante, de modo que esa funcionalidad existía en el marco de categorías estéticas y morales (König 1990: 25-62).

Un enfoque más amplio adoptaba Goelet, para quien una figura humana desnuda o semidesnuda puede expresar distintas emociones, puede reflejar funciones de culto, o incluso reflejar la edad de una persona en el arte egipcio (Goelet 1993: 20). La desnudez se asocia la iconografía de los niños, quizás como símbolo de pureza, de modo que los hijos de un personaje (por ejemplo, el propietario de la tumba) suelen ser representados desnudos, como niños, pese a que hubiesen entrado ya en la edad adulta. Además, la desnudez puede estar relacionada con la privación de un estatus que confiere la vestimenta, como en el caso de los que son humillados (prisioneros), como el caso de los siervos, o incluso como los niños, al no ser miembros de pleno derecho en la comunidad. Es evidente que la desnudez tiene una función práctica y como tal es representada en algunos contextos, como en las escenas de trabajo de marineros como por ejemplo en la tumba de Kagemni en Saqqara (Harpur 1987: pl. 22), o en las escenas de prácticas sexuales tales como los ostraca eróticos, por ejemplo, el conservado en el British Museum, EA50714 (Demareé 2002: pl. 106). Por supuesto, en el antiguo Egipto una figura humana desnuda podía contener también una fuerte carga erótica, en especial en determinadas poses y actitudes, como las sugerentes bailarinas del arte mural.

Es necesario destacar que los cuerpos desnudos femeninos se muestran mucho más sexualizados que los masculinos en el arte egipcio, y además los cuerpos de las mujeres se mostraban más abiertamente para ser mirados que los de los hombres. Es decir, esa representación del cuerpo desnudo de la mujer es mucho más sexual y erótica que la de los hombres (Asher-Greve y Sweeney 2006: 118-119). Ese fenómeno puede estar condicionado por el hecho, que en ocasiones es pasado por alto, de que el arte egipcio es mayoritariamente creación de hombres (ante la ausencia de mujeres artistas en las fuentes escritas e iconográficas), artistas que quizás sentirían una especial predilección por la belleza del cuerpo femenino, dado el detallismo y perfección de esas representaciones femeninas.

2. La imagen del erotismo en el ámbito funerario del Reino Nuevo

Las tumbas privadas del Reino Nuevo ofrecen numerosos ejemplos de la iconografía erótica femenina, en particular las del área tebana. Cabe señalar que el contexto funerario tiene una serie de peculiaridades importantes, siendo fundamental el concepto de «decoro». John Baines introdujo hace ya algunas décadas este concepto, que consiste en un conjunto de normas y de prácticas que definen lo que puede ser representado o escrito, en qué contexto y en qué forma (Baines 2007: 14-17). No se trata de un elemento estático, sino que lógicamente evolucionó a lo largo del tiempo. El espacio de la tumba tiene una connotación religiosa y en el arte funerario faraónico todo está marcado por ese sentido de decoro, basándose en el cual las escenas están dotadas de un importante papel simbólico y no se deben a una elección casual. En este sentido, debe tenerse en cuenta por ejemplo que existían poses o escenas que podrían no ser adecuadas para ser representados en una tumba.

Dentro de la amplia variedad de escenas que decoraban las tumbas, destacan las imágenes de bailarinas y músicos como excelente ejemplo de erotismo. Las representaciones de músicos femeninas y bailarinas pueden encontrarse en las escenas de banquete, en las que frecuentemente se encuentran mujeres jóvenes desnudas, simplemente adornadas con collares o cinturones de cintas. Por ejemplo, en la tumba TT 22 se muestran jóvenes llevando una túnica transparente que deja su cuerpo visible, adornado cinturones (Davies y Gardiner 1936, pl. XXVI). En la tumba TT 38 están también presentes jóvenes músicos, en este caso algunas completamente desnudas y adornado su cuerpo con collares y cinturones (Davies 1963, pl. VI). Parece que los egipcios eran conscientes de que la desnudez era más seductora si no era total, y quizás por ello representaban las figuras femeninas con joyas, cinturones o pelucas (Goelet 1993: 27).

El desnudo quedaba reservado para estos personajes secundarios que no pertenecían a la élite, tales como siervas o bailarinas, pero no se empleaba para la representación de la esposa del difunto o de sus familiares. En esas representaciones de banquetes funerarios están presentes mujeres músicos, bailarinas y asistentes, y se incluyen collares florales, aceites y ungüentos, y alcohol en forma de vino y cerveza. El significado de estas escenas de banquete es relevante, porque parecen estar vinculadas a la diosa Hathor, divinidad de la música, el amor, la danza, etc. (Harrington 2016: 135-136). Las escenas de banquete en tumbas tebanas que incluyen bailarinas son numerosas en el Reino Nuevo, se documentan 33 ejemplos de acuerdo con el reciente estudio de Bueno Guardia, siendo un tipo de danza que nunca es realizada por hombres (Bueno Guardia 2020: 46-47). Además, el hecho de que las protagonistas de estas danzas sean siempre mujeres estaría relacionado con el simbolismo de estas celebraciones, en las que era muy importante el componente sensual y erótico, así como la fertilidad, pues estas festividades están vinculadas a la idea de renacimiento del difunto.

Por ejemplo, en la tumba tebana de Nakht (TT 52) fechada en la XVIII dinastía (Davies 1917: pl. XVI), se atestigua un conjunto de tres mujeres, dos músicas femeninas y una bailarina, ocupando esta la posición central y representada desnuda, con su grácil cuerpo simplemente decorado por collares y un cinturón con cintas y cuentas (Shedid y Seidel 1996: 17). Destaca el equilibrio visual de la composición de las tres mujeres, entre las que la joven que baila desnuda ocupa un lugar predominante, no solo por su posición central, sino también por el contraste de su piel oscura desnuda frente a los vaporosos vestidos blancos de las músicas (fig. 1). La desnudez de las bailarinas pudo haber tenido motivos prácticos, ya que la ropa dificultaría el movimiento (Asher-Greeve y Sweeny 2006: 122), pero es muy probable que la imagen desnuda femenina no fuese casual, sino un elemento que confería sensualidad al baile. En mi opinión, la forma sinuosa de la figura de la bailarina de la tumba de Nakht y sus caderas redondeadas potencian el erotismo de la mujer.

Figura 1. Escena de mujeres músicos y bailarinas, Tumba de Nakht, TT 52, foto de la autora

La sensualidad de las imágenes de bailarinas de la XVIII dinastía se ejemplifica de manera excepcional en uno de los fragmentos de la tumba tebana de Nebamun, (EA37984) conservado en el British Museum (Parkinson 2008). Se trata igualmente de una escena de banquete de la que se conservan dos registros, y en uno aparece un grupo de músicos sedentes y junto a ellas dos bailarinas desnudas (EA37984). Destaca la postura frontal de las caras de dos de las músicos, un elemento atípico en arte egipcio bidimensional que funciona como una especie de gancho visual, focalizando la atención del que contempla la escena sobre este grupo de mujeres (fig. 2). Las dos mujeres que bailan se muestran completamente desnudas, a excepción de los adornos que lucen, un sencillo cinturón de cintas con cuentas (que se agitaría

Figura 2. Fragmento de pintura mural de la tumba de Nebamun, detalle (EA37984).
© *The Trustees of the British Museum*

produciendo un leve sonido) o un collar (Manniche 2002: 46). Se representan en una curiosa composición que se basa en la superposición de sus figuras de perfil, creando profundidad en la escena. De nuevo es el movimiento sinuoso de las dos mujeres lo que confiere erotismo a la pareja de bailarinas, que parecen bailar muy próximas y moviendo sus cuerpos gráciles de formas redondeadas al son de la música.

La mera inclusión de una figura femenina desnuda no implica necesariamente un simbolismo de erotismo, como sucede en el caso de la representación de las hijas del difunto en las tumbas. Es habitual encontrar la imagen de una niña o muchacha representada sin vestimenta en el contexto de escenas de destacada importancia religiosa, como el viaje en barca a Abidos que el difunto debía realizar en vida atestiguado por ejemplo en la tumba de Pashedu, TT 3 (Lhote 1954: pl. XVI). En dicha escena la hija se ubica entre los dos progenitores arrodillada y desnuda en la embarcación, pero con una pose estática y casi solemne, en la que no se aprecia un erotismo en el modo de representarla (fig. 3). Con apenas unos trazos, el pintor de esta obra crea una imagen sencilla para potenciar el sentido de desnudez y pureza de la niña (fig. 4).

Figura 3. Tumba de Pashedu, TT 3, Deir el Medina, detalle. Foto de la autora

Figura 4. Tumba de Pashedu, TT 3, Deir el Medina, detalle. Foto de la autora

Otras tumbas ramésidas similares a la de Pashedu ofrecen ejemplos más complejos aún de las representaciones de niñas desnudas, como la TT 359, perteneciente a Inerkhau (Bruyere 1933: 32-70). De nuevo en el contexto de una escena puramente religiosa (la presentación de ofrendas por parte de los hijos del difunto, Cámara G, pared norte), aparece un grupo de cuatro niños desnudos, tres de ellas niñas (Bruyere 1933: pl. 17). Los textos que acompañan la escena simplemente indican que se trata

de nietos de Inerkhau, de modo genérico. A la izquierda se muestran al difunto y a su esposa sedentes, en una composición totalmente equilibrada por las figuras de sus dos hijos en pie frente a ellos y a la derecha realizando las ofrendas. En el centro de la composición y captando la atención del espectador aparecen una adolescente de mayor tamaño y una niña sentada. La edad de la adolescente viene sugerida por el vello púbico, pero de nuevo la pose estática minimiza la carga erótica del desnudo (fig. 5). El carácter religioso de la escena determina claramente el modo de representar a las jóvenes, de manera que el desnudo por sí mismo no confiere sensualidad a la

Figura 5. Tumba de Inerkhau, TT 359, Deir el Medina, detalle. Foto de la autora

imagen, sino que es el contexto el que puede dotar de ciertos matices al simbolismo de la desnudez.

Tras el análisis de diversos ejemplos representativos de escenas de tumbas egipcias en las que se intuye un erotismo, cabe señalar que el contexto funerario y el sentido del decoro determinan fuertemente el modo de representar ciertas imágenes sensuales. Si bien las representaciones incluyen bailarinas desnudas en poses sensuales, que sugieren actitudes eróticas, no se atestiguan por ejemplo escenas de sexo explícito. Pese a que los artistas que realizaron esas representaciones de mujeres en tumbas privadas del Reino Nuevo debieron sentirse más libres para innovar y crear composiciones originales (a diferencia de lo que sucedería en las tumbas reales o en la decoración de los templos), el carácter religioso del contexto y la tradición figurativa pesaba demasiado como para traspasar ciertos límites.

Por otro lado, es necesario reflexionar sobre la audiencia a la que estaban destinadas las escenas de las tumbas. Las tumbas-capilla pertenecientes a personajes de la élite, como la de Nakht o Nebamun eran espacios visitados por familiares y amigos del difunto, tanto hombres como mujeres que acudirían para realizar el culto funerario y con motivo de los festivales religiosos tebanos. Entre esas ocasiones destacaría en particular la Bella Fiesta del Valle que congregraba un ingente número de población y se visitaban también los enterramientos de los ancestros (Bietak 2012: 142). Las tumbas de artistas y habitantes de Deir el Medina, de tamaño más reducido, incluían decoración solo en las cámaras subterráneas, inaccesibles normalmente, y sus escenas no serían contempladas salvo en ocasiones puntuales como sucesivos enterramientos familiares o reutilizaciones.

Las escenas más llamativas como las de banquete con bailarinas o mujeres músicos desnudas en contextos de erotismo se ubicaban en la sala transversal de esas tumbas de personajes de la élite, y con mucha frecuencia en las paredes focales, aquellas que se eran contemplaban al acceder a la tumba y por tanto las más importantes. En esas composiciones los artistas emplearon conscientemente recursos como la frontalidad de los rostros, el movimiento sinuoso o la profundidad para captar la atención de la audiencia. Es fácil suponer que esas imágenes de jóvenes desnudas resultaban muy atrayentes para los visitantes de la tumba, recreando el ambiente de sensualidad y erotismo que existía en esos banquetes, en los que parece que se consumían bebidas alcohólicas y sustancias estimulantes. De hecho, existían en el antiguo Egipto otras festividades en los que tenía lugar una transgresión notable, como el llamado «Festival de la intoxicación», documentado textualmente desde la XVIII dinastía (Spalinger 2000: 257-282), dedicado a Hathor y en el que se bebía y se bailaba hasta la extenuación creando un ambiente de alta carga erótica en el que las prácticas sexuales debían ser frecuentes.

3. Al margen de lo formal: erotismo y desnudo en los *ostraca*

Para entender verdaderamente la plasmación del erotismo y las prácticas sexuales del antiguo Egipto debemos recurrir al corpus de ostraca figurativos, un tipo de fuente iconográfica con frecuencia olvidada. Ellos revelan una espontaneidad que solo se documenta en los escasos graffiti eróticos que se han conservado, como los encontrados en la tumba 504 de Deir el Bahari (Hue-Arcé 2013). A través del estudio de los ostraca figurativos, dibujos realizados en lajas de caliza o fragmentos de cerámica que son abundantes en el registro arqueológico del Reino Nuevo, es posible intuir la creatividad del artista en su estado más puro. Existe una gran variedad de tipologías dentro del conjunto de ostraca, no solo por su temática sino por la calidad de su dibujo y su grado de terminación. Cabe mencionar desde bocetos muy esquemáticos con trazo apresurado (como los animales del ostracon EA26706, British Museum), hasta ejemplos con un dibujo detallista y minucioso (como el ostracon con una imagen de un rey, N 498, *Musée du Louvre*). Pero sobre todo resultan interesantes para la temática del erotismo porque suelen mostrar también el «arte no canónico», con un carácter mucho más libre y espontáneo, reflejando temáticas ausentes en las tumbas o en los templos (Pomerantseva 2002: 981). Puntualmente los ostraca contienen también bailarinas o músicos desnudas idénticas a las que se documentan en la pintura funeraria mural, como se aprecia en un ejemplo de Deir el Medina de la XIX dinastía con una joven que toca el laúd (Museo Egipcio, El Cairo, JE 63805). Una mujer músico muy similar se atestigua en un ostracon del Museo de Berlín (ÄM 21445), que destaca por las formas voluptuosas y su desnudez que contrasta con un collar de cuentas y unos grandes pendientes de aros.

En otros ostraca se hallan representaciones explícitas de sexo, en los que el erotismo alcanza su máxima expresión, que muestran un verdadero arte al margen de lo formal libre de estrictas normas de decoro y convenciones, donde los artistas se atreven a realizar dibujos de las llamadas escenas eróticas en las que no existe ningún tabú. La mayor parte de ellos corresponden a la época del Reino Nuevo, en especial XIX y XX dinastías, y frecuentemente proceden de Deir el Medina, el asentamiento de los artesanos más cualificados de la época dedicados a la decoración de las tumbas reales. Las fuentes escritas no aportan relatos concretos sobre los gustos sexuales de la época, si bien existen textos que indican que el adulterio estaba condenado, y a pesar de ello era habitual, como indican varios papiros y ostraca legales de Deir el Medina con acusaciones de adulterio a hombres y mujeres (Orriols Llonch 2012: 33-36).

Un ostracon conservado en el British Museum (Deir el Medina, XIX-XX dinastías, EA50714), es un excelente ejemplo de estas imágenes explícitas: el hombre aparece en pie copulando con una mujer, que se muestra ligeramente inclinada y delante de él (fig. 6). Ambos se representan desnudos sin ningún tipo de adorno,

Figura 6. British Museum, Deir el Medina, XIX-XX dinastías, EA50714. © *The Trustees of the British Museum*

en la postura más habitual en el arte egipcio para este tipo de imágenes de parejas manteniendo relaciones sexuales. Llaman la atención los rasgos toscos y casi
andróginos de la mujer, y la presencia de un texto jeroglífico de difícil lectura y
con distintas interpretaciones, que parece aludir a la satisfacción y a la felicidad
(Orriols Llonch 2009: 131). Lo realmente complejo es aventurar el propósito de
este ostraca, que bien podrían ser meros dibujos realizados para el entretenimiento,
actos sexuales relacionados con festividades religiosas, o incluso parodias de otro
tipo de escenas más decorosas[1]. Varios ostraca muestran escenas muy similares de
coito a tergo (Manniche 1988: 76), pero dado lo limitado de este tipo de ejemplos es
difícil extraer conclusiones generales sobre los gustos sexuales del antiguo Egipto
(Orriols Llonch 2009: 135).

---

1. https://www.britishmuseum.org/collection/object/Y_EA50714

Figura 7. Ostraca 23676, Colección del Museo Egipcio de Berlín. © Dibujo de Gema Menéndez

Otros ejemplos de ostraca conservan escenas más complejas, como la del ostracon 23676 de la colección del Museo Egipcio de Berlín (fig. 7). Un hombre y una mujer de pie se muestran abrazados en actitud erótica, estando rodeados por dos niños. Un quinto personaje observa la escena desde lejos, quizás una mujer de cierta edad, lo que ha hecho pensar que se tratase de una escena en un burdel. La imagen fue interpretada como una escena de lucha, pero parece más bien que se trata de una escena de sexo (Minault-Gout 2002: 192). Respecto al estilo, destaca el trazo rápido de las figuras que son representadas desnudas, si bien la mujer lleva peluca y un collar como adorno.

Mucho más detalladas son las figuras de un ostracon ramésida del Museo del Cairo (N. inv. 11198), en el que vemos a una mujer recostada desnuda, que porta peluca, pendientes, un collar y un cinturón de cintas (fig. 8). El hombre desnudo y arrodillado, copula con ella, alzando sus piernas y abrazando su cuello. Destaca el

Figura 8. Ostracon ramésida, Museo del Cairo (N. inv. 11198). © Dibujo de Gema Menéndez

gesto afectuoso de la mujer que sostiene la barbilla de su compañero, y la actitud activa de la mujer que mira cara a cara su compañero. La postura de la pareja de este ejemplo es similar a la representada en una de las escenas del llamado «papiro erótico de Turín» (CGT 55001).

Desde el punto de vista artístico, la mayor parte de los ostraca eróticos presentan figuras de trazo sencillo y en ciertas ocasiones esquemáticas, en las que no existe un contexto determinado ni elementos que indiquen un significado ritual o festivo de las escenas. Sin embargo, pese al esquematismo y su carácter monocromático, presentan figuras proporcionadas y realistas, en poses poco habituales respecto a las imágenes canónicas que sugieren una destreza en el dibujo, lo que podría indicar que algunos de ellos fueron realizados por artistas egipcios. Es difícil asegurar si los dibujos y el texto de los ostraca eróticos fueron realizados por la misma persona, aunque es factible que fueran hombres, dado que el acceso a la escritura estaba destinado sobre todo a los varones, si bien no exclusivamente, puesto que existen evidencias de mujeres no iletradas (Bryan 1985). Cabe la posibilidad de que texto e imagen fueran obra de la misma persona, quizás artistas, quienes eran en su mayoría hombres, como se infiere de las numerosas fuentes escritas e iconográficas.

Si se compara este tipo de escenas con las encontradas en el arte mural funerario, llaman la atención las composiciones realistas y las formas voluptuosas de algunas mujeres, pese a la ausencia de variedad cromática en los ostraca y pese a lo sencillo de sus formas. Sin duda, lo más complicado es determinar la función de estos ostraca, que según algunos autores pueden ser una especie de fantasías eróticas, en las que la mujer desempeña un rol de cierto sometimiento, como sugieren las poses habituales de coito *a tergo* (Orriols Llonch 2009: 134). No obstante, teniendo en cuenta la importancia de tener descendencia en el antiguo Egipto, es factible que esas imágenes tuvieran un significado ulterior, y buscasen también potenciar la fertilidad de la pareja recreando la cópula, más allá del mero placer que muestran.

4. Una fuente iconográfica excepcional: el papiro satírico-erótico de Turín

El llamado «papiro satírico y erótico de Turín» (CGT 55001) merece una mención especial en este breve estudio sobre el erotismo en el arte egipcio, al ser un tipo de documento único, y que se encuadra perfectamente en el arte al margen de lo formal. Fue encontrado en Deir el Medina en el interior de una vasija y llegó a los fondos de Museo Egizio de Turín en 1824 en estado ya fragmentario. En una de sus caras se representan escenas de animales con vestimentas y parodiando actitudes humanas, en clave humorística y satírica, una tipología que está presente en otros papiros y ostraca (Babcock 2014). En la otra cara, se muestran diversas escenas eróticas de parejas practicando sexo en doce escenas diferentes, realizadas con sumo detalle. Diferentes textos breves alusivos a las relaciones sexuales, a modo de diálogo con el espectador, se insertan entre las escenas, probablemente realizados con posterioridad a los dibujos (Omlin 1973). Cabe destacar el modo de representar a los personajes masculinos, que corresponden a un mismo tipo: un hombre maduro con barba y destacada calvicie, de muslos gruesos y ligera barriga que viste un faldellín corto y llama la atención por su falo desmedido. El hecho de que no se trate de hombres afeitados ni de aspecto cuidado hace pensar que no corresponden a las clases altas, lo que contrasta con las mujeres del papiro. Todas ellas son jóvenes de cabellos oscuros (corto o largo, quizás con peluca), representadas desnudas y adornadas con un cinturón de cintas, con collares, pulseras y brazaletes, dibujadas acorde con la iconografía femenina egipcia que se atestigua en las escenas de las tumbas del Reino Nuevo.

El papiro de Turín es un objeto único en el arte egipcio, que combina dos temáticas muy distintas: la parodia de actitudes humanas realizadas por animales y las escenas eróticas, cuyo nexo de unión es el placer de la transgresión. En las escenas de sexo explícito es especialmente patente la transgresión de las reglas que regían el universo de la élite, que prohibía la exhibición de prácticas sexuales (Vernus 2013: 114).

Las teorías sobre la función de este extraordinario documento gráfico son muy numerosas y sería imposible enumerarlas en este artículo. Baste señalar una síntesis de las interpretaciones. En primer lugar, se ha propuesto que las escenas eróticas ilustran los encuentros de una prostituta y sus clientes en una taberna o burdel («casa de cerveza»), e incluso podría ser las aventuras de un sacerdote de Amón y una prostituta de Tebas (Manniche 2002: 107). En segundo lugar, Gay Robins interpreta el papiro de modo similar, pero destacando la importancia de la mujer en la sexualidad, que tiene un rol destacado e inusual (Robins 1996: 205). En las representaciones de sexo explícito en ostraca analizadas previamente, las jóvenes no parecen desempeñar un papel muy activo, lo que contrasta claramente con el papiro de Turín. Por último, se ha sugerido que las escenas describen una sátira, en relación con los animales en actitudes humanas presentes en el mismo papiro, y teniendo en cuenta el aspecto de caricatura de los hombres representados (Antelme y Rossini 2001: 151). Recientemente, Anne Macy Roth ha propuesto que el papiro de Turín podría ser un objeto especialmente destinado a las mujeres dedicado a la diosa Hathor y quizás creado como una especie de ofrenda[2].

Desde el punto de vista artístico, las escenas eróticas llaman la atención por la variedad y los esfuerzos del autor por ilustrar las poses creativas de modo exacto, que van desde posturas de coito *a tergo* incluso con la mujer boca abajo en una pose acrobática, hasta otras casi inverosímiles de una pareja sobre un carro (fig. 9).

Es significativa la presencia de diversos símbolos que parecen completar el significado de las escenas, como por ejemplo los sistros. Se trata de un instrumento musical, una especie de sonaja relacionada con la diosa Hathor, y se muestran junto a la pareja que copula, ya sea bajo un taburete o colgado del antebrazo del hombre.

---

2. Las ideas de Ann Macy Roth se encuentran sin publicar aún, y han sido expuestas en diversas conferencias, en especial: «Ancient Egyptian Erotic Art: What was its purpose», 29 de abril de 2021, ARCE, conferencia *online*.

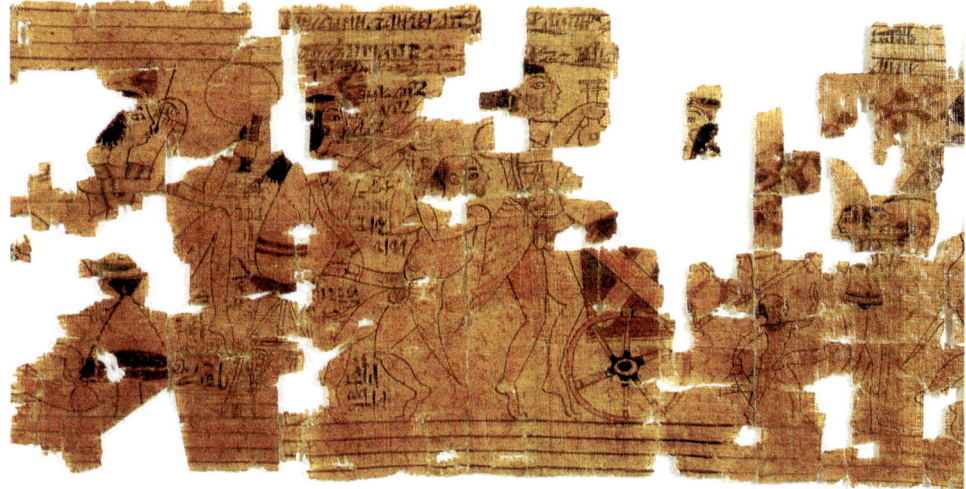

Figura 9. Detalle del papiro satírico y erótico de Turín (CGT 55001). © Museo Egizio

El loto aparece de manera recurrente en la peluca o el cabello de las mujeres representadas en el papiro (fig. 9), una presencia llamativa al ser un símbolo del amor, asociado además con la regeneración y la vida eterna. La flor de loto aparece también en las escenas de banquete de las tumbas tebanas asociada al mundo femenino y probablemente con un mensaje erótico (Bueno Guardia 2020: 49-50).

Además, en una de las escenas aparece una mujer portando un espejo, un símbolo de Hathor y de la belleza femenina. En la imagen no se muestra una relación sexual explícitamente: la fémina está dibujada de modo frontal, como elevada sobre el suelo mientras el hombre sostiene con una mano la base de un recipiente cerámico, que ella misma se introduce en la vagina (Manniche 2016: 110). Esta imagen del papiro erótico de Turín es atípica también por la postura frontal de la mujer, con ambas piernas extendidas. Parece que el artista egipcio, en aras de un realismo, ha elegido esta pose frontal tan inusual en el arte egipcio (fig. 9). Ese realismo es una tónica general en todas las escenas: da la sensación que en el artista prima el interés por representar de modo muy exacto las posturas de las parejas.

Sin entrar en el debate de las interpretaciones de la función del papiro, desde la perspectiva artística es notable la calidad del dibujo y la originalidad de las composiciones. Por ejemplo, las formas proporcionadas y sensuales de las mujeres representadas, en contraposición a lo caricaturesco de la imagen de los hombres, hacen suponer que es obra de un artista experimentado, probablemente un dibujante (o escriba de contornos, como se les denominaba en el antiguo Egipto). Pero su creatividad y originalidad se refleja también en el modo de superponer las escenas, que podría reflejar un verdadero *horror vacui*, o un aprovechamiento extraordinario de un material costoso como el papiro, soporte de estas representaciones eróticas. El papel del artista egipcio ha sido puesto en valor en los últimos tiempos, en especial en lo que respecta a su creatividad e individualidad (Laboury 2002), que tan bien se reflejan en el papiro en cuestión. Este tipo de imágenes eróticas sería inconcebible en el arte mural egipcio, eminentemente funerario, y denotan la absoluta libertad del artista y la ausencia de cualquier pudor. Son ejemplo de un arte al margen de lo formal, al margen de la norma y las convenciones sociales y religiosas del Egipto faraónico.

Conclusiones

A lo largo de este breve trabajo se han analizado diferentes fuentes iconográficas que ilustran la concepción del erotismo y el modo de representarlo en el arte egipcio del periodo del Reino Nuevo, tanto en las manifestaciones del arte mural funerario, como atendiendo a productos artísticos mucho más al margen de lo formal como los ostraca. Es innegable la importancia del decoro presente en el arte funerario, que determina la ausencia de escenas de sexo explícitas en este contexto, salvo contadas excepciones (Manniche 2022: fig. 21). Es por ello por lo que los artistas egipcios encontraron determinados símbolos (flores de loto, instrumentos musicales…) para sugerir un contenido erótico de algunas de las escenas que decoraban las tumbas privadas. Dentro de ese arte más tradicional sujeto al decoro, las imágenes de mujeres prácticamente desnudas representan una inclusión de un arte al margen de lo formal, que nos resultan sensuales y atrayentes, y lo mismo podría haber sucedido a los visitantes de esas tumbas privadas. Igualmente, el frecuente uso del movimiento sinuoso por los artistas no es casual, en especial en las figuras de bailarinas y músicos de formas perfectas que se contonean. Los artistas egipcios utilizaron recursos para captar la atención sobre esas mujeres, como la frontalidad, el movimiento acusado o la profundidad de la escena, creando una composición atípica que funcionaría como un gancho visual.

El desnudo tiene un lugar predominante en esas imágenes del arte mural funerario, mayoritariamente femeninas, pero es el contexto, la pose y los elementos simbólicos los que confieren un mayor sentido erótico a las representaciones de mujeres o jóvenes desnudas. El baile, los instrumentos musicales, la presencia de bebidas alcohólicas o substancias estimulantes o el contexto festivo del banquete, son los factores que confieren a esa imagen femenina desnuda una carga erótica añadida. Buen ejemplo del caso contrario serían las figuras de las hijas del difunto que se muestran completamente desnudas por ejemplo en escenas de presentación de ofrendas, pero cuyas poses estáticas y solemnes hacen que no se intuya un erotismo.

Por otro lado, al analizar fuentes iconográficas como los ostraca atisbamos la máxima expresión del erotismo del antiguo Egipto, con escenas de sexo explícito con una variedad de poses. Estos ostraca creados al margen de lo formal, producto del entretenimiento de un artista o del mero deseo de recrear o evocar el sexo, o incluso del deseo de potenciar las relaciones sexuales y conseguir una descendencia, nos desvelan imaginativas poses, no muy distintas de las que serían del gusto de la sociedad occidental actual.

Entre los ejemplos de ese arte al margen de lo formal destaca, sin duda alguna, el papiro satírico-erótico del museo de Turín como una fuente excepcional. La maestría del artista solo puede equiparse a la creatividad de las poses representadas. Pese al carácter transgresor y espontáneo de las escenas, impensables en el arte funerario, el autor de este papiro erótico no descuidó las formas sensuales y perfectas de las mujeres que se representan. Da la sensación de que los cuerpos femeninos son tratados con especial mimo y detallismo, lo que podría indicar la importancia de la mujer en la finalidad del papiro.

Los artistas egipcios encontraron diversas formas de mostrar el erotismo en el contexto de escenas decorativas de las tumbas egipcias, en las que se revela su habilidad y creatividad para crear figuras femeninas sensuales mediante el empleo de recursos y la inclusión de elementos simbólicos que potenciasen un mensaje erótico. Esa creatividad se muestra de manera excepcional en el contexto de los dibujos plasmados en los ostraca, donde los autores (muchos de ellos artistas, si atendemos a la calidad y al estilo), se sienten absolutamente liberados de normas y tabúes. Las escenas de esos ostraca tan espontáneas y divertidas son un exponente de un arte al margen de lo formal y una expresión plástica de la dimensión erótica y los juegos amorosos que formaban parte de su vida.

Bibliografía

Antelme, Ruth y Stéphane Rossini (2001): *Sacred Sexuality in Ancient Egypt: The Erotic Secrets of the Forbidden Papyrus*. Rochester: Inner Traditions.

Asher-Greve, Julia y Deborah Sweeny (2006): «On Nakedness, Nudity, and Gender in Egyptian and Mesopotamian Art», en Silvia Schroer (ed.), *Images and Gender: Contributions to the Hermeneutics of Reading Ancient Art. Oriens Biblicus et Orientalis 220*: 111-162. Friburgo: Academic Press.

Babcock, Jennifer (2014): *Anthropomorphized Animal Imagery on New Kingdom Ostraca and Papyri: Their Artistic and Social Significance* [tesis doctoral]. Nueva York: New York University, Institute of Fine Arts.

Baines, John (2007): *Visual and Written Culture in Ancient Egypt*. Óxford: Oxford University Press.

Bietak, Manfred (2012): «La Belle Fête de la Vallée: l'Asasif revisité», en Chr. Zivie-Coche e Ivan Guermeur (eds.), *«Parcourir l'éternité», Hommages à Jean Yoyotte*. París, Brepols: Bibliothèque de l'École des Hautes Études, Section des Sciences religieuses, 135-163.

Bryan, Betsy (1985): «Evidence for Female Literacy from Theban Tombs of the New Kingdom», *Bulletin of the Egyptological Seminar,* 6, 17-32.

Bruyère, Bernard (1933): «Rapport preliminaires sur les fouilles de Deir el Medineh, 1930», *Fouilles de l'IFAO*. El Cairo: Institut Français d'Archéologie Orientale.

Bueno Guardia, Miriam (2020): «La representación de la danza en las tumbas tebanas privadas del Reino Nuevo egipcio Miriam», *Trabajos de Egiptología, Papers on Ancient Egypt* 11, 43-62. Disponible en https://riull.ull.es/xmlui/bitstream/handle/915/22535/TdE_11_%282020%29_03.pdf?sequence=1&isAllowed=y [fecha de consulta: 20/09/2022].

Davies, Norman de Garis (1917): *The Tomb of Nakht at Thebes*. Nueva York: Publications of the Metropolitan Museum of Arts.

Davies, Norman de Garis (1963): «Scenes from Some Theban Tombs (Nos. 38, 66, 162, with Excerpts from 81)», *Private Tombs at Thebes*. Óxford: Griffith Institute.

Davies, Nina M. y Alan H. Gardiner (1936): *Ancient Egyptian Paintings,* volumen I. Chicago: University of Chicago Press.

Demarée, Rob J. (2002): *Ramesside Ostraca*. Londres: British Museum Press.

Goelet, Ogden (1993): «Nudity in Ancient Egypt», *Source. Notes in the History of Art,* 12/2, 20-31.

Grandet, Pierre (2013): «Ostracon figuré: scéne érotique», en G. Andreu-Lanoë (ed.), *L'art du contour. Le dessin dans l'Egypte ancienne*. París: Somogy / Musée du Louvre ¡Éditions.

Harpur, Yvonne (1987): *Decoration in Egyptian Tombs of the Old Kingdom, Studies in Orientation and Scene Content*. Londres: Routledge & Kegan Paul.

Harrington, Nicola (2016): «The Eighteenth Dynasty Egyptian Banquet: Ideals and Realities», en Maria Stamatopoulou (ed.), *Dining & Death. Interdisciplinary persepectives on the 'funerary banquet' in ancient art, burial and belief.* Lovaina: Peeters Press, 129-172.

Hue-Arcé, Christine (2013): «Les graffiti érotiques de la tombe 504 de Deir el-Bahari revisités», *Le Bulletin de l'Institut français d'archéologie orientale*, 113, 193-202. Disponible en https://www.ifao.egnet.net/bifao/113/11

König, Oliver (1990): *Nacktheit: Soziale Normierung und Moral.* Wiesbaden: VS Verlag für Sozialwissenschaften.

Laboury, Dimitri (2013): «De l'individualité de l'artiste dans l'art égyptien», en Guillemette Andreu-Lanoë (ed.), *L'art du contour. Le dessin dans l'Egypte ancienne.* París: Somogy / Musée du Louvre Editions, 36-41.

Lhote, André (1954): *Les chefs-d'oeuvre de la peinture égyptienne.* París: Hachette.

Manniche, Lise (1977): «Some aspects of ancient Egyptian sexual life», *Acta Orientalia* 38, 11-23.

Manniche, Lise (1988): *La esfinge erótica. La vida sexual en el antiguo Egipto.* Barcelona: Laia.

Manniche, Lise (2002): *Sexual life in Ancient Egypt.* Londres: Kegan Paul.

Minault-Gout, Anne (2002): «Ostracon figuré: scéne érotique», en Guillemette Andreu, *Les Artistes de Pharaon. Deir el Medina et la Vallée des Rois.* París: Louvre Ediciones, 192.

Müller, Walter August (1906): *Nacktheit und Entblössung in der altorientalischen und älteren griechischen Kunst.* Leipzig: Teubner.

Omlin, Joseph A. (1973): *Der Papyrus 55001 und seine satirisch-erotischen Zeichnungen und Inschriften* [catálogo del Museo Egizio di Torino, Serie I, Monumenti e testi 3]. Turín: Edizioni d'arte fratelli Pozzo.

Orriols Llonch, Marc (2009): «Léxico e iconografía erótica del antiguo Egipto. La cópula a *tergo*», *Trabajos de Egiptología. Papers on Ancient Egypt*, 5, 123-137. Disponible en https://riull.ull.es/xmlui/handle/915/21636 [fecha de consulta: 20/09/2022].

Orriols Llonch, Marc (2012): «Mujer ideal, mujer infractora. La transgresión femenina en el antiguo Egipto», *Lectora*, 18, 17-40. Disponible en https://doi.org/10.2436/20.8020.01.34

Parkinson, Richard B. (2008): *The painted Tomb-chapel of Nebamun.* Londres: British Museum Press.

Pomerantseva, Natalia (2002): «The Ostraca-Drawings as a Reflection of Canonical and Non-Canonical Art», en Mamdouh Eldamaty y Mai Trad (eds.), *Egyptian Museum Collections Around the World. Studies for the Centennial of the Egyptian Museum*, vol. II. El Cairo: Supreme Council of Antiquities, 979-989.

Robins, Gay (1996): *Las mujeres en el Antiguo Egipto.* Madrid: Ediciones Akal.

Shedid, Abdel Ghaffar (1996): *The tomb of Nakht: The art and history of an eighteenth dynasty official's tomb at Western Thebes.* Maguncia: Philipp von Zabern.

Spalinger, Anthony J. (2000): «The Destruction of Mankind: A Transitional Literary Text», *Studien zur Altägyptischen Kultur*, 28, 257-282.

Sweeney, Debotah (2011): «Sex and Gender», en Elena Frood y Willeke Wendrich (eds.), *UCLA Encyclopedia of Egyptology*. Los Ángeles. Disponible en http://digital2.library.ucla.edu/viewItem.do?ark=21198/zz0027fc04 [fecha de consulta: 20/09/2022].

Vernus, Pascal (2013): «Le papyrus de Turin et la pornographie dans l'Egypté ancienne», en Guillemette Andreu-Lanoë (ed.), *L'art du contour. Le dessin dans l'Egypte ancienne*. París: Somogy / Musée du Louvre éditions, 108-117.

INBUM, ILLŪRU Y OTROS TÉRMINOS ASOCIADOS A LAS METÁFORAS DE CUERPOS FEMENINOS EN LA POESÍA AMOROSA ACADIA

Claudia Muñoz Riesco

UNIVERSIDAD COMPLUTENSE DE MADRID

Resumen:

La poesía amorosa o erótica escrita en lengua acadia está plagada de metáforas que fácilmente podemos identificar en una primera lectura. En un análisis más profundo, descubrimos que el lenguaje figurado protagonista de estos textos va ligado al reino vegetal, animal, a ciertos alimentos y bebidas y al escenario típico de pastoreo que, evidentemente, era la realidad que rodeaba a la creación de estos escritos. El papel de la mujer en este tipo de poesía es fundamental y a lo largo de todo el corpus de poesía, si bien no es demasiado amplio, podemos observar cómo se identifica el cuerpo de la mujer o sus atributos sexuales con determinadas flores, frutas y animales. A lo largo de esta investigación, mi intención será mostrar y analizar el lenguaje figurado ligado a las mujeres y a sus cuerpos que protagonizan esta serie de poemas escritos en lengua acadia.

Palabras clave: Acadio, poesía, metáforas, mujer, cuerpos, amorosa, sexual.

1. Introducción

Antes de comenzar, me gustaría aclarar una serie de puntos para familiarizarnos con el contexto y el contenido de los textos que van a ser analizados.

En primer lugar: ¿qué es la poesía amorosa escrita en acadio? ¿Qué concepto engloba, cómo podemos hablar de poesía amorosa/sexual, etc.? Además de esto, ¿es toda la poesía cultual? ¿Con qué intención fue escrita esta poesía?

En segundo lugar: ¿cuál es el corpus analizado y por qué? ¿Qué poemas nos han llegado conservados, cuáles elijo para este trabajo y por qué estos concretamente?

En tercer lugar y haciendo especial hincapié: ¿quién escribió esta poesía? Vemos palabras bellas y metáforas elaboradas, pero es muy importante que seamos conscientes de que detrás de esto hay una mente masculina que define y retrata el cuerpo femenino y la sexualidad femenina desde su propio interés y tal y como ansía que sea en la realidad.

Una vez tengamos claro todo esto, pasaré a analizar los textos contestando a las siguientes preguntas: ¿cuál es el lenguaje figurado presente en este tipo de textos? ¿Qué metáforas y tópicos se repiten más? ¿Por qué *inbum* e *illūru* (como indico en el título de esta investigación)?

Es importante entender que, cuando hablamos de poesía acadia, no existe una diferenciación entre poesía amorosa y erótica; son exactamente la misma e incluso podemos decir que un concepto engloba al otro, lo cual no sucede en otras culturas o épocas. Esto es así en tanto que la clasificación de amor y de sexo o erotismo que podemos realizar actualmente no se corresponde con los conceptos que podría tener un hablante de acadio del segundo milenio antes de la era común. Conviene, por lo tanto, no mirar esta poesía con los ojos del presente, cayendo en el anacronismo, sino que debemos eliminar la visión de amor romántico estandarizada y pensar que, hasta donde sabemos, debido al corpus conservado que poseemos, en el imaginario acadio encontramos un contexto de pasión y atracción sexual. Este se ve representado con un lenguaje figurado muy rico que puede clasificarse por temas y que embellece el texto debido a las imágenes que nos presenta pero, desde luego, no acerca la poesía al tipo romántico que podemos tener en mente cuando pensamos que vamos a leer un corpus de tipo amoroso. En cualquier caso, evidentemente no podemos saber si quizás esta forma de transmitir la pasión y el deseo sexual era lo que los mesopotámicos entendían por amor, puesto que no se han encontrado textos que lo manifiesten de una manera diferente. En este sentido, es interesante tener en mente el pensamiento de Foucault (1977: 9-18) cuando expresa que la sexualidad, antes de la época victoriana, estaba mucho más presente en la sociedad. Sin embargo, esta época instaura un pensamiento nuevo y una censura que lleva a reprimir las pasiones y a cambiar la forma de entender las relaciones, estableciendo un nuevo concepto de amor que, por lo tanto, condicionará nuestra forma de entender cómo habría sido este en épocas anteriores.

Otro tema que es aún muy debatido en cuanto a la poesía amorosa acadia es, como decía, su funcionalidad: ¿religiosa o secular? (Klein y Sefati 2008; Nissinen 2001; Cooper 2013). Personalmente, considero que no es posible realizar con total seguridad tal diferenciación porque sería, de nuevo, una actitud anacrónica. Hablamos de una sociedad en la que el culto a los dioses formaba parte del día a día de una forma muy profunda, esto lo vemos, sin ir más lejos, cuando los reyes se aplican nombres o características de dioses, en la gran cantidad de textos de diferentes categorías en los que encontramos menciones a dioses o, por supuesto, en el gran número de templos construidos en honor a los mismos para realizar el culto. De esta forma, considero que no se puede hablar de una poesía religiosa y otra secular como pueda hacerse siglos más tarde, sino que la aparición de los dioses en algunos textos está implícita como lo estaba en la sociedad y se les usa a ellos mismos como protagonistas de muchas composiciones. Esto puede deberse a un deseo del ser humano por acercarse o parecerse a las deidades, o de una forma de hacer el texto más presuntuoso y elegante. También es posible que, debido a los mitos sexuales que protagonizan deidades como Marduk e Ishtar, fuese lo más popular y deseado incluirles en las poesías de carácter sexual para hacer símiles y embellecerlas o engrandecerlas. De esta forma, la poesía tendría un carácter religioso en tanto que incluye referencias a deidades, pero no se puede demostrar con seguridad que todos los textos de este tipo fuesen de carácter cultual. En cualquier caso, opino que debemos pensar en un tipo de composiciones poéticas que podían o no estar hechas para ser recitadas en contextos religiosos o como rituales de fertilidad, pero que incluían temática asociada a dioses porque así es como reflejaban la realidad de la sociedad. De esta forma, no puedo sino rechazar la postura que con gran convicción defienden Klein y Sefati (2008: 622), que afirma que todos los poemas amorosos acadios poseían una naturaleza de carácter cultual y habían sido compuestos para la liturgia del templo.

El corpus de poesía amorosa acadia es, desgraciadamente, bastante reducido, bien por ser un género difícil de definir o bien, tal y como explica Wasserman (2016: 205), porque este tipo de textos no fue considerado lo suficientemente importante para las escuelas de escribas babilonias y asirias y dejó de copiarse, de manera que pocos han llegado hasta nuestros días. En su día, cuando realicé una mayor investigación para mi trabajo de fin de máster, del pequeño corpus que no llega a un total de 50 textos, elegí únicamente 26 entre poemas y encantamientos para analizar a fondo su lenguaje figurado. Para esta investigación, cuya temática es todavía más específica, me centraré tan solo en 6 poemas selectos publicados por Wasserman (2016):

1. MS[1] 2866, paleobabilonio, poema que describe desde el punto de vista de un hombre su enamoramiento hacia una mujer que vive lejos.

2. MS 5111, paleobabilonio, monólogo de una mujer enamorada, pero analizaremos hasta qué punto y por qué de esta manera (también tema de amor como cura).

---

1. MS = Manuscript Schøyen. Sigla de la Schøyen Collection. VAT = Vorderasiatisches Museum, Berlin. Sigla de museo. BM = British Museum. Sigla de museo.

3. VAT 14039, mesoasirio, poema corto pastoral con una idílica descripción de Ishtar buscando a Dumuzi.
4. VAT 10825+10597+11218, mesoasirio, diálogo entre un hombre y una mujer.
5. BM 47507, paleobabilonio tardío, poema de tipo pastoril que retrata el romance entre Ishtary un amado, probablemente Dumuzi.
6. The Moussaief Love Song, mesobabilonio, también diálogo entre dos amados que incluye un coro.

Entrando ya en la cuestión de la autoría de este tipo de textos, y como mencionaba al principio, es cierto que en una primera lectura de la poesía amorosa o sexual escrita en lengua acadia, rápidamente observamos o apreciamos la belleza de las palabras y la especial exaltación de la mujer y de sus atributos sexuales; y todo forma en nuestra cabeza un imaginario paradisiaco donde reinan las flores, las frutas, el grano y el vino, siendo los protagonistas un hombre y una mujer en un ambiente absolutamente bucólico y pastoril. Sin embargo, a mi parecer, es muy interesante que seamos conscientes de que todo este escenario, por mucho que embellezca y exalte a la mujer, fue en todo momento escrito de mano de un hombre. De esta forma, en una segunda lectura de los textos, vamos viendo cómo la figura de mujer que tan bella nos había parecido en un primer momento, no es sino la descripción de un hombre plasmando su deseo de cómo esta figura femenina debería ser, siempre perfecta y dispuesta para entregarse a la figura masculina. Iremos viendo a continuación, con el análisis de los poemas, cómo incluso en algunas ocasiones se repite el tópico de la mujer que desesperadamente busca al hombre y no puede dormir ni estar tranquila en su ausencia. Esto retrata con mucha claridad ese deseo del hombre de tener a una mujer que lo desee de esta manera y que no pueda vivir sin él.

Con todo y con esto, me gusta preguntarme qué habrían tenido que decir las mujeres si hubiesen podido escribir un poema de estas características, ¿les habría gustado verse en este papel? ¿Se considerarían empoderadas al ser retratadas con tanta belleza o serían ellas quienes durmiesen plácidamente mientras un amante desesperado las busca para entregarse? Por desgracia, nunca podremos tener la respuesta a estas preguntas; podemos hacer conjeturas sobre la posible autoría de determinados grupos de mujeres, pero no podemos constatar con pruebas reales que ninguno de estos textos fuese originalmente redactado por una mujer, sino que, en cualquier caso, nos han llegado filtrados por la mano de un escriba, el cual era siempre un hombre.

2. Tipos de metáforas

A continuación, pasaré a definir las diferentes metáforas concretas que existen con respecto a los cuerpos de las mujeres, así como a los temas que más se repiten y que muestran un lado de la feminidad interesante de analizar.

2.1. Frutas

Uno de los temas más recurrentes dentro del lenguaje figurado en la poesía amorosa acadia es, sin lugar a dudas, el de las frutas. El término acadio *inbum*, que puede traducirse como «fruta», «flor» o «atracción sexual» (CAD[2] I-J: 144-147), aparece en numerosos poemas asociado generalmente al cuerpo de la mujer o a la sexualidad de esta.

En el poema paleobabilonio de la tablilla MS 2866 leemos: «(Mi) ánimo está (enfocado en sus) frutas» (George 2009: 51; Wasserman 2016: 87), donde el término «sus frutas» (*inbiša* en acadio) se refiere precisamente a los encantos de la mujer y, muy probablemente, a los genitales.

En otro poema también paleobabilonio (tablilla MS 5111), podemos leer: «Mis frutas son inolvidables, / Mi atractivo es incapturable, / Estaré disponible para ti, me someteré a ti / ¡Realmente mi amor es tu regalo!» (George 2009: 57; Wasserman 2016: 92). Se trata de una composición en la que la mujer es protagonista y clama su fuerte deseo hacia el hombre, su necesidad de encontrarle y de someterse a él. Considero que aquí las frutas son una metáfora del cuerpo de la mujer, el cual, como claramente leemos, ella quiere entregar sin lugar a dudas. Un análisis detenido de estos versos nos muestra aquello que mencionaba hace un momento: en las palabras «Estaré disponible para ti, me someteré a ti / ¡Realmente mi amor es tu regalo!» no estamos leyendo a una mujer sino a un hombre que pone voz a esta figura femenina para transmitir en el texto lo que todo hombre desearía: una mujer fiel que se entrega, que se somete, que da su amor como un regalo. Con esto no quiero decir que una mujer no pudiera, en determinados contextos, decir algo así por iniciativa propia, pero sabemos que en la época que estamos tratando, los escribas eran hombres y las ideas originales para este tipo de textos salían de hombres.

Poseemos también otros textos en los que se mencionan frutas concretas como metáforas de los genitales femeninos, ya no bajo el concepto *inbum,* sino mencionando

---

2. *The Assyrian Dictionary of the University of Chicago.*

directamente la fruta en cuestión, como manzanas (si bien estas suelen atribuirse a los hombres), granadas y dátiles. Veamos varios ejemplos:

En la tablilla VAT 14039:

«Es Dumuzi a quien Ishtar busca –¡Oh mi pastor!, ella busca el pasto. / Entra su (m.) ganado buscando el pasto, donde la hierba se cubre de granadas, / Donde las copas de la flor *illuru* florecen para él» (Wasserman 2016: 120).

Las granadas son la forma figurada de referirse a los genitales o a los encantos de la mujer, como lo son de la misma forma las manzanas y los dátiles. Asimismo, de acuerdo a las palabras del propio Wasserman (2016: 121), tanto las granadas como las manzanas son utilizadas en algún encantamiento acadio del tipo ŠÀ.ZI.GA. Quiero detenerme un momento a aclarar qué son estos encantamientos: nombrados con el término sumerio ŠÀ.ZI.GA. y en acadio llamados *niš libbi* que, pese a significar literalmente «levantamiento del corazón», ha sido aceptado por la mayoría de asiriólogos el significado de «potencia sexual» y es que se trata de encantamientos recitados con la intención de atraer y mantener la potencia sexual de un hombre o de una mujer[3].

El que os traigo aquí es KAR 61:

[Encan]tamiento. La mujer bella ha traído amor.

Inanna, quien ama las manzanas y las granadas,

ha traído potencia.

¡Álzate! ¡Cae! ¡Piedra de amor, prueba tu efectividad para mí!

¡Álzate!

[…] Inanna […]

Ella ha presidido amor.

Encantamiento. Si una mujer considera el pene de un hombre.

Su ritual: bien a una manzana o a una granada

Recitas el encantamiento tres veces.

Le das (la fruta) a la mujer (y) absorbes sus jugos.

Esa mujer vendrá a ti. (Biggs 1967: 70)

---

3. Robert Biggs traduce y analiza todo el corpus en su obra de 1967: ŠÀ.ZI.GA.: Ancient Mesopotamian Potency Incantations.

En la traducción y comentarios de este texto, Biggs explica que dichas frutas son utilizadas en Mesopotamia como afrodisíacos y, por lo tanto, aparecen en este encantamiento cuya función es devolver al hombre la potencia sexual. Por esta razón podemos decir que la presencia de las granadas en un texto de tipo amoroso tiene una connotación sexual implícita, ya que los encantamientos ŠÀ.ZI.GA. y los poemas amorosos acadios guardan muchas similitudes en cuanto a vocabulario, metáforas e intenciones.

Otra de las frutas fuertemente cargada de contenido sexual es el dátil, debido a su extenso uso en el Próximo Oriente antiguo y caracterizado por su carne jugosa y dulce que fácilmente puede asociarse con los genitales femeninos. En el poema mesoasirio de la tablilla VAT 10825+10597+11218 leemos a una figura masculina que clama: «Los dátiles frescos de la palmera datilera [verbo en 1ª persona del singular, futuro],/ […] / La esencia, el polen de la palmera datilera sobre mí» (Wasserman 2016: 116-117). De esta forma, podemos entender que el hombre quiere alcanzar los dátiles de la palmera datilera, siendo esto un símil de los atributos sexuales de la mujer.

2.2. *Illūru*

Pasando ya a una metáfora diferente, quisiera hablar del concepto *illūru*, también incluido en el título de este trabajo. Encontramos el uso de las flores no solo por su belleza y su relación directa con la fertilidad, sino porque en ocasiones la forma y el color de algunas puede asimilarse a los genitales femeninos. Es frecuente la aparición en los textos de la llamada flor *illūru*, la cual, si bien no tiene traducción, sabemos que se trata de una flor caracterizada por su color rojo (Campbell Thompson 1949: 272; Black and Green 1992: 129). De esta forma, considero que es razonable el símil que podemos encontrar entre dicha flor y los genitales femeninos, similares a un cáliz o a los pétalos. Especialmente si hablamos de una flor de color rojo o rosa fuerte, la conexión es razonable puesto que se asemeja a la carne. Por lo tanto, mencionando una flor de estas características se busca la asociación rápida entre la misma y la vagina o el clítoris. Generalmente es la voz masculina quien realiza el símil, probablemente buscando traer esta asociación que tiene carácter sexual y, al mismo tiempo, embellece el texto e idolatra a la figura femenina.

VAT 10825 ⅰ 10597+11218: «Ella es deliciosa como una flor illūru del campo, como una espiga de cebada de Ishtar» (Wasserman 2016: 117).

VAT 14039: «Es Dumuzi a quien Ishtar busca –¡Oh mi pastor!, ella busca el pasto./ Entra su (m.) ganado buscando el pasto, donde la hierba se cubre de granadas,/ Donde las copas de la flor illūru florecen para él» (Wasserman 2016: 120).

«The Moussaieff Love Song»: «¡Hazme bella! ¡Hazme florecer gratamente!» (Wasserman 2016: 135).

Podemos apreciar en estas muestras cómo dentro de la alegoría del acto sexual, la flor se integra jugando el papel de lo que, en mi opinión, y así siempre lo he defendido, sería la vagina que bien Ishtar o la figura femenina correspondiente ofrece al hombre. De esta manera, el lenguaje vegetal se integra dentro del lenguaje sexual entrelazando metáfora y realidad y trayendo a nuestras cabezas las imágenes sexuales que, supongo, habría querido quien compusiese estos textos.

2.3. Pastoreo

Existe otro campo metafórico muy frecuente en la poesía amorosa acadia que no quería dejar de mencionar, si bien no nos trae como tal conceptos concretos como una flor o una fruta, como hemos visto ahora, sino todo un escenario amplio que se repite como tópico en este tipo de poesía y que, además, tiene su origen en la poesía sumeria. Este es el tema del pastoreo.

En los cantos nupciales sumerios, encontramos a la pareja formada por Inanna y Dumuzi en un contexto bucólico y pastoril en el cual se desarrollan los acontecimientos sexuales. La poesía acadia bebió directamente de esta fuente, por lo que en numerosos poemas amorosos encontramos a Ishtar expresando su deseo de encontrar a su pastor Dumuzi.

Veamos brevemente un ejemplo de la tablilla BM 47507:

«Entra, pastor, amante de Ishtar,/ Pasa la noche aquí, pastor, amante de Ishtar,/ A tu entrada, mi padre se alegra por ti, / mi madre, Ningal, se alegra por ti.» (Wasserman 2016: 114).

Pero mucho mejor ejemplificado en este fragmento ya más extenso de la tablilla VAT 14039:

Es Dumuzi a quien Ishtar busca –¡Oh mi pastor!, ella busca el pasto.
Entra su (m.) ganado buscando el pasto, donde la hierba se cubre de granadas,
Donde los copos de la flor *illuru* florecen para él.
Sus ojos observan el pasto y el prado, busca en la estepa y en los bosques de la montaña agujeros de agua.
Ve Ishtar al amado que estaba buscando en la choza del «Señor del Juramento» y le dice:
«¡Oh tú, ven, mi pastor! Déjame guiarte al lugar, ¡oh mi pastor! ¡Dirige tu ganado (a ese lugar)!»
[La hija] de Aššur otorga el junípero en su pasto, abundante.
«Tú debes pastorear nuestro prado, tú debes pastorear nuestra orilla del río, abundante.» (Wasserman 2016: 120).

Considero que este texto es una alegoría constante del acto sexual: Ishtar busca a su pastor y le desea, el ganado es una metáfora del miembro masculino y el pasto representa a los genitales femeninos, lugar al que debe dirigirse dicho ganado. El hecho de que haya flores en proceso de florecer indica fertilidad, lo cual encaja perfectamente con la escena. Cuando el ganado está buscando el pasto, se mencionan las granadas, las cuales son un símbolo característico de la poesía acadia para representar los genitales femeninos, un aliciente más para fortalecer la escena sexual. Asimismo, el pastor, entre la montaña y los bosques, busca «agujeros de agua», metáfora que podría asociarse también a los genitales femeninos. En conclusión, nos encontramos ante una serie de lenguaje figurado que construye poco a poco una escena alegórica que representa el encuentro sexual entre Ishtar y Dumuzi.

2.4. Amor y patología

Un último tema que no puede quedarse en el tintero al hablar de las metáforas en la poesía acadia es aquel al que he decidido denominar amor y patología. Por un lado, encontramos el símil del amor como una enfermedad, que es uno de los temas más recurrentes presentes en la poesía amorosa del Próximo Oriente antiguo y del antiguo Egipto. Uno de los síntomas principales que aparece es la falta de hambre y de sueño y el rechazo hacia la comida. Wasserman indica que en la literatura acadia terapéutica, dentro del compendio llamado «si un hombre enferma» (*šumma um išten marisma*) sí que se indica que un hombre o mujer afligidos que no ganen peso a pesar de comer y beber, están enfermos de amor (*murus râmi*).

Existe un poema amoroso con un fragmento en el que leemos literalmente «En la despensa entré / acostándome sin comer»; sin embargo, si bien es interesante que ponga literalmente esto, no quería detenerme en ello por ser tan breve, y prefiero que leamos otro fragmento de la tablilla MS 5111 (tablilla que ya ha sido mencionada para hablar de otras metáforas):

> Mi síntoma me preocupa:
> Mi labio superior está húmedo,
> ¡Mientras mi labio inferior tiembla!
> Abrazarle, besarle,
> Le agarraré,
> Conseguiré mi victoria […] sobre [los que me calumnian],
> Y a mi amado […] (Wasserman 2016: 180).

Más adelante en el reverso de la tablilla, leemos también: «Mis ojos están cansados, / estoy insomne por mirarle a él, / ¿Acaso vino a mi puerta?» (Wasserman 2016: 180).

Podemos apreciar que es tanta la angustia de la mujer por la ausencia del amado que incluso llega a sentir un daño físico, es decir, se somatiza el dolor.

Cuando, en la actualidad, los investigadores intentamos entender, explicar o justificar esta manera enfermiza de sentir el amor, nos vienen diferentes ideas. Desde luego, no podemos saber con seguridad si las definiciones, metáforas y contextos que aparecen en las poesías representan la realidad de lo que sentían aquellas personas que las escribieron. Suena lógico pensar y asociar esta forma enfermiza de amor con el malestar físico que realmente una persona siente cuando se angustia por temas sentimentales, quizás cuando el sentimiento no es correspondido o cuando el amado está lejos; o incluso sin ponernos en una perspectiva negativa, a veces simplemente con los nervios de ver a la persona amada. Toda esta amalgama de sentimientos y de incertidumbre puede dar lugar, en ocasiones, a manifestaciones físicas que no es una locura considerar cercanas a la enfermedad o al menos al malestar físico. Esta es una explicación sencilla que puede ser aceptada, si bien asimismo podemos simplemente conjeturar que esta hubiera sido la forma en la que en aquella época entendiesen el amor, por muy enfermizo y tóxico que, desde luego, suene a día de hoy o al menos con la perspectiva con la que se tiende a verlo en la actualidad.

El otro tópico dentro del tema de amor y patología es el de la búsqueda desesperada. En muchas ocasiones, encontramos en la poesía amorosa que el enamoramiento enfermizo y el fuerte deseo de la mujer hacia el hombre o viceversa, trae consigo una búsqueda incansable, la cual, además, les lleva a padecer insomnio. Así, vemos la relación directa entre la pasión que despierta el enamoramiento y el hecho de mantenerse despierto y excitado debido al mismo, mientras que, cuando hay encuentro amoroso o sexual, parece que ambas partes se calman trayendo el amor consigo el descanso.

El poema recogido en la tablilla conocida con el nombre de «The Moussaieff Love Song» (que mencionaba al principio) presenta un diálogo entre una mujer y un hombre acompañados de un coro, y en él encontramos este tema especialmente presente en boca de ambos, como podemos leer en el anverso:

> (Ella?:) Me preocupó mi hambre, los temblores me quitaron el sueño. Me desperté, salí de la casa buscando alrededor.
> (Él?:) ¡No te preocupes! (Ella:) ¡Devuélmelo! Mi día ha llegado, te estoy prestando atención.
> (Él?:) Evito hablar, mis ojos están hundidos, mi corazón está despierto (mientras) yo duermo. Se alegró mi corazón. (Wasserman 2016: 135).

Personalmente, veo una relación bastante cercana entre la llamada «enfermedad del amor» y esta búsqueda desesperada que produce temblores, agotamiento e insomnio. Parece que en ambos casos el amor se manifiesta como algo doloroso, angustioso e impaciente y, también en ambos casos, la única cura para ello es la reunión de los amados.

Vemos también que, en este fragmento, es tanto la figura femenina como la masculina las que se sienten de esta manera, no es una cosa que caracterice únicamente a la mujer, con lo cual hay ciertas conclusiones a las que no podemos llegar: si se trata de sufrimiento por la lejanía o la falta del amado, los dos sufren, y esto es algo que encontramos también en la poesía amorosa del Antiguo Egipto, como es el caso del *Papiro Chester Beatty I* (22-26). Esto puede llevarnos a conjeturar que fuese algo estandarizado y normalizado en la forma de sentir o bien únicamente de expresar el amor y la angustia de amar en esta zona geográfica en este tiempo concreto, ya que lo apreciamos en distintas literaturas. Marvin Pope, en la obra en la que analiza y comenta el Cantar de los Cantares señalando todos aquellos paralelismos que tiene este capítulo bíblico con la poesía del antiguo Egipto y la poesía amorosa del Próximo Oriente antiguo, dice una cosa muy curiosa con respecto a esta «enfermedad del amor»: «The love sickness in question might involve a sort of nymphomania combining surfeit and insatiable desire, hence the appeal for the stimulants» (Pope 1977: 382). He querido traer esta cita porque resuena de una manera un poco peligrosa y nos lleva a aquello tratado ya numerosas veces a lo largo de estas líneas: desde luego, considero evidente que el deseo sexual está implícito y es lo que mueve la pasión de la amada hacia el amado. Sin embargo, no puedo evitar ver en esta cita de Pope un pensamiento un tanto arraigado en la fantasía masculina que busca una mujer desesperada por tener sexo, ya que es aquello que se vuelve tabú pero al mismo tiempo excita. Y con relación a esto, considero importante que nos preguntemos si quizás hubiese ido en esta línea la intención en la composición de los poemas acadios y en general en esta tradición oriental de enfermedad del amor y búsqueda desesperada.

Conclusiones

Tras este quizás breve pero intenso análisis de metáforas y tópicos más usuales en la poesía amorosa escrita en lengua acadia, los horizontes de las conclusiones a sacar son en mi opinión un poco difusos. Por mucho que a mí, personalmente, me gustase sentenciar una serie de ideas, como que la mujer es la protagonista de estas composiciones o que Ishtar es una diosa empoderada a quien todos los pastores deseaban, creo que puede llegar a ser peligroso y sesgado. Como comentaba al principio, nuestro principal problema es que el corpus de poemas conservado es desgraciadamente muy reducido comparado con el corpus de textos de otros géneros, es posible que a lo largo de los siglos ni siquiera se le diese importancia a la poesía o que apenas hubiese quien se fijase en este tipo de composiciones si no era dentro de un contexto cultual o relacionado con algún rito a Ishtar.

Por suerte, dentro de lo escaso que tenemos, sí podemos observar qué palabras, metáforas y temas se repiten, lo que ha permitido a los asiriólogos sacar conclusiones y hablar sobre el lenguaje figurado y lo que, por lo tanto, me ha permitido a mí realizar mis pequeñas investigaciones sobre este tema. Sin embargo, con el paso de los años sigo manteniendo que la cuestión de cómo entendían el amor y la sexualidad los mesopotámicos queda abierta: ¿embellecían los textos con metáforas por una cuestión de composición? ¿Era quizás su intención producir un imaginario pornográfico en la cabeza del lector o del oyente? Tampoco conviene caer en la anacronía de juzgar esto con los ojos y la mentalidad del presente, de modo que, una vez más, solo podemos conjeturar y quizás plantear que la mujer fue en el momento de composición de estos textos una figura de inspiración y embellecimiento, sí, pero utilizada a placer y satisfacción del hombre, siempre manteniéndose un poco al margen.

Bibliografía

Biggs, Robert D. (2002): «The Babylonian Sexual Potency Texts», en Simo Parpola y Robert M. Whiting (eds.), *Sex and Gender in the Ancient Near East. Proceedings of the 47th Rencontre Assyriologique Internationale*. Helsinki: Neo-Assyrian Text Corpus Project, 71-78.

Black, Jeremy y Anthony Green (1992): *Gods, Demons and Symbols of Ancient Mesopotamia. An Ilustrated Dictionary*. Londres: British Museum Press.

Campbell Thompson, Reginald (1949): *A Dictionary of Assyrian Botany*. Londres: The British Academy.

Cooper, Jerrold S. (1971): «New Cuneiform Parallels to The Song of Songs», *Journal of Biblical Literature*, 90, 2, 157-162.

Foucault, Michel (1988): *Historia de la Sexualidad. Vol. 1: La voluntad de saber*. Madrid: Siglo Veintiuno.

George, Andrew R. (2009): *Babylonian Literary Texts in the Schøyen Collection*. Bethseda, Maryland: CDL Press.

Klein, Jacob y Yitschak Sefati (2008): «Secular Love Songs in Mesopotamian Literature», en Chaim Cohen *et al.* (eds.), *Birkat Shalom: Studies in the Bible, Ancient Near Eastern Literature, and Postbiblical Judaism Presented to Shalom M. Paul on the Occasion of His Seventieth Birthday*. Winona Lake: Eisenbrauns, 613-626.

Muñoz Riesco, Claudia (2019): *El lenguaje figurado en la poesía amorosa acadia* [trabajo de fin de máster]. Madrid: Universidad Autónoma de Madrid / Universidad Complutense de Madrid.

Nissinen, Martti (2016): «Akkadian Love Poetry and the Song of Songs: A Case of Cultural Interaction», en Ludger Hiepel y Marie-Theres Wacker (eds.), *Zwischen Zion und Zaphon Studien im Gedenken an den Theologen Oswald Loretz*. Múnich: Ugarit Verlag, 145-170.

Oppenheim, A. Leo *et al.* (eds.) (1964): *The Assyrian Dictionary of The Oriental Institute of the University of Chicago*. Illinois.

Pope, Marvin H. (1977): *Song of Songs: A New Translation with Introduction and Commentary*. Nueva York: The Anchor Bible.

Wasserman, Nathan (2016): *Akkadian Love Literature of the 3rd and 2nd Millennium BCE*. Leipziger Altorientalistische Studien 4. Harrassowitz, Wiesbaden.

¿QUIÉN LE TEME A LA DIOSA ENFADADA? EL CASO DE ISHTAR, ANAT Y TIAMAT

Claudia A. D'Amico

UNIVERSIDAD COMPLUTENSE DE MADRID (E)

Resumen:

En el entorno del Próximo Oriente antiguo, las figuras de Anat, Ishtar y Tiamat se caracterizan por la ambivalencia y la paradoja: benévolas en ocasiones, son capaces de acciones terribles que ponen en peligro el orden del cosmos y la vida de los seres humanos. La manifestación más clara de esa potencialidad la encontramos en su irascibilidad, puesto que es en el momento en que se enfadan en que tiene lugar su avillanamiento.

La lectura aquí propuesta pretende reflexionar sobre las expectativas de género contra las que se construyen este tipo de personajes y los elementos de negatividad que definen a cada una de las diosas, con el fin de apuntar a los miedos y las ansiedades que el cuerpo y la agencia femeninas parecían provocar en las sociedades que dieron a luz a estos textos.

Palabras clave: Ishtar, Anat, Tiamat, género, alteridad, ira.

1. Introducción

> A sus pies [de Anat] como bolas rodaban cabezas,
> por encima como langostas volaban manos,
> como saltamontes en enjambre las palmas de los guerreros.
> Se ató cabezas al dorso,
> se ciñó las palmas a la cintura,
> las rodillas hundió en la sangre de los guerreros,
> las pantorrillas en el mondongo de los combatientes (KTU 1.3 II 5-15).

Esta visión que recoge el *Ciclo canónico de Baal* de la diosa Anat es, sin duda, terrorífica. Como también lo es la de Ishtar rugiendo como un trueno y descendiendo por la montaña como una inundación en el himno conocido como la *Exaltación de Inanna*. O la de Tiamat, lista para la batalla, liderando su ejército monstruoso en el *Enuma Elish*. Tanto que los textos nos revelan que la presencia de Anat y Baal provoca que a Ashera le tiemblen los pies y se ponga a sudar, que Ishtar es temida por hombres y mujeres y que el grito de Tiamat es capaz de provocar miedo en el propio dios Ea. Sin embargo, ninguna es en sí misma un personaje malvado.

Anat aparece en el corpus mitológico ugarítico como una guerrera y cazadora volátil, independiente y adolescente. Como guerrera vence a enemigos humanos (KTU 1.3 II) y seres sobrehumanos (KTU 1.3 III: 38-46), empleando armas típicas de combate como el arco y la espada. Incluso afirma que ha derrotado a Yam (KTU 1.3 III: 38-42), una conquista atribuida en otro sitio a Baal (KTU 1.2 IV; 1.5 I: 1-3) y un paso necesario para su ascenso a la realeza. Inanna/Ishtar es considerada diosa del amor y de la guerra, pero es sin duda una figura que engloba en sí misma atributos contrarios o antitéticos. Los textos suelen hacer hincapié en su sexualidad desmedida y su carácter belicoso, en ocasiones como fuente de destrucción y de conflictos (Rivka 1991: 265), pero también la reconocen como compasiva, capaz de apaciguar al reino o alegrar los corazones. Y Tiamat es, al principio del relato babilónico de la creación, una entidad elemental que se convierte en esposa y madre cuando sus aguas saladas se mezclan con las dulces de Apsu. No es hasta más adelante que se convierte en una auténtica amenaza para los dioses que habitan en ella.

Mi interés aquí, entonces, es reflexionar acerca del origen del avillanamiento al que son sometidas. Definido por la sociología y los estudios psicológicos contemporáneos como un constructo social desviado, el villano se caracteriza por transgredir normas de un calado social significativo o transgredir de manera extrema alguna norma social (Peled 2022: 53-4). De modo que empleo el término «villana» entendiendo que el retrato con carácter negativo de estas divinidades es el resultado de una no-conformidad con los valores y las expectativas sociales y de género dominantes.

¿Qué entraña, pues, la desviación de estos personajes femeninos? ¿Por qué son temibles y quién les teme? A fin de contestar estos interrogantes, en primer lugar buscaré perfilar a grandes rasgos las expectativas y los discursos de género que constituyen el ideal femenino en Mesopotamia y Ugarit. Una vez establecidos, analizaré los elementos que definen la negatividad de Tiamat, de Ishtar y de Anat y que las alejan de la normatividad para apuntar, finalmente, las ansiedades y los miedos que subyacen a los textos.

2. La norma

El punto de partida de la tarea de acercarnos a la configuración de este tipo de personaje femenino es necesariamente la propia norma que ha estabilizado el concepto de lo que es y debe entenderse como «lo femenino». En el caso de las sociedades androcéntricas, de las que participan también Mesopotamia y Ugarit, aquello que define a las mujeres (y las relaciones entre hombre y mujeres) ha dependido de las dinámicas de inclusión y exclusión que han operado en sus mismos núcleos de producción de significados[1]. Erigiéndose como paradigma[2], el hombre se ha constituido históricamente como sujeto en oposición a la mujer, a quien ha marcado no solo como diferente sino también como inferior: «la mujer siempre ha sido, si no la esclava del hombre, al menos su vasalla; los dos sexos nunca han compartido el mundo en pie de igualdad» (Beauvoir 2015: 55).

Puesto que en esta organización social es el hombre el que detenta la autoridad para representar y es él quien ocupa los lugares de enunciación, son los intereses de la masculinidad hegemónica los que van a condicionar los modelos de feminidad sancionada. Así, la naturalización y el mantenimiento de las expectativas de género van a ser posibles no solo a través de las historias y relatos que sustentan la cultura (Haraway 1995: 300), sino también de toda una red de prácticas e instituciones, saberes y normas[3].

En el caso de la Antigüedad, las fuentes textuales y artísticas permiten rastrear la ideología de género imperante gracias, precisamente, al papel que juegan las representaciones en la producción y fijación de las normas de género (Bahrani 2006: 32). Así, si nos acercamos a los textos, estos apuntan a que en Mesopotamia el matrimonio era el evento más importante en la vida de las mujeres en el entorno próximo-oriental. Para ellas, el matrimonio suponía un cambio en su estatus y le confería ciertos derechos, a la vez que significaba nuevas reglas y prohibiciones (Marsman 2003: 84).

---

1. Para un repaso de la importancia de la diferencia y la alteridad en la producción social de significados ver Hall 1997.

2. Cristina Molina (2003: 125) define el patriarcado como un «topo-poder del varón sobre la mujer donde él se sitúa en el centro (androcentrismo) de cualquier lugar, de cualquier deseo y de cualquier referencia de lo humano».

3. El género, entendido como constructo, es fruto también de ciertas prácticas y convenciones regulatorias que determinan cómo debe actuar y cómo se percibe culturalmente el cuerpo sexuado (Butler 1998: 303) y que se han naturalizado a través de la repetición y reproducción de dichas maneras de actuar (Butler 2006: 24).

Por ejemplo, la novia recibía del padre una dote que sería a partir de ese momento de su propiedad y, aunque no podía disponer libremente de ella en su totalidad, estaba estipulado que hiciera uso de ella en caso de viudedad o de divorcio (Marsman 2003: 96).

En el marco del matrimonio, la fidelidad era una norma impuesta especialmente sobre las mujeres. Esta idea se desprende, por una parte, de la abundancia de referencias a las mujeres en la literatura sapiencial de todo el entorno próximo-oriental y en la que se hace hincapié en los peligros que entrañan las mujeres casadas[4]. Y, por otra, de la legislación en la que, de manera casi homogénea, el adulterio se define como el acto sexual consensuado entre una mujer casada y otro hombre que no es su marido[5]; por el contrario, las relaciones sexuales entre un hombre casado y cualquier otra mujer distinta de su esposa no era considerado como tal, salvo que dicha mujer estuviera casada (Westbrook 1990: 543). Las penas podían variar entre la muerte, la mutilación o el divorcio.

En general, era costumbre que la novia abandonara la casa familiar para vivir en la del marido y se esperaba que dicha unión fuera fructífera. En caso de que la mujer no tuviera hijos, el marido podía tomar otra esposa o una concubina, hasta el punto de poder degradar a su esposa en favor de esta última (Marsman 2003: 126). Esta relevancia del rol materno es una constante en todo el entorno del Próximo Oriente antiguo, coincidiendo con el inmenso valor que tener hijos suponía para sus habitantes. Más incluso que poseer riquezas, si nos guiamos por la historia hitita de Appu, puesto que los hijos no solo debían hacerse cargo de sus padres en su vejez sino también preservar la línea familiar y cumplir con los ancestros y sus dioses (Marsman 2003: 192).

La idea de que la maternidad es el rol femenino con el que tienen que cumplir las mujeres se hace evidente, por ejemplo, en el modo en que se representa la infertilidad femenina en los textos. Así, en el mito de Enki y Ninmah, cuando ambas divinidades se encuentran satisfechas después de un buen banquete y la diosa se dispone a crear diversos personajes con discapacidades retada por Enki, la mujer infértil aparece entre el incontinente y el eunuco. Y en la visión del Más Allá que recoge el fantasma de Enkidu en la *Epopeya de Gilgamesh*, en la que se contrasta el destino

---

4. Por ejemplo, un proverbio sumerio reza «Mi hijo, no te sientes con una mujer casada» (Stol 2016: 234).

5. Para una síntesis de los escenarios y las definiciones de adulterio ver Stol 2016: 234-253. Las leyes pueden consultarse en traducción en Sanmartín 1999 y en Roth 1997.

de aquellos que han tenido y no han tenido descendencia, se halla la mujer que no ha dado a luz «como un recipiente desechado que ha sido dejada de lado y ningún hombre encuentra placer en ella»[6].

Una vez que ocurría la concepción y el parto, los cuidados se convertían en el eje vertebrador de la figura de la madre. En el ámbito divino, además de aquellas diosas cuyo principal aspecto es el de creadoras, como Ninhursag (también llamada «madre de los dioses», «madre de todos los niños») o Belet-ili (diosa que en el relato del diluvio no solo crea a los seres humanos sino también al dios Enki/Ea), encontramos diosas que actúan como protectoras y consejeras de sus hijos o, en un sentido menos literal, de un rey, una ciudad o un territorio (Millet Albà 2018: 164). En las fuentes iconográficas también es posible rastrear los roles que asumían las madres mortales con sus hijos. Por ejemplo, las madres o aquellas mujeres como las nodrizas que actúan como madres, suelen aparecer dando de mamar. En consonancia, los relieves asirios de principios del primer milenio suelen representar a las mujeres haciéndose cargo de los niños: los llevan en brazos, los besan y también los amamantan, estableciendo el cuidado de los hijos como la actividad por excelencia de las mujeres (Bahrani 2006: 127)

A pesar de la centralidad de la maternidad como experiencia femenina, se daban casos en los que mujeres tenían la oportunidad de no convertirse en madres. Por ejemplo, las sacerdotisas conocidas como *nadītu* podían, seguramente por decisión de su familia, permanecer sin hijos. Sin embargo, de las *nadītu* consagradas a Marduk en Babilonia no solo se esperaba que contrajeran matrimonio, sino que se convirtieran en madres, a pesar de no poder gestar por ley (García-Ventura 2018: 41-53).

En Ugarit, donde el deseo de tener descendencia también era fundamental, los textos solo recogen la perspectiva masculina, tal como atestiguan las epopeyas de Kirta (KTU 1.14-16) y de Aqhat (KTU 1.17-19). Sin embargo, encontramos referencias a la importancia del papel de la mujer en el mantenimiento de la estirpe masculina en el listado de esposas «fallidas» que tiene el rey Kirta, por ejemplo (KTU 1.14 10-25).

En el ámbito divino, aunque el dios supremo El es el último garante de la vida y Baal es el dios de la fertilidad, la diosa Ashera ocupa el lugar de «diosa madre» dentro del panteón ugarítico. En el ciclo de Baal es la gran madre de los dioses menores, referidos como «los 70 hijos de Ashera». También de Shapash se dice que es madre en el complejo texto mágico KTU 1.100. Y ambas divinidades despliegan alguno de los rasgos maternos característicos que hemos ido viendo hasta ahora.

_____

6. Ver Gadotti 2014: 114.

Ashera actúa como consejera y mediadora entre el dios supremo El y su hijo Athtar (a ella le preguntan quién debe suceder a Baal en el trono una vez ha sido derrotado por Mot y ella propone a su hijo) y Shapash es la encargada de dar solución a la mordedura de serpiente que aqueja a su hija, llamada la Yegua en el texto. Su dedicación es evidente, puesto que no ceja en su empeño hasta que no da con el dios capaz de solucionar el problema.

A grandes rasgos, podemos concluir que la construcción ideal de lo femenino conlleva, en primer lugar, una dependencia clara de las mujeres al control o el poder masculino, sea bajo la forma del padre, de los hermanos o del marido. En segundo lugar, la especialización de las mujeres en la maternidad, cumpliendo con el rol por excelencia impuesto sobre ella en función de su género. Y, por último, la naturalización de los cuidados como el fundamento de la actividad y el carácter femeninos.

3. Tiamat, Ishtar y Anat, al margen

Volvamos ahora los ojos a los ejemplos de estas tres divinidades situadas al margen de esta norma, partiendo de los textos en los que se constituyen como villanas o antagonistas dentro de la acción narrativa: la *Epopeya de Aqhat*, la Tablilla VI de la *Epopeya de Gilgamesh* (siguiendo el texto babilónico estándar, pues constituye la versión más completa del relato) y el poema babilónico de la creación conocido como *Enuma Elish*.

En la Tablilla VI de la *Epopeya de Gilgamesh*, encontramos al héroe de vuelta en Uruk después de haber dado muerte al monstruo Humbaba. Es cuando se baña y se viste cuando la diosa Ishtar lo ve y lo desea. La diosa va a prometerle riquezas, poder y prosperidad, pero Gilgamesh le responde con duras palabras y rechaza su ofrecimiento. Enfurecida, sube hasta la morada del dios Anu, lo amenaza y consigue que le dé el Toro del Cielo, bestia que causa una enorme devastación en Uruk. Finalmente, Gilgamesh y Enkidu dan muerte al toro, después de lo cual Ishtar vuelve a escena: es la encargada de llevar a cabo los ritos funerarios para el Toro del Cielo, dedicando su corazón al dios Shamash y los cuernos a Lugalbanda.

La *Epopeya de Aqhat* relata el infortunio del rey Daniel porque carece de descendencia. Gracias a la intervención de Baal, El le concede un hijo al que llama Aqhat y que, una vez crecido, recibe de las manos del dios artesano Kothar el regalo de un arco maravilloso. La diosa Anat desea tal arma e intenta disuadir al héroe para que se la entregue. Sin embargo, Aqhat se niega y la diosa, enfadada, consigue mediante amenazas que El le dé su consentimiento para castigarlo. Para ello cuenta con los servicios de un dios menor, Yatipán, encargado de dar muerte al joven. El asesinato de Aqhat va a provocar una enorme sequía en la tierra, que no remite hasta que sus restos son encontrados y sepultados con honores. La venganza por la muerte de Aqhat será llevada a cabo por su hermana Pughat quien, vestida con ropas de guerrero bajo sus vestidos de mujer, se dirige al campamento de Yatipán dispuesta a darle muerte. Lamentablemente el final es fragmentario, pero es posible intuir que culmina al modo de las historias de Yael o de Judith, con la muerte del general a manos de la mujer.

Por último, el *Enuma Elish* cuenta que cuando las cosas no tenían nombre solo existían Apsu, masculino, representante de las aguas dulces, y Tiamat, femenina, representante de las aguas saladas. Que de la unión de ambos surgieron los primeros dioses y que de pronto la tranquilidad de la pareja se vio interrumpida por el alboroto de los más jóvenes, que molestaban a Tiamat con su clamor incesante. Apsu conspira entonces con su visir Mummu para acabar con ellos, pero es descubierto por el dios Ea, quien le da muerte. Ea se construye su residencia donde moraba Apsu y allí, él y su esposa Damkina, engendran a Marduk. Son los dioses los que se quejan ahora a Tiamat, quien, iracunda, decide pasar a la acción, desencadenando una lucha con Marduk que finalizará en la creación del mundo y de los seres humanos.

El elemento común que salta a primera vista en los tres relatos que nos ocupan es el de la ira o enfado de las diosas protagonistas. Pero ¿qué es lo que provoca en ellas esta reacción visceral? Si nos detenemos en las interacciones que tienen lugar antes de la respuesta femenina, es posible apuntar a que el detonante es, precisamente, una pretendida transgresión de un modelo concreto de «comportamiento» femenino.

3.1. El enfado de Ishtar

Cuando Ishtar ofrece a Gilgamesh un carro maravilloso tirado por potentes caballos, la fragancia del cedro en la entrada de su nueva casa, la obediencia de los demás reyes y el incremento del número y poderío de sus animales, Gilgamesh pronuncia una larga respuesta que los especialistas tienden a dividir en tres secciones[7]. En la primera, Gilgamesh parece referirse a los regalos de boda que Ishtar no va a necesitar; en la segunda, el héroe se dirige a la diosa a través de nueve circunloquios, cuyos

---

7. Aquí sigo la división propuesta por Tzvi Abusch (2015: 13-14).

objetos van seguidos de un epíteto con carácter negativo (por ejemplo, «zapato que muerde el pie del que lo calza», l. 41); y, por último, en la tercera sección Gilgamesh repasa el pasado sexual de la diosa y el tratamiento destructor dispensado por ella a cada uno de sus amantes, acusándola de que si acepta su propuesta de matrimonio acabará él también en una situación similar (Van Dijk-Coombes 2018: 67).

Aunque el historial amoroso de Ishtar es bien conocido y forma parte de su caracterización como diosa del «amor», las palabras de Gilgamesh poseen un tono de reproche. Sin duda, la larga lista de amantes y sus destinos tiene como primera finalidad, y en una primera lectura, poner en evidencia el carácter desleal (¿traicionero?) de Ishtar. En una suerte de correlato con el retrato de las mujeres y el peligro de la seducción en las leyes y la literatura sapiencial, Gilgamesh atribuye a Ishtar las mismas faltas que las mujeres mortales.

No obstante, Ishtar es una diosa y, en este caso, su sexualidad desmedida no es solo peligrosa, sino que está relacionada estrechamente con la muerte y el inframundo. Siguiendo la lectura de Abusch de este pasaje, Ishtar está ofreciendo a Gilgamesh, de forma engañosa, el estatus y el poder de un funcionario de inframundo:

The detail of her offer may be understood as referring to funeral rites and to activities that Gilgamesh will perform in the netherworld. The order in which the items are cited may even represent a continuous progression: Gilgamesh the king will wed Ishtar and go to his new home, the tomb, the netherworld; there he will be accorded the rites of the dead and exercise his infernal powers (Abusch 2015: 20).

Así, Ishtar estaría utilizando su poder erótico y sexual para atraer a Gilgamesh a una trampa. Sin embargo, Gilgamesh, personaje especialmente preocupado por la mortalidad humana, reconoce su potencialidad para la muerte. En su afán por vivir, Gilgamesh tiene entonces que rechazar la oferta de Ishtar, una «lonely and sexually needy goddess of the underworld» (Abusch 2015: 29).

Como mencionaba al principio, Ishtar es una figura compleja, reconocida por la tradición académica como una figura liminal, ambigua, incluso marginal (Harris 1991: 265) en la que confluyen numerosas contradicciones y paradojas, y que constantemente juega con y resquebraja los límites sociales de estatus, género o clase. Es una divinidad de la que se dice que puede convertir a los hombres en mujeres y a las mujeres en hombres y que se relaciona con los reyes y los poderosos de la tierra a la vez que es patrona de las prostitutas.

Esta polaridad de la diosa es la concreción de la alteridad que se atribuye a las mujeres en el pensamiento androcéntrico y que se manifiesta, especialmente, en su concentración de atributos culturalmente asociados a la potencia masculina, como la agresividad o el gusto por la batalla y la carnicería, y su marcado carácter erótico y sexual (Harris 1991: 270).

En el cuerpo de Ishtar se equiparan, así, el eros y la muerte, sobre todo si tenemos en cuenta que toda esta sexualidad activa que se le atribuye no tiene un fin procreativo y está destinada a la obtención de su propio placer (Walls 1991: 60), de modo que ni la maternidad ni los cuidados forman parte de sus atribuciones. Es, pues, una divinidad libre, cuya autonomía y poder se evidencian especialmente en la no conformidad con los roles de esposa y madre y la agresividad marcial y la hiperbólica sexualidad con la que se le representa.

En el plano humano, tal como evidencia el texto de la *Epopeya*, este poder y esta autonomía se traducen en la capacidad de la diosa para dominar y provocar la desdicha y la muerte del hombre al que seduce con su desbordante sexualidad y sensualidad. Gilgamesh es capaz de ver a través de su truco, pero el listado de amantes desgraciados cuenta una historia de terror masculino: el sexo con Ishtar no da vida sino que la quita. Lejos del control masculino, cuya finalidad es precisamente dirigir esta potencialidad femenina hacia la vida y la reproducción de la sociedad y la cultura, el cuerpo de la mujer se convierte en un espacio de ansiedades y de muerte. Al lector contemporáneo esta caracterización puede recordarle al de la archiconocida *femme fatale*, cuyo cuerpo y belleza, que se presenta como disponible, no son objetos para el placer masculino sino las herramientas de una criatura peligrosa, capaz de provocar la perdición de los hombres.

3.2. El enfado de Anat

La respuesta que da Aqhat a la oferta que le hace Anat por su arco sigue el mismo tono acusatorio empleado por Gilgamesh. Y también es posible hace una doble lectura, tanto del ofrecimiento de la diosa como de la respuesta del héroe[8].

---

8. La posible relación intertextual entre la Tablilla VI de la *Epopeya de Gilgamesh* y la *Epopeya de Aqhat* es analizada con detalle en Piquer Otero, Andrés, «Angry Goddesses in Ugaritic and Akkadian. An Intertextual Reading of Some Passages of the Aqhat Epic», inédita. Agradezco a Andrés Piquer la oportunidad de consultarla.

Cuando la diosa Anat posa sus ojos sobre el arco que acaba de recibir Aqhat, su primera estrategia es intentar comprarlo, de modo que le ofrece plata y oro al joven. Pero este le contesta que puede pedirle a Kothar que le haga a ella uno igual. Es entonces cuando Anat quiere cambiar el arma por una promesa de inmortalidad:

> Pide la vida, ¡oh, Prócer Aqhat!,
> pide vida y te la daré,
> inmortalidad y te la otorgaré.
> Te haré contar los años como Baal,
> como el/los hijo(s) de El contarás meses.
> Como Baal de cierto da la vida y convida,
> al revivido convida y le ofrece de beber,
> (mientras) entona y canta en su presencia el aedo,
> yo misma también le corresponderé,
> daré la vida al Prócer Aqhat (KTU 1.17 VI 25-30)

Aqhat no se toma en serio esta promesa de Anat y le recuerda que el fin último de la vida humana es la muerte. No obstante, esta respuesta parece quedársele corta y añade:

> [Además], te voy a decir otra cosa:
> Los arcos son propios de guerreros.
> ¿Acaso ahora se dedican a cazar (con ellos) las mujeres? (KTU 1.17 VI 39-40)

Este es, en última instancia, el detonante de la ira divina y, como en el caso de Ishtar, vuelve a estructurarse en torno a una idea misógina de transgresión de los límites de género por parte del personaje femenino. Desde luego sorprende que Aqhat afirme ante Anat que la cinegética es una actividad reservada para los hombres, puesto que esta diosa ugarítica, además de compartir con Ishtar su aspecto guerrero y sanguinario, es una divinidad cazadora.

Si esto es posible es porque es definida, según su cultura, como una diosa núbil, adolescente, bajo el epíteto de $btlt$[9]. Es precisamente porque no ocupa el lugar destinado para ella en la esfera de las mujeres adultas del matrimonio y la reproducción

---

9. El término se suele traducir como «virgen». Sin embargo, debía referirse a una mujer joven, casada o no, que aún no ha tenido hijos (Smith y Pitard 2009: 188).

por lo que puede permanecer activa en las esferas masculinas del combate y la cacería. Situada en ese momento vital previo a la subordinación femenina a la autoridad del marido[10], sus rasgos identitarios son una fuerza y una violencia desmedidas, al punto de que su actuación dentro del corpus ugarítico se ha definido como masculina (Nissinen 2020: 48). El deseo de Anat por el arco puede leerse, entonces, en el marco de esta ambigüedad de género que la caracteriza.

En el entorno del Próximo Oriente, el arco simbolizaba el poder del guerrero y del cazador y también hacía referencia a la propia masculinidad y al género del portador. Esto era posible en la medida en que dicha masculinidad se medía siguiendo un doble criterio, el de la habilidad en la batalla y la capacidad para engendrar hijos, de modo que los símbolos que hacían referencia a las hazañas en combate servían también para señalar las capacidades sexuales masculinas (Hoffner 1966: 327). Si el arco de Aqhat participa de este marco referencial, Anat estaría reclamando entonces para sí el arma como símbolo de sus propios atributos masculinos y, en el proceso, Aqhat tendría que renunciar a su propia virilidad. Y esta renuncia no significaba otra cosa que una emasculación, una transformación simbólica del hombre en mujer, tal como atestigua la capacidad de Ishtar de transformar a los guerreros en mujeres no combatientes mediante la sustitución de sus armas por husos y espejos (Walls 1991: 82).

Como en el caso de la respuesta de Gilgamesh, la negativa de Aqhat se fundamenta en dos niveles. Por una parte, surge de la misma tendencia de imponer sobre una divinidad los prejuicios de género que definían el comportamiento de las mujeres mortales[11]. Por otra, parece reconocer que el poder de la diosa solo engendra, en última instancia, muerte. La petición de Anat conlleva un peligro de desorden en la dinámica de género normativo en las sociedades androcéntricas, pero además parece actualizar la amenaza que latía implícitamente en la oferta de Ishtar a Gilgamesh. Dado que la promesa de inmortalidad de Anat se basa en la idea de que el héroe va a contar los días como Baal y que Baal es una divinidad que muere y resucita, es posible que estemos ante otra oferta envenenada[12]. De esta forma, lo que se cierne sobre Aqhat no es solo la posibilidad de perder su identidad sino también su vida.

---

10. Es significativa la definición de «señorita» (término castellano para la mujer casadera) que realiza Marcela Lagarde (2005: 450): «La señorita es la mujer que, en cumplimiento de su deber existencial, transita como una crisálida que se metamorfosea en su estado pleno: se mantiene a la espera del novio… o, en caso de tenerlo, vive ese proceso de preparación para el matrimonio que se denomina noviazgo». La idea es de estado de latencia, de *betwixt and between*.

11. Agradezco a Andrés Piquer el comentario, hecho en conversación privada.

12. Piquer Otero, «Angry Goddesses».

De hecho, Anat va a consumar su venganza y dará muerte a Aqhat a través de Yatipán. A diferencia de lo que ocurre con su actuación en el *Ciclo canónico de Baal*, en el que su carácter impetuoso y su tendencia a la violencia se dirigen a apoyar la causa de su hermano divino (KTU 1.3 V), su papel en la epopeya ilustra las cualidades destructivas y disruptivas del poder femenino incontrolable.

3.3. El enfado de Tiamat

Para hablar de Tiamat es necesario realizar antes una aclaración. A diferencia de Ishtar y Anat, Tiamat encarna una entidad elemental femenina y se sitúa en el plano de los dioses antiguos, en una etapa temprana del proceso cosmogónico. Sin embargo, parto de la premisa de que al juntarse con Apsu, adquiere los rasgos de la madre y esposa divinas (Sonik 2009: 87-9). En consonancia con este evento civilizador, y cuando empiezan los tumultos a causa de la actividad de los dioses recién creados, su actuación va a estar en consonancia con su rol materno: aunque la actividad de estas divinidades le molesta profundamente, el texto nos dice que se mantiene tranquila y que ella quiere salvarlos (I 25). A diferencia de lo que es habitual en la literatura acadia, en la que en las representaciones de las diosas de carácter maternal suele omitirse la mención del afecto dispensado a los hijos (Millet Albà 2018: 163), en el caso de Tiamat se indica explícitamente que no solo es dadora de vida sino también una madre afectuosa y compasiva. Tanto, que cuando Apsu y su ministro Mummu se reúnen con ella para avisarle de que van a aniquilar a sus hijos, ella le espeta, enfurecida: «¿Por qué tenemos que destruir aquello que hemos creado? Su comportamiento nos molesta, pero lo soportaremos pacientemente» (I 45).

Al situarse del lado de sus hijos y en contra de los deseos de Apsu, Tiamat abandona el rol de esposa comprometida y queda a merced de los dioses más jóvenes. Dispuesto a seguir con sus planes, Apsu es descubierto por el dios Ea, quien le da muerte. Esta vez es Marduk, descrito como el más extraordinario de todos los dioses, quien molesta con su actividad a los demás, y son ahora ellos los que se quejan a Tiamat. En su alegato, afirman que Tiamat no solo no había amado a Apsu, su amante, sino que no se estaba comportando como una madre al dejarles sufrir: «¡Y a nosotros, que no podemos descansar, tú no nos quieres!» (I 120).

Si en el caso de Ishtar el discurso la definía por oposición a los límites de la sexualidad normativa y en el de Anat por oposición a los límites del género normativo, en el de Tiamat lo hace por oposición a los de la maternidad normativa. Obviando que hasta el momento solo ha demostrado afecto por sus hijos, y que el primer acceso de ira que sufre es a causa de los planes asesinos de Apsu, se le acusa de contravenir uno de los principios rectores del ideal materno, los cuidados.

Enfrentada a sus responsabilidades maternas, Tiamat decide poner fin a parte de su progenie, en un acto que supone «la renuncia y la muerte del núcleo de la identidad y de la definición social y cultural de la madre» (Lagarde de los Ríos 2005: 755). Es en este momento en el que Tiamat deja de encajar dentro del paradigma de diosa materna o principio generador e inicia su monstrificación. Los efectos de esta transformación se hacen evidentes casi de forma inmediata, cuando canaliza una fuerza femenina activa que le permite producir partenogenéticamente una prole monstruosa. El cuerpo de Tiamat se convierte así en una figura que no solo tiene la potencialidad de generar vida sino también de re-absorber aquello a lo que ha dado a luz.

El texto la llama entonces «Madre Hubur», epíteto que también es uno de los nombres del río infernal y que se suele identificar con las llamadas «aguas de la muerte» (Annus 2009: 319)[13]. Tal como ocurre con Ishtar y Anat, vuelve a leerse la figura femenina como un espacio de muerte o un trasunto del inframundo. En esta ocasión, es su cuerpo reproductor el que define su carácter liminal. La relación entre el útero materno y el espacio del inframundo es posible rastrearla en las fuentes sumeroacadias: ambos son lugares de perenne oscuridad y sus «habitantes» comparten una suerte de existencia liminal (Couto-Ferreira 2018: 48-50). Aquí, Tiamat no solo se identifica con ese abismo del órgano femenino de los que surge toda la vida, sino que en tanto que madre primigenia que es capaz de concebir por sí misma, se sitúa más allá de la ley y la moral. Es por tanto una madre totalizadora que, en su profunda unidad, evoca la ansiedad de la disolución debido a su imaginada omnipotencia[14].

---

13. Además, en el encantamiento conocido como «Marduk y los demonios», se dice del dios que «conoce el fondo del ancho río de los muertos», literalmente Hubur. No es descabellado entonces proponer una relación entre Tiamat y el inframundo, puesto que es el seno de Tiamat en el que Marduk nace y conoce muy bien.

14. Desde los estudios feministas se apunta también al cuerpo reproductor de la mujer –la menstruación, la maternidad, la sexualidad, sus genitales– como el prototipo de todas las definiciones del monstruo, particularmente dentro de los géneros cinematográficos del terror y la ciencia ficción. Barbara Creed, en su obra *The Monstrous Feminine. Film, Feminism, Psychoanalisys* (1993), identifica lo que ella llama «lo monstruoso femenino» en varias figuras representativas del cine de terror. Las que nos interesan especialmente son las que aparecen como monstruos en relación con sus funciones maternas y reproductivas: la madre primigenia, el útero monstruoso, la bruja, la vampira y la mujer poseída. Por otro lado, cuando se representa como monstruosa en base al deseo sexual, adopta al menos tres formas: la letal castradora, la madre castradora y la vagina dentada.

Esta metamorfosis le confiere también un nuevo carácter guerrero: además de parir su propio ejército, establece una asamblea, enaltece a Kingu por encima del resto de monstruos y lo toma como marido, entronizándole como dios supremo (literalmente, adopta el rango de Anu). En línea con las figuras de Ishtar y Anat, Tiamat va a participar ahora en espacios eminentemente masculinos, rompiendo con los límites de género (Harris 1990: 229) con una violencia y una fuerza incontrolables. Hasta el punto de que ni Ea ni Anu son capaces de hacer frente a su poder y exclaman:

> [Padre mío], las obras de Tiamat son demasiado para mí.
> He descubierto sus planes pero con mi conjuro no basta,
> su fuerza es enorme, llena de terror,
> es enteramente fuerte, nadie se le puede oponer.
> No disminuía su chillido incesante,
> tuve miedo de su grito y volví hacia atrás (II 85-90 y II 110-115)

Aunque ambos apostillan luego que «la fuerza de una mujer, por muy fuerte que sea, no lo es tanto como la del hombre» (II 91 y II 116), solo Marduk va a llevar a cabo la tarea de enfrentarse a Tiamat y el caos que ella representa: todas esas criaturas híbridas y terribles que demuestran que el sueño de la maternidad sancionada por el patriarcado produce monstruos. Monstruos cuya última función es ser aniquilados para restituir y legitimar un orden social androcéntrico.

Lo que viene a continuación es un relato de violencia extrema. El texto nos vuelve a decir que Tiamat está encolerizada, enloquecida, que ha perdido el juicio. Cuando abre sus fauces para devorar a Marduk, el dios la llena de viento y apuñala su estómago. Desmembrado, su cuerpo se convierte ahora en la materia de la que estará hecho el cosmos.

4. El cuerpo de las mujeres, la agencia femenina y la muerte

Una mujer fatal, una joven adolescente y una madre monstruosa: el cuerpo sexuado de las tres divinidades juega un papel fundamental en la construcción paradójica de sus representaciones, en tanto que es precisamente a través de una manipulación de las convenciones de género y los paradigmas que constituyen la norma de lo femenino que los autores convierten a estos personajes en figuras o alegorías de negatividad y peligro. Que las tres divinidades se convierten en villanas debido a «un incumplimiento de los deberes para los otros [impuestos sobre las mujeres] y la transgresión de su ser social y culturalmente obligado» (Lagarde de los Ríos 2005: 770), se hace evidente en los reproches que, elevados contra ellas, provocan su furia.

Frente a la esperada dependencia de las mujeres a la autoridad masculina, primero en la figura del padre y después en la del marido, Ishtar y Anat se caracterizan por su independencia y su fuerza femenina desenfrenada y destructiva. El poder de Ishtar se concentra en la explotación de una sexualidad que, aunque tentadora, es letal para los hombres. Tal como revela el intercambio que mantiene con Gilgamesh, el sexo con la diosa no solo no da frutos, sino que conduce a la perdición.

En el personaje de Anat, el énfasis es puesto sobre los roles y la identidad de género. La *Epopeya de Aqhat* funciona como una confirmación de que su carácter liminal causa estragos dentro del propio entramado social: en contra de la identidad femenina normativa, Anat no solo se mantiene en un perenne estado de adolescencia (libre de ataduras, libre de hijos) sino que, en su afán por legitimar su ambigüedad de género, acaba con la vida del heredero al trono (Walls 1991: 266).

En el caso de Tiamat, mientras el texto nos la presenta en relación con Apsu, encaja con un modelo de maternidad sin fisuras en el que la relación entre la madre y sus hijos está marcada por el afecto y el sacrificio maternos. Sin embargo, en el momento en el que es incapaz de cumplir con ese ideal, revela la potencialidad terrorífica de su capacidad generadora sin límites. En un momento anterior a la creación (entendida como orden), la figura de Tiamat se fija como un paradigma de alteridad primigenia cuya naturaleza se articula en torno a su feminidad amenazante.

En tanto que las emociones negativas preparan al sujeto para la acción (Smith y Pitard 2009: 174), la ira que experimentan estas diosas las conduce a desplegar toda su fuerza destructiva. El resultado de estas rupturas, de estas desviaciones, es siempre la muerte. Si la especialización de las mujeres en la maternidad y los cuidados es entendida como una actividad cuyo resultado es la vida, cuando el cuerpo y la sexualidad femenina no se canalizan en pos de la reproducción humana y social, se concibe como un espacio de peligros. A nivel terrenal y mortal, a la alteridad de las mujeres y sus cuerpos se le atribuye la capacidad de arrastrar a los hombres a su perdición, a su emasculación o a su aniquilamiento. En el caso de las divinidades femeninas, además de responder a estos prejuicios en tanto que mujeres, en su alteridad absoluta amenazan también la misma estructura del cosmos.

El plan de venganza que Tiamat pone en marcha está dirigido a acabar con la vida de los dioses. En el esquema del motivo mitológico del *Chaoskampf*, Tiamat encarnaría al caos frente al orden que representa el dios masculino Marduk. Aunque este rasgo es consecuente con su naturaleza de diosa primigenia, es especialmente llamativo que también se le atribuya a Ishtar y a Anat. Ambas, también con la finalidad de cobrar venganza frente a los insultos proferidos por Gilgamesh y Aqhat, amenazan a las divinidades supremas con agitar el cosmos y provocar el caos. Mientras que Ishtar asegura al dios Anu que reventará las puertas del inframundo y hará subir a los muertos para que se coman a los vivos, Anat afirma que es capaz de destruir la morada de El y de estrellar el palacio y su morador en las profundidades del inframundo[15].

De esta forma, el modo en que se conceptualiza la respuesta femenina en los tres textos que hemos visto confirma aquello que las acusaciones masculinas infieren: que la agencia de las diosas, incardinada en sus cuerpos sexuados, implica la amenaza y los peligros de la disolución, del desorden y de la muerte.

Estas divinidades, por tanto, no solo siembran terror en los hombres (mortales o divinos) con los que interactúan. Poderosas a nivel narrativo, también representan en grado absoluto la alteridad de lo femenino y son temidas dentro del tejido simbólico del discurso androcéntrico. Su diferencia y su poder deben, pues, ser contrarrestados y controlados a fin de restituir el orden y los límites que resquebrajan. Así, a través de la incapacidad de Ishtar para dar muerte a Gilgamesh, la de Anat para hacerse con el arco de Aqhat incluso después de muerto y la de Tiamat para llevar a cabo su venganza, la moraleja que parece desprenderse de estos relatos es que la fuerza de una mujer, por muy fuerte que sea, no lo es tanto como la del entramado de políticas y principios de género que sostienen el discurso androcéntrico que dio a luz a estas historias.

---

15. Siguiendo la traducción propuesta por Andrés Piquer Otero en «Angry Goddesses».

Bibliografía

Abusch, Tzvi (2015): *Male and Female in the Epic of Gilgamesh: Encounters, literary history, and interpretation.* Indiana: Eisenbrauns.

Annus, Aamar (2009): «Some otherworldly journeys in Mesopotamian, Jewish, Mandaean and Yezidi traditions», en Mikko Luuko, Saana Svärd y Raija Mattila (eds.), *Of God(s), Trees, Kings, and Scholars. Neo-Assyrian and Related Studies in Honour of Simo Parpola. Studia Orientalia 106.* Helsinki: Finnish Oriental Society, 315-326.

Butler, Judith (1990): *Feminism and the subversion of identity.* Nueva York: Routledge.

Couto-Ferreira, María Érica (2018): «Uterine Arquitectures: Womb and Space in Sumero-Sources», en María Érica Couto-Ferreira y Lorenzo Verderame (eds.), *Cultural Constructions of the Uterus in Pre-modern Societies, Past and Present.* Newcastle upon Tyne: Cambridge Scholars Publishing, 35-52.

Creed, Barbara (1993): *The Monstuous Feminine. Film, Feminism, Psychoanalisys.* Londres: Routledge.

Gadotti, Alhena (2014): *«Gilgamesh, Enkidu and the Netherworld» and the Sumerian Gilgamesh Cycle.* Boston / Berlín: De Gruyter.

Garcia-Ventura, Agnès (2018): «Beyond biology: the constructed nature of motherhood(s) in ancient Near Eastern sources and studies», en Margarita Sánchez Romero y Rosa María Cid López (coords.), *Motherhood and infancies in the Mediterranean in antiquity.* Óxford: Oxbow Books, 41-53.

Hall, Stuart (1997): *Representation: Cultural Representations and Signifying Practices.* Londres: Sage Publications.

Haraway, Donna (1995): *Ciencia, Cyborgs y Mujeres. La reinvención de la naturaleza.* Madrid: Cátedra.

Harris, Rivkah (1990): «Images of Women in the Gilgamesh Epic», en Tzvi Abusch, John Huehnergard y Piotr Steinkeller (eds.), *Lingering over Words. Studies in Ancient Near Eastern Literature in Honor of William L. Moran.* Atlanta: Scholars Press, 219-230.

Harris, Rivkah (1991): «Inanna-Ishtar as Paradox and a Coincidence of Opposites», *History of Religions* 30, 3, 261-278.

Hoffner, Harry A. (1966): «Symbols for masculinity and femininity. Their use in Ancient Near Eastern sympathetic magic rituals», *Journal of Biblical Literature* 85, 3, 326-334.

Lagarde de los Ríos, Marcela (2011): *Los cautiverios de las mujeres. Madresposas, monjas, putas, presas y locas.* Madrid: Horas y horas.

Marsman, Hennie J. (2003): *Women in Ugarit and Israel. Their social and religious position in the context of the Ancient Near East.* Leiden, Boston: Brill.

Millet Albà, Adelina (2018): «Mujeres y diosas en la literatura en lengua acadia», en Agnès Garcia-Ventura y Josué J. Justel (eds.), *Las mujeres en el Oriente cuneiforme.* Alcalá de Henares: Servicio de Publicaciones de la Universidad de Alcalá, 159-195.

Nissinen, Martti (2020): «Male Agency and Masculine Performance in the Baal Cycle», en Stephen C. Russell y Esther J. Hamori (eds.), *Mighty Baal Essays in Honor of Mark S. Smith.* Leiden, Boston: Brill, 47-71.

Peled, Ilan (2022): «The deviant villain: The Construction of Villainy as Deviant Otherness in Mesopotamian Royal Rhetoric», *AVAR*, 1,1, 51-78.

Piquer Otero, Andrés (2021): «Angry Goddesses in Ugaritic and Akkadian. An Intertextual Reading of Some Passages of the Aqhat Epic» [clase inédita].

Smith, Mark y Wayne Pitard (2009): *The Ugaritic Baal Cycle. Volume II. Introduction with Text, Translation and Commentary of KTU/CAT 1.3-1.4.* Leiden, Boston: Brill.

Sonik, Karen (2009): «Gender matters in Enuma Elish», en Richard H. Beal, Steven W. Holloway y Joann Scurlock (eds.), *In the wake of Tikva Frymer-Kensky.* Piscataway: Gorgias Press, 85-101.

Stol, Marten. (2016): *Women in the Ancient Near East.* Boston / Berlín: De Gruyter.

Van Dijk-Coombes, Renate Marian (2018): «"He rose and entered before the Goddess": Gilgamesh's interactions with the goddesses in the Epic of Gilgamesh», *Journal of Northwest Semitic Languages*, 44, 1, 61-80.

Walls, Neal H. Jr. (1991): *The Goddess Anat in Ugaritic Myth.* Baltimore, Maryland: The John Hopkins University.

Westbrook, Raymond (1990): «Adultery in the Ancient Near East», *Revue Biblique (1946)*, 97, 4, 542-580.

MADRES DE MONSTRUOS: REFLEXIONES TEÓRICAS SOBRE LAS MUJERES Y LA PRODUCCIÓN DE LO MONSTRUOSO EN LA MESOPOTAMIA ANTIGUA

M. Érica Couto-Ferreira

INVESTIGADORA INDEPENDIENTE

Resumen:

A través del análisis de varias composiciones mitológicas (*Enki y Ninmah, Enūma eliš*), textos terapéuticos (encantamientos y rituales para favorecer la gestación y el parto) y ejemplos de literatura religiosa y adivinatoria (*Šumma izbu*) del segundo y primer milenio a.e.c., se reconstruyen los principales conceptos definitorios del cuerpo de las mujeres en la Mesopotamia antigua. Se propone el posicionamiento liminal de las mujeres en la sociedad, en cuanto recurso principal en el establecimiento de alianzas interfamiliares, como punto de partida para reconstruir la función de los cuerpos femeninos y de las capacidades reproductivas en la construcción de esa liminalidad. La vinculación metafórica entre el útero reproductor y los procesos de artesanía, por un lado, y las prisiones y el mundo de los muertos, por otro, emplazan a las mujeres en una posición de frontera, imprescindible para la continuidad social, pero tendente a la desestabilización y a la creación de entidades monstruosas. Teniendo en cuentas las evidencias cuneiformes, se hipotetiza una mayor capacidad agentiva de las mujeres en la generación de prodigios y criaturas deformes.

Palabras clave: monstruosidad, asiriología, estudios de género, reproducción, maternidad.

1. Mujeres y monstruos: un debate contemporáneo

La relación entre el cuerpo femenino y la monstruosidad ocupa un lugar cada vez más relevante en los debates contemporáneos que sobre la cultura popular, los estudios de género y la maternidad se están proponiendo desde las artes y la literatura. El miedo maternal a parir monstruos o la posibilidad de sufrir la transformación incontrolada del propio cuerpo (un cuerpo femenino, sexuado y con potencial reproductor) se ha expresado, en lo audiovisual y lo literario, de múltiples formas, configuraciones que sacan a la luz los puntos de tensión y las inconsistencias que rodean las definiciones culturales y las prácticas sociales del «ser mujer» en los siglos XX y XXI. En el cine, por ejemplo, ha surgido el concepto de *gynaehorror* o gineterror, un instrumento analítico que ha permitido diseccionar las producciones que abordan aspectos del terror ligados a la reproducción, a las fases de la sexualidad y la biología reproductiva de las mujeres, de la virginidad a la menopausia, pasando por la experiencia del propio cuerpo y las tecnologías de la reproducción, por ejemplo (Harrington 2019). Al hacerlo, se ha situado el cuerpo de las mujeres en el centro del debate como campo de batalla en el que confluyen lo social, lo médico-científico y lo cultural. Así, encontramos monstruos sociales conservadores y burgueses que buscan reproducir su *estatus quo* en *Rosemary's baby* (1967), la novela de Ira Levin que Roman Polanski adaptó al cine un año después de su publicación. Nos topamos con los monstruos nacidos de la asunción de medicamentos para la fertilidad en «It's alive» de Larry Cohen (1974) y con monstruos que atentan contra el orden familiar y social, como en *El quinto hijo* de Doris Lessing. También se han propuesto producciones que exploran las dificultades de ejercer como madre cuando se está sometida a una fuerte tensión psicológica («The Babadook», 2014, de Jennifer Kent) o que muestran el embarazo como un estado intermedio, liminal y fronterizo, en el que la fragilidad física y la inestabilidad emocional pueden transformarse en fuerza de supervivencia individual («Prevenge», 2016, de Alice Lowe).

Reproducirse como especie no es un hecho que se limite puramente a lo biológico para dar continuidad a la vida de la especie. También conlleva la reproducción y manutención de estructuras sociales e instituciones políticas, de valores y prácticas cotidianas, y expresa, igualmente, la aceptación y participación en un consenso normativo común al conjunto de la sociedad. La exploración de lo monstruoso femenino, por tanto, evidencia muchas de las áreas inestables, peligrosas y desestabilizantes que una determinada cultura o sector social percibe en sus bases sobre la reproducción y sobre el uso que se hace de los cuerpos de las mujeres a nivel individual, familiar, científico, artístico, etc.

En el marco de estas reflexiones contemporáneas resulta relevante estudiar lo monstruoso en las culturas del pasado. Es una tarea que, por cuanto compleja y limitante, enriquece perspectivas y anima a crear conexiones entre las vivencias contemporáneas y las experiencias de la antigüedad. En la Mesopotamia antigua, los cuerpos de las mujeres tenían la capacidad de crear vida, de generar seres sanos que mantendrán la estabilidad del grupo, pero también seres deformes y fuera de la norma. Es en esa atribución de un poder generativo monstruoso en la que se centrará este análisis.

2. La producción de los monstruoso en los textos cuneiformes

En el ámbito mesopotámico, es bien conocida la ausencia de textos teóricos que reflexionen abiertamente sobre la generación, los cuerpos de las mujeres o el control de la sexualidad. Los principios que operan en estos ámbitos, por tanto, deben extraerse de alusiones textuales presentes en otras tipologías de textos, como encantamientos, mitos, himnos, rituales terapéuticos y prescripciones médicas que se ocupan de aspectos sexuales, reproductivos o de salud (Couto-Ferreira 2018a). La propuesta de trabajo que se presenta en este artículo, por tanto, debe tomarse como una hipótesis interpretativa construida sobre la base de las evidencias textuales combinadas con una aproximación desde los estudios de género y la historia cultural. Aunque las fuentes cuneiformes no formulen de manera explícita ningún tipo de teoría sobre la naturaleza y la biología atribuida a las mujeres, distintas evidencias textuales, como los textos para combatir la brujería, las alinean con los espacios liminales y la otredad. En este sentido, las teorías sobre lo monstruoso femenino pueden ayudarnos a abordar la cuestión reproductiva en la Mesopotamia antigua desde una perspectiva distinta.

Se parte de la tesis de que las mujeres (como entidad de estudio, como objeto conceptual y como abstracción) se percibían en la Mesopotamia antigua como sujetos liminales. En esta construcción de la liminalidad femenina, el cuerpo ocupaba una posición central en la elaboración de los discursos oficiales, es decir, doctos y elitistas, codificados en las fuentes escritas. En especial, parte de esa otredad de las mujeres se construye a través de sus cuerpos y, muy especialmente, en relación con la fertilidad y la reproducción, áreas culturalmente atribuidas de manera casi exclusiva al hacer femenino (Couto-Ferreira 2018).

Las mujeres comunes, en cuanto gestantes, tenían la capacidad de producir tanto individuos sanos como monstruos y seres deformes ($izb\bar{u}$), criaturas extraordinarias que, en su excepcionalidad, expresaban un mensaje divino y suponían, en la mayoría de los casos, una fuerza alteradora de los cimientos sociales[16]. Al contrario de lo que

---

16. El término deriva de la raíz 'zb ($ez\bar{e}bu$ «abandonar, dejar atrás, tirar, desatender, apartar»). Para ejemplos específicos del término $izbu$ en las fuentes cuneiformes, véase CAD I s. v., pp. 317-318.

sucede con muchas de las lecturas teóricas contemporáneas de lo monstruoso[17], en la Mesopotamia antigua el monstruo confirma las leyes de la creación (la mano divina ordenadora, la interacción mediada entre lo divino y lo humano, etc.). La deformidad y la incapacidad se consideraban parte intrínseca de lo creado, como se expone en la composición sumeria *Enki y Ninmah*, que le reconoce una función a cada ser humano, incluidos aquellos enfermos o con algún tipo de minusvalía. También el *izbu* o aborto desempeña una función dentro de la creación. Este hecho, sin embargo, no elimina su carácter desestabilizador y peligroso.

Las mujeres embarazadas y las parturientas y, de un modo más amplio, todas las mujeres susceptibles de reproducirse, por tanto, se presentan como generadoras en potencia de *izbū*. Esta capacidad las posiciona implícitamente en un lugar que conecta con la esfera de lo divino y extrahumano, pero también con lo externo a la norma, con la anomalía y la potencialidad de generar ellas mismas cuerpos contrahechos y desestabilizantes.

3. Mujeres al límite

3.1. Lazos matrimoniales: la mujer como eterna extranjera

La familia constituye el pilar básico sobre el que se construye la sociedad de la Mesopotamia antigua. Son valores fundamentales el procrear y tener hijos que continúen el linaje familiar, que cuiden de los mayores y mantengan vivo el culto funerario. La estructura familiar básica mesopotámica era patriarcal y patrilineal (Gelb 1979, van der Toorn 1996: 13-41, Bahrani 2001, Stol 2016: 147-164). La autoridad máxima la detentaba el hombre más anciano en plena posesión de sus facultades mentales. Uno de los términos que se utiliza para designar a la familia en su dimensión tanto sincrónica como diacrónica es, justamente, *bīt abim*, lit. «casa del padre», una unidad basada en la obediencia, la solidaridad y el cuidado de los padres (van der Toorn 1996: 23).

---

17. Una tendencia dominante en el análisis contemporáneo de lo monstruoso fue propuesta por Michel Foucault y su arqueología de la anomalía (Foucault 2000). Desde su perspectiva, los monstruos humanos son aquellos que violan las leyes tanto de los hombres como de la naturaleza. Constituyen la encarnación de la otredad y son expresión del miedo a perder el estatus de humanidad, al tiempo que, con su misma existencia, reafirman la propia naturaleza humana. Esta construcción de lo monstruoso se encuentra presente, por ejemplo, en los relatos sobre poblaciones exóticas no europeas que comenzaron a circular especialmente a partir de la Edad Moderna.

Puesto que la estructura familiar cimentaba la sociedad, la dispersión de la familia equivalía a la desgracia.

En la institución familiar, las mujeres funcionaban como un elemento de movilidad que permitía la creación de lazos de unión entre familias, un bien humano útil en la forja de alianzas políticas y económicas. Las mujeres, por tanto, se transferían de una familia a otra con el matrimonio. Eran extranjeras en la familia del marido y este motivo podía hacerlas sospechosas de instigar discusiones, practicar brujería o crear inestabilidades (Abusch 1989). En cuanto agentes sociales caracterizados por su movilidad interfamiliar, las mujeres se convierten en individuos que transitan entre grupos, habituadas culturalmente al traspaso y a la inserción forzosa en la familia del marido.

3.2. Cuerpos que hay que domesticar

Los cuerpos de las mujeres, en su faceta reproductiva, pueden tender a la infertilidad, al aborto o la distocia, el parto difícil. Si atendemos a los textos terapéuticos cuneiformes, sobre ellos pesa la responsabilidad de engendrar, dar forma y llevar a buen término el embarazo, al contrario que los cuerpos masculinos, cuya función principal consiste en penetrar, plantar y humedecer tal y como lo haría el campesino con el campo. En los textos cuneiformes, sobre todo en fuentes literarias sumerias ligadas al ciclo de *Inanna y Dumuzi*, es posible identificar un discurso centrado en el disciplinamiento y la domesticación de la sexualidad, la fertilidad y la reproducción de las mujeres. El cuerpo y la sexualidad femenina se presentan a través de imágenes y metáforas que lo conciben como un terreno salvaje o inculto que solo puede ser salvado de la improductividad a través de la domesticación, esto es, con ayuda del trabajo y el sometimiento al arado, un buen representante del dominio masculino, por otra parte (Couto-Ferreira 2018b).

Las narraciones ordenadoras del mundo mesopotámicas se basan en la agricultura como eje central que vertebra la existencia, desde la creación del ser humano como fuerza de trabajo agrícola en *Atra-ḫasīs* (*Atra-ḫasīs* I 177-197 en Lambert y Millard 1968: 56-59, Foster 2005: 235) hasta las narraciones ordenadoras del territorio como *Los gobernadores de Lagaš* (Sollberger 1967). El control del territorio y sus recursos ocupa una posición clave en la construcción de la regalidad en la Mesopotamia antigua. El rey es el responsable de garantizar el orden en la esfera humana y el cumplimiento de los designios divinos. Las fuentes cuneiformes hacen hincapié en un momento primigenio de la creación en el que dominaban la aridez de las tierras, el descontrol de los flujos de agua y la ausencia de agricultura, que contrasta con el presente desde el que la composición habla, en el que el monarca asegura el control, la estabilidad y la prosperidad en el país.

El contraste entre un tiempo primigenio de caos y desorden y el momento posterior en el que el orden se establece sirve para remarcar (a) el instante en el que se funda el estado de las cosas que permite el gobierno estable en el presente; (b) las ventajas que el orden trae (abundancia frente a escasez, la mesura frente al descontrol natural), y que permiten el nacimiento y desarrollo de la sociedad; (c) ligado a los puntos anteriores, los beneficios obvios de mantener el estatus quo, que se traducen en la generación de bienes materiales, la reproducibilidad social y un equilibrio general para todos. Mientras en un tiempo primigenio previo al dominio de los recursos y la fuerza de trabajo los seres humanos producían poco y mal, de un modo que comprometía la subsistencia, tras la ordenación del terreno y el agua se sientan las bases de la producción (y la reproducción) sostenida.

(El ser humano) No trabajaba. Se volvía pequeño, pequeño; su madre (?), sus ovejas morían (?) en el establo. En aquellos días había hambruna en Ĝirsu, ya que las aguas de Lagaš estaban retenidas. No se excavaban canales (id_2), los diques (eg_2) y las trincheras (pa_5-re) no se limpiaban. Los prados (a-gar$_3$) amplios no se regaban(?), no había agua abundante para regar rectamente los campos (gan$_2$-ne$_2$): la gente usaba la lluvia (para regar). Ezina (diosa del grano) no hacía crecer la cebada moteada. La boca de los surcos (ab-sin$_2$-na kabi) todavía no estaba abierta, (estos) no producían frutos (lit. no brotaba [nada] gu$_2$ numu-un-il$_2$). No se araba la planicie (an-edin-na), (esta) no producía frutos (*Los gobernadores de Lagaš*, 17-31).

Conceptualmente, existe una estrecha relación entre los discursos políticos basados en el dominio de los recursos naturales, por un lado, y el dominio equivalente de las capacidades reproductivas de las mujeres, por otro, en cuanto los cuerpos femeninos pueden considerarse también parte de los medios naturales de producción dentro de un discurso que acomuna la abundancia generativa de campos y ganados. En las fuentes cuneiformes, tal conexión conceptual se establece, sobre todo, a través del empleo de un lenguaje figurativo que toma imágenes de las actividades agrícolas y las aplica eficazmente al ámbito de la sexualidad y la reproducción humanas (humedad de los campos fértiles y de los genitales que se preparan para el acto sexual, canales de irrigación y vagina, montículos para regar y órganos sexuales, etc.). Los discursos políticos justificatorios del poder real se construyen a partir de los elementos «productividad» y «dominio del territorio» e idénticos elementos y principios se aplican a la fertilidad y la reproducción humana (y, en concreto, a las mujeres).

No excaves un canal de agua (id_2), deja que yo sea tu canal. No ares el campo (a-ša$_3$), deja que yo sea tu campo. Campesino (mu-un-gar$_3$), no busques un prado, mi adorado, que este sea tu prado (*Inanna H*, segmento A: 21-24 en Sjöberg 1977: 17-18 y 21-22).

Mi vulva, una sobreelevación abierta (y) bien regada, a mí, la joven, ¿quién me arará? Mi vulva, prado regado, para mí, la joven, ¿quién uncirá el buey? (texto Ni 9602 de la composición *Dumuzi-Inanna P*: ii 24-27 en Sefati 1998: 220-221 y 224-225).

Tanto en los textos mitológicos como político-propagandísticos, los recursos naturales, el agua y la tierra requieren de un dominio constante: es lo que asegura el orden controlado y la producción de bienes para la supervivencia. Mediante la asociación metafórica del campo semántico de la agricultura (esto es, del control de recursos y el trabajo agropecuario) con el campo semántico del cuerpo y la reproducción femenina, se imprime en la sexualidad de las mujeres una fuerte noción de domesticación, dominio y control. La vagina se transforma en el canal que transporta el agua y en el terreno donde se cultivan las cosechas; es arada como un campo y su surco recibe la semilla; se transforma en un humedal apto para el crecimiento de frutos. El cuerpo de las mujeres, en cuanto lugar habitado por las capacidades reproductivas, debe ser cultivado, dominado y disciplinado para evitar la dispersión de sus potencialidades y la disgregación última del equilibrio social[18].

Asiriólogas como Ulrike Steinert han atribuido un rol pasivo al cuerpo de las mujeres, al menos en los casos en los que la descripción de las fases de la reproducción se nutre de las metáforas agrícolas, en las que el hombre insemina y la mujer pare; el hombre es el agricultor y la mujer, el campo (Steinert 2017: 303-304). Sin embargo, el potencial peligroso del cuerpo de las mujeres, la posibilidad de que, como las aguas que se estancan o se desbordan, participen de un desorden capaz de producir infertilidad, riesgo de aborto o portentos monstruosos, les atribuye un lugar más activo en lo que atañe al proceso reproductivo.

---

18. Para una formulación teórica sobre el cuerpo disciplinado, ver Foucault 1975.

3.3. Cuerpos que contienen un infierno

La posición de intermediaria entre esferas que ocupan las mujeres, junto con el funcionamiento del cuerpo femenino como canal que une mundos y áreas aparentemente opuestas, también se expresa a través de lo ctónico e infernal. Entre las metáforas y comparaciones que se utilizan en los textos cuneiformes para describir la anatomía y la fisiología de los cuerpos de las mujeres, se encuentran aquellas que enfatizan su condición de recipiente y de espacio arquitectónico. Este tipo de asociaciones permiten jugar con los conceptos de abierto y cerrado para describir su biología, especialmente en lo que atañe a lo reproductivo (Steinert 2017; Couto-Ferreira 2018d).

En lo que respecta a las visiones del útero y del feto *in utero*, los textos cuneiformes crean conexiones entre los espacios de generación de los cuerpos de las mujeres y la esfera de los muertos. El más allá se describe como «el lugar de la oscuridad» (*La muerte de Gilgameš*, segmento E, l. 5, eTCSL 1.8.1.3; Cavigneaux y al-Rawi 2000) y esta imagen también se aplica a la existencia del bebé *in utero*, según se describe en las nanas-encantamiento para dormir a un bebé. Estas composiciones evocan la existencia uterina, en el espacio oscuro, del pequeño, en contraste con el nacimiento, el «salir a la luz»: «Pequeño que vives en la casa de la oscuridad, realmente has salido fuera, has visto la luz de Šamaš (el sol). ¿Por qué lloras, por qué gritas?» (Farber 1989: 34-35). Nacer, por tanto, es el acto de ver la luz (ZALAG/*nūra+amāru*), de observar el ojo del sol (^{d}UTU/ Šamaš). El lugar que el feto habita es un espacio liminal constantemente amenazado, más cercano al mundo de los muertos que al de los vivos. Los encantamientos para favorecer un parto rápido y sin complicaciones a menudo dibujan el vientre grávido como un espacio amenazado de aguas oceánicas turbulentas, de caos encerrado en el cuerpo, en el que el feto se halla en una profundidad que la luz del dios-sol no alcanza. El nacimiento, por tanto, se presenta como el viaje de un barco que zarpa del puerto de la muerte y navega hacia el puerto de la vida: «Encantamiento. La nave [está amarrada] en el puerto de la muerte; la nave *makurru* [está amarrada] en el puerto de la dificultad (KAR *dan-na-ti*)», «nave, ve hacia el puerto de la salvación; barco *makurru*, ve hacia el puerto de la vida», se recita en un encantamiento para ayudar al parto (BAM 248 i 62-63 y BAM 248 ii 46-56, respectivamente, en Köcher 1963-1980, vol. 3). El bebé en el útero guarda similitudes con un prisionero atado y con los ojos tapados.

En las aguas de la concepción, el hueso se creó.

La carne y las fibras crearon la progenie.

En las aguas del mar, feroces y poderosas, (*i-na me-e a-a-ba ša-am-⌈rū⌉-tim*)

en las aguas subterráneas remotas (*i-na me-e an-za-nu-zi ru-qú-tim*), en el lugar en el que el pequeño tiene las manos atadas, los ojos tapados no ven la luz[19].

Esta no es la única relación que los textos cuneiformes establecen entre el encierro, la oscuridad y el mundo de los muertos. El útero se conecta conceptualmente con el infierno y el océano, pero también con la imagen de la cárcel. El texto sumerio *Himno a Nungal*, dedicado a la divinidad de las prisiones e hija de Ereškigal Nungal, presenta la cárcel como el útero o seno materno que rehabilita al reo, que hace que el hombre recto vuelva a nacer como un individuo nuevo. Es la casa que «pare al hombre recto y extermina al hombre falso». Salir de la prisión, donde la prisión muestra que la privación de libertad equivale a la vida en los márgenes y fuera del orden social, equivale a renacer.

Al establecer, mediante la metáfora y el símil, estos paralelismos entre el ecosistema uterino, la prisión y el mundo de los muertos, se identifica el cuerpo de las mujeres con el inframundo, con los espacios de la oscuridad, con la esfera de los límites y las fronteras, pero también con los espacios de transformación (Couto-Ferreira 2018c). El útero maternal se convierte en un espacio de contienda y peligro en el que se unen la muerte y la vida, la oscuridad y la luz, el encierro y la promesa de liberación. El órgano más representativo de la reproducción humana, sustentador de la vida, también es, en las fuentes cuneiformes, un umbral, un límite, una frontera en la que los opuestos se encuentran.

4. Mujeres y generación: hacia la reproducción de lo monstruoso

4.1. Úteros productores

Llegados a este punto, podemos preguntarnos si, en Mesopotamia, las mujeres y las entidades femeninas se consideraban monstruosas, siniestras o ejemplos de alteridad por naturaleza. ¿Qué las hacía sospechosas? ¿Por qué podían producir monstruos?

---

19. El texto paleobabilónico BM 115745 contiene un encantamiento para favorecer el parto, ver *Sources of Early Akkadian Literature* (SEAL) n.º 7054, l. 1-8 (https://seal.huji.ac.il/node/7054).

¿Se explicaba como un hecho voluntario (como lo hace la diosa Tiāmat en el *Enūma eliš*), eran las divinidades las que ponían la deformidad en el feto a modo de signo a interpretar o esta surgía como fruto de otros motivos, como la transgresión o la culpa?

Los textos cuneiformes apuntan a que el útero dispone de las capacidades creativas y formativas necesarias para crear tanto bebés sanos como seres deformes. La gestación se explica a través de metáforas, símiles y asociaciones tomadas del mundo de la artesanía y del trabajo manual. Así, la formación del feto se asimila a los procesos artificiales de artesanía, en los que el útero, como las mismas divinidades del nacimiento, modelan la materia hasta darle su forma definitiva. En el mito de *Atra-hasīs o poema del diluvio*, cuando los dioses crearon al ser humano para que los sustituyesen en las pesadas labores agrícolas, usaron la tecnología del barro, la materia prima por excelencia de la Mesopotamia, para concebir a su nueva criatura (*Atra-hasīs* I 202-211; Lambert y Millard 1968: 56-59; Foster 2005: 235). En el proceso formativo mítico, el dios masculino proporciona la materia (la arcilla), mientras la diosa femenina la manipula y le da forma. Esa misma tecnología de la gestación que acomuna la labor del útero a la realizada por las diosas del nacimiento para dar forma al bebé se encuentra implícita en los discursos reproductivos y embriológicos. Al crear a la humanidad, los dioses instituyeron, además, la reproducibilidad del ser humano. Los crearon hombres y mujeres para que la estirpe de servidores de los dioses se reprodujese de forma autónoma y continua.

> Entraron en la casa del destino (É *ši-im-ti*)
> Así lo hicieron el principesco Ea y la sabia Mami.
> Con las diosas del nacimiento/úteros reunidos (*šassūrātum*)
> (el dios) pisó la arcilla (*ṭiṭṭa ikabbasam*) en su presencia (de la diosa).
> Ella recitó el encantamiento repetidamente (*šipta ittanandi*),
> Ea, sentado ante ella, la animaba.
> Cuando hubo terminado el encantamiento,
> Mami cortó catorce trozos de barro (*kirṣī*),
> Puso siete a la derecha
> Y siete a la izquierda
> (*Atra-hasīs* I 248-259, Lambert y Millard 1968: 60-61).

> *a-na-ku-mi ab-bi i-pu-ša qá-ta-ia*
> Yo lo he creado, mis manos lo han hecho
> (*Atra-hasīs* I 289; Lambert y Millard 1968: 62-63).

El término anatómico $ša_3.TUR_3$ / $šassūrū$ «útero» se aplica tanto a las diosas responsables de crear a los seres humanos como a la sección anatómica del cuerpo de las mujeres. Las diosas del nacimiento son las «madres creadoras» y las «parteras», las que ayudan a nacer y las que producen el bebé, tanto en su dimensión intrauterina como extrauterina, pues modelan la arcilla de la que surgen los seres humanos, pero también los guían para que salgan del cuerpo de la madre y se conviertan en individuos humanos independientes del vientre que les ha dado vida. Las diosas creadoras y los úteros producen el bebé a todos los efectos, y este elemento productivo es esencial en el análisis de los procesos de gestación y parto. El útero grávido se asimila al horno cerámico en el que se cuecen las vasijas y al crisol por el que discurre el metal fundido y en el que se solidifica ($agarin_3$ = $agarinnu$, en Goetze 1945: 235). Las diosas del nacimiento reciben epítetos que enfatizan su labor artesana, como ^{d}nin-bahar$^{ba-ha-ar}$ «Señora Alfarera», ^{d}tibir-kalam-ma «Mano del País», ^{d}tibira-dingir-re-e-ne «Mano de los Dioses», ^{d}nagar-nam-lu$_2$-u$_x$-lu «Carpintera de la Humanidad» y ^{d}nagar-ša$_3$-ga «Carpintera del Interior o del Vientre» (lista lexical An = Anum II 26-31 en DCCLT).

En este sentido, el verbo $banû$ «crear, generar, producir» se aplica tanto al rol que hombres y mujeres poseen en la generación humana como a los procesos de construcción, edificación y manufactura de objetos y estructuras, desde edificios, canales y murallas hasta estatuas, herramientas o barcos (CAD B sub $banû$ A, pp. 83-90)[20]. $Banû$ se aplica también a las creaciones divinas y a lo que sucede dentro del útero. Así, por ejemplo, el término se utiliza en un encantamiento para favorecer la fertilidad y la génesis de hijos sanos: «que la semilla sea puesta en su surco, que ella le dé forma/ cree el hijo» (a-na AB.SIN$_2$ li-in-na-di-ma/ MU li-ib-ni, en Steinert 2017: 317-318 y n. 87, citado en Zisa 2021: 32). Esta labor generativa de las diosas del nacimiento y de los úteros, capaces de construir, resulta esencial para comprender la agencia implícita atribuida a las mujeres en la producción de lo monstruoso.

4.2. Fabricar lo monstruoso: el ejemplo de Tiāmat

En el *Enūma eliš o Poema de la creación babilónico*, la diosa primigenia Tiāmat busca vengar la muerte de Apsû, su consorte, muerto a manos de una progenie

---

20. También el término U$_3$.TU / (w)$alādu$ que, aunque se emplea en los textos con los significados primarios de «parir» y «engendrar», manifiesta el valor semántico más amplio de «crear, producir». Ver CAD A/1 sub $alādu$, pp. 287-294.

opositora encabezada por Anshar. La composición presenta a Tiāmat como madre de monstruos. En su enfrentamiento con Marduk, Tiāmat crea o concibe (expresado con *it-ta-lad*, forma del verbo [*w*]*alādu*) criaturas híbridas como las serpientes, los *laḫmu* o seres peludos, los hombres escorpión, los hombres toro y los hombres pez, que la diosa arma de veneno y *melammu*, el aura que aterroriza (Foster 2005: 439-445, tablilla I). El ejército que la divinidad primigenia organiza es terrible, capaz de producir horror en quien lo observa, y dotado de una fuerza que amenaza con alzarse efectivamente con la victoria (I 133-144 en Foster 2005: 444; Lambert 2013: 58-59).

Es significativo que en la composición se utilice el término *pitqu* (*pi-ti-iq-šu*) para aludir a las criaturas que Tiāmat crea. La composición mítica recurre específicamente al vocabulario de la metalurgia y la construcción. El término *pitqu* «fundición, moldeado» alude al acto de introducir metal fundido en la matriz para que se solidifique y se aplica igualmente a la fabricación de ladrillos, a la fase en la que se introduce la arcilla en el molde para darle la forma deseada (CAD P sub *pitqu*, pp. 440-441).

Uno de los problemas de base que se exponen en el *Enūma eliš* es que Tiāmat, la opositora del nuevo orden divino, es una figura femenina. «La fuerza de una mujer puede ser inmensa, pero no puede igualar a la de un hombre», se declara en el texto (*Enūma eliš* II 116-117 en Foster 2005: 450). La cantilena se repite a lo largo de la composición. Marduk, hijo de Anshar, se ha enviado para contrarrestar a la diosa después de los intentos fallidos de Anu y Nudimmud. Cuando Anshar y Marduk conversan, Marduk pregunta a su padre por la identidad del dios que ha abierto la guerra contra ellos: «Tiāmat, una mujer, se levanta en armas contra ti» (*Enūma eliš* II 144 en Foster 2005: 451, Lambert 2013: 58-59), le responde el dios. A la identidad de la divinidad opositora se une otro gran problema: la capacidad (re)productiva de Tiāmat. La «Madre Hubur, que lo puede crear todo», tiene en su mano el poder de generar lo inimaginable, incluidos monstruos y criaturas de todo tipo (*Enūma eliš* III 23 en Foster 2005: 452 y Lambert 2013: 76-77, y en otras secciones de la composición). Con base a esto, del mismo modo que el útero de las mujeres recrea la fuerza creadora de las diosas del nacimiento primigenias que dieron a los seres humanos la capacidad de reproducirse, podría hipotetizarse que las mujeres comunes comparten con Tiāmat esa potencial fuerza reproductiva peligrosa capaz de desestabilizar el orden.

En el modelo embriológico mesopotámico, por tanto, domina la idea de que el útero no es un mero receptáculo que hace crecer el semen masculino, sino una fuerza creadora *per se*, una herramienta que da forma a la materia prima. Si los procesos artesanales implican la necesaria agencia de un artesano, podemos afirmar que, a la luz de las evidencias cuneiformes, a las mujeres y a sus matrices se les atribuye implícitamente el protagonismo en el proceso de gestación y modelaje del feto.

5. Cuerpos que engendran monstruos: las agencias femeninas en la serie *Šumma izbu*

Tenemos dificultades para definir lo monstruoso en las fuentes cuneiformes por una falta de terminología específica. No existen categorías abstractas de lo monstruoso como tal, sino que cada criatura o ser se muestra como monstruoso o como otro opositor de forma individual en composiciones concretas. Así, podemos establecer su otredad con base en la apariencia (rasgos somáticos), el comportamiento (habla, valores, capacidades) y las intenciones (dañinas y negativas, apotropaicas y protectoras).

En el proceso de modelaje de los seres humanos, se admite la existencia del error y la malformación. Lo vemos en *Enki y Ninmah*, un mito sumerio que no solo describe la creación del ser humano, sino también de criaturas deformes o discapacitadas a las que se le atribuye un destino y, con ello, una función social. El texto especifica que la diosa madre Ninmah da forma, con sus manos, al ser humano (l. 48; Ceccarelli 2016: 116-117) y a otras tantas criaturas, mientras que el dios Enki es el que determina el destino de cada una de las criaturas (l. 49; Ceccarelli 2016: 116-117).

Enki y Ninmah bebían cerveza y estaban *borrachos*.
Ninmah se dirigió a Enki:
«La *forma física* (me-dim$_2$) del ser humano puede ser buena o mala
Y yo determino a placer un destino (nam-tar) favorable o desfavorable».
Enki respondió a Ninmah:
«El destino que tu *ánimo* decide si será bueno o malo yo lo puedo *equilibrar* realmente»
(*Enki y Ninmah*, fragmento B, 16-22 en Verderame 2019: 19; Ceccarelli 2016: 108-111).

Las dos divinidades se retan mutuamente y Enki crea un ser incapaz, al tiempo que desafía a Ninmah para que establezca su destino. A este ser lo denominan umul, que se muestra enfermo en la cabeza, el cuello, los ojos y los órganos internos, tiene las costillas partidas o hundidas y es incapaz de llevarse la comida a la boca. El umul sugiere el aborto o feto todavía no formado (Verderame 2019: 21-22). Ninmah, de hecho, lo define como un ser que «no está ni vivo ni muerto».

El monstruo, el híbrido, el otro, el extraño, la anomalía (el que no es «como nosotros») puede identificarse, por tanto, como el ser intermedio y de frontera (el hombre toro, el hombre escorpión), el que se posiciona entre dos realidades bien establecidas (umul, guardianes como Huwawa), el que las subvierte y las pone en peligro (Tiāmat). También puede ser el que vive en la tendencia al desequilibrio (los cuerpos de las mujeres) o el portento que comunica mensajes divinos (*izbu*). En esa presentación del *izbu* como manifestación de un destino futuro o en camino, la parturienta es, en gran medida, responsable de la formación de la criatura-signo portadora del mensaje. La composición que mejor refleja la capacidad de las mujeres de crear monstruos es la serie adivinatoria *Šumma izbu* (Leichty 1970, de Zorzi 2014). Esta serie comprende 24 tablillas en la versión considerada canónica procedente de la biblioteca de Asurbanipal, aunque ya contamos con evidencias de la interpretación mántica de abortos en la documentación de Mari (XVIII a. e. c.). De esas 24 tablillas, las cuatro primeras conciernen los partos humanos. Cada entrada comienza con la expresión BE MUNUS U₃.TU «si una mujer pare...», seguida de la descripción de la anomalía y de la apódosis o interpretación del signo.

La tablilla I interpreta hechos anómalos como la generación de animales (león, lobo, perro, cerdo, toro, elefante), huevos, fragmentos de cuerpo (dedos, membranas, una cabeza, pie, mano, pelo) y cuernos de animales por parte de la parturienta. También aborda el nacimiento de *izbu* con discapacidades (sordo, ciego, paralítico, etc.), de siameses unidos por distintos puntos del cuerpo y de la generación de dos o más fetos (varones, hembras o combinaciones de ambos). La tablilla II analiza los fetos con cabeza de animal (león, perro, lobo, mono, etc.), con brazos partidos y manos ausentes, así como la duplicación de partes del cuerpo y la presencia de anomalías oculares. La tablilla III analiza las deformidades presentes en las orejas, la nariz, la boca y los labios, los dedos de manos y pies, y las nalgas. La tablilla IV, la última en lo que se refiere a los nacimientos anómalos humanos, aborda los fetos cubiertos de pelo o manchas, por ejemplo, junto a otros prodigios (por ejemplo, el feto que habla).

Estos signos monstruosos se toman como expresión de un destino en camino que puede afectar a (a) la propia mujer, (b) la familia a la que pertenece, (c) la ciudad, (d) el rey o el país en su totalidad. De hecho, algunas entradas de la serie incluyen interpretaciones del nacimiento monstruoso específicas según sea la persona a la que el mensaje se dirige. Izbu III 69, por ejemplo, apunta que «si una mujer pare y el feto no tiene pene ni testículos: el país conocerá la infelicidad; aquella mujer conocerá malos tiempos; el palacio confiscará aquella casa. Lo mismo: la casa se arruinará; el palacio se apropiará de su herencia» (Leichty 1970: 53-65, de Zorzi 2014: 310-311).

Todos los niveles de la existencia, por tanto, desde lo individual hasta lo público y político, aparecen representados en la adivinación teratomántica con el que las parturientas, a través de sus capacidades reproductivas, intervienen, aun sin voluntad expresa, en el orden de lo creado.

Si las mujeres aseguran, con sus cuerpos, la reproducibilidad y la continuidad de la comunidad en los momentos en los que domina el orden, también comprometen esa misma estabilidad cuando su capacidad de engendrar y parir cuerpos normales se altera. Cabe preguntarse si el aborto o ser deforme, el *izbu* del que es objeto la serie adivinatoria *Šumma izbu*, más que anunciar el mensaje de un destino enviado por los dioses, no sea el resultado de un cuerpo capaz de producir monstruos de manera independiente. Es decir, es plausible plantear que el *izbu* no siempre sea el resultado de una intervención divina que ha puesto el signo monstruoso en el cuerpo de la mujer, sino que sean las mujeres y sus úteros las que demuestren la capacidad innata de producir monstruos y destinos con sus cuerpos.

Como ya se ha argumentado, en las fuentes cuneiformes de la Mesopotamia antigua se hallan evidencias de la percepción de los cuerpos de las mujeres como desestabilizantes, lugares de frontera y territorios que ponen en relación los opuestos, el dentro y el fuera, la oscuridad y la luz, la muerte y vida. La teratomancia confirma y refuerza este carácter de frontera de los cuerpos y las entidades femeninas que, como la misma Tiāmat, también pueden producir autónomamente seres perturbadores, anómalos y potencialmente peligrosos.

Bibliografía

Abusch, Tzvi (1989): «The Demonic Image of the Witch in Standard Babylonian Literature: The Reworking of Popular Conceptions by Learned Exorcists», en Jacob Neusner (coord.), *Religion, Science, and Magic in Concert and in Conflict*. Nueva York: Oxford University Press, 27-58.

Bahrani, Zainab (2001): *Women of Babylon. Gender and Representation in Mesopotamia*. Londres / Nueva York: Routledge.

Cavigneaux, Antoine y Farouk N. H. Al-Rawi (2000): *Gilgameš et la Mort. Texts de Tell Haddad VI, avec un appendice sur les textes funéraires sumériens*. Groningen: Styx Publications.

Ceccarelli, Manuel (2016): *Enki und Ninmah: Eine mythische Erzählung in sumerischer Sprache*. Tubinga: Mohr Siebeck.

Couto-Ferreira, María Érica (2018a): «La salud de las mujeres en la Mesopotamia antigua una aproximación desde las fuentes escritas», en Agnès García-Ventura y Josué J. Justel (coords.), *Las mujeres en el Oriente cuneiforme*. Madrid: Universidad de Alcalá, 45-64.

Couto-Ferreira, María Érica (2018b): «Cuerpos mansos: sobre la domesticación sexual y reproductiva de la mujer en las fuentes sumerias», *Claroscuro*, 17, 1-16.

Couto-Ferreira, María Érica (2018c): «Nell'oscurità: il feto tra nascita e morte nei testi cuneiformi», *Rivista di Studi Orientali*, 91, 19-32.

Couto-Ferreira, María Erica (2018d): «Uterine architectures: Womb and Space in Sumero-Akkadian Sources», en María Erica Couto-Ferreira y Lorenzo Verderame (coords.), *Cultural Constructions of the Uterus in Pre-modern Societies, Past and Present*. Newcastle upon Tyne: Cambridge Scholars Publishing, 35-55.

De Zorzi, Nicla (2014): *La serie teratomantica Šumma izbu testo, tradizione, orizzonti culturali*. Padova: S.A.R.G.O.N.

Farber, Walter (1989): *Schlaf, Kindchen, Schlaf! Mesopotamische Baby-Beschwörungen und -Rituale*. Ann Arbor: Eisenbrauns.

Foster, Benjamin R. (2005): *Before the Muses. An Anthology of Akkadian Literature*. Bethesda: CDL Press.

Foucault, Michel (1975): *Surveiller et punir. Naissance de la prison*. París: Éditions Gallimard.

Foucault, Michel (2000): *Los anormales*. Buenos Aires: Fondo de Cultura Económica.

Gelb, Ignace J. (1979): «Household and Family in Early Mesopotamia», en Edward Lipinski (coord.), *State and Temple Economy in the Ancient Near East*. Lovaina: Departement Orientalistiek, 1-97.

Goetze, Albrecht (1945): «The Vocabulary of the Princeton Theological Seminary Albrecht», *Journal of the American Oriental Society*, 65/4, 223-237.

Harrington, Erin (2019): *Women, Monstrosity and Horror Film Gynaehorror*. Londres: Routledge.

Köcher, Franz (1963-1980): *Die babylonisch-assyrische Medizin in Texten und Untersuchungen, I-VI.* Berlín: De Gruyter.

Lambert, Wilfred G. (2013): *Babylonian Creation Myths.* Winona Lake: Eisenbrauns.

Lambert, Wilfred G. y Alan R. Millard (1968): *Atrahasīs. The Babylonian Story of the Flood (with 'The Sumerian Flood-story' by M. Civil).* Óxford: Clarendon Press.

Leichty, Erle (1970): *The Omen Series Šumma Izbu.* Locust Valley: Augustin.

Sjöberg, Åke W. (1977): «Miscellaneous Sumerian Texts, II», *Journal of Cuneiform Sources,* 29, 3-45.

Sefati, Yitzhak (1998): *Love Songs in Sumerian Literature: Critical Edition of the Dumuzi-Inanna Songs.* Rāmat-Gan: Bar-Ilan University Press.

Sollberger, E. (1967): «The Rulers of Lagaš», *Journal of Cuneiform Studies,* 21, 279-291.

Steinert, U. (2017): «Concepts of the Female Body in Mesopotamian Gynecological Texts», en John Z. Wee (coord.), *The Comparable Body: Analogy and Metaphor in Ancient Mesopotamian, Egyptian, and Greco-Roman Medicine.* Leiden / Boston: Brill, 43-71.

Stol, Marten (2016): *Women in the Ancient Neat East.* Boston y Berlín: De Gruyter.

Van Der Toorn, Karol (1996): *Family Religion in Babylonia, Ugarit and Israel: Continuity and Changes in the Forms of Religious Life.* Leiden / Nueva York / Colonia: Brill.

Verderame, Lorenzo (2019): «Messaggeri degli dei: Infanzia e divinazione nell'antica Mesopotamia», *Henoch*, 41/1, 15-22.

Wiggermann, Frans A. M. (1994): «Mischwesen. A.», *Reallexikon der Assyriologie,* 8, 222-246.

Zisa, Gioele (2021): «Il corpo sessuato delle dee. Agricoltura, pastorizia e mondo vegetale nella Mesopotamia antica», en Daniela Bonanno y Ignazio E. Buttitta (coords.), *Narrazioni e rappresentazioni del sacro femminile.* Palermo: Edizioni Museo Pasqualino, 29-60.

THE MULTI-SECTIONAL IDENTITY AND ICONOGRAPHY OF THE NEO-ASSYRIAN QUEEN

Amy Rebecca Gansell

ST. JOHN'S UNIVERSITY (NEW YORK, USA)

Abstract:

This paper introduces a «multi-sectional» methodology for articulating and analyzing the identity and iconography of the Neo-Assyrian queen. A multi-sectional approach recognizes identity as comprising multiple «sections», which, in this case, constituted the ideological construct of «queen». Fundamental sections of Neo-Assyrian queenly identity included gender (female), state affiliation (Assyrian), social status (royal), rank (queen), and type of being (mortal). In Neo-Assyrian art, these facets of identity were idealized through figural and contextual iconography. Figural iconography demonstrates sections of identity through the characteristics (such as physique and dress) of a figure itself. Contextual iconography signals sections of identity based on what (both within and independent of a narrative scene) is depicted in proximity to a figure.

The research presented here demonstrates the ongoing challenges of recognizing the Assyrian queen in Neo-Assyrian art, and it demonstrates how a multi-sectional approach to identity and iconography can help us more effectively discern which figures do indeed depict queens. Furthermore, the analyses presented here reveal that queens were predominantly depicted in ritual contexts. Thus, participation in imperial religion emerges as a previously under-considered but inherent aspect the Neo-Assyrian queen's identity and iconography, which visually affirmed her power at the heart of empire, ca. 1000-612 BCE.

Keywords: Iconography, identity, multi-sectionality, Neo-Assyrian, queens.

1. Introduction

«Sinister» has the archaic connotation of being unfavorably situated on the left or condemned to the margins. Thus, engaging with the «sinister» theme of the papers collected in this volume, I draw attention to our own habit of dismissing and doubting ancient images of female power. A lack of attention to images of the Neo-Assyrian queen, for example, has put her power and presence «on the fringes of the norm». Perhaps the possibility of an empowered queen lurking in plain sight threatens entrenched viewpoints of the Neo-Assyria empire (ca. 1000-612 BCE) as a «man's world». A growing body of scholarship on the power of Neo-Assyrian royal women is beginning to chip away at this monolithic misconception (Svärd 2015; Melville 2020). Contributing to these efforts, I present here a multi-sectional approach for articulating the identity and decoding the iconography of the Neo-Assyrian queen.

The images presented here all represent Neo-Assyrian art. To my knowledge, there are no images of Assyrian queens in ancient non-Assyrian art. In this paper, I address depictions of the queen as a figural type constructed through iconographic tropes. Iconography refers to a pictorial system of conveying meaning within a culture. Multi-sectionality recognizes identity as a combination of multiple «sections» or facets. Applying a multi-sectional methodology, this paper considers how the multiple sections of the identity of the Neo-Assyrian queen were visualized in the iconography of Neo-Assyrian art. The results of this study also illuminate the power and presence of the Neo-Assyrian queen in the realm of imperial religion and at the heart of empire.

2. Debating the Depiction of the Neo-Assyrian Queen

The Neo-Assyrian queen is most famously identified on the so-called «Garden Party» relief sculpture now exhibited in the British Museum (fig. 1). This 140-centimeter-long, carved slab was once part of the stone-clad walls of the North Palace at the ancient Assyrian capital of Nineveh (near modern Mosul, Iraq). Most scholars interpret the relief as portraying the enthroned queen wearing a crown of crenellated walls and raising a dish as she faces the king across a table of delights. Surrounded by attendants in a garden, the royal couple ritually celebrates the Assyrian victory over the Elamites around 653 BCE. The severed head of the Elamite king Te'umann hangs from a nearby tree.

King and queen are not named in any inscription on this sculpture. The viewer recognizes the king based on established iconography. His beard, diadem, and decorated garment confirm his kingship. His elevated position in the scene also denotes his topmost rank. The king is personally identified as Ashurbanipal (r. 668-ca. 631 BCE)

Figure 1. «Garden Party» relief. Nineveh, c. 645-635 BCE; gypsum alabaster; h. 58.42 cm
(The British Museum, BM 124920. © The Trustees of the British Museum)

based on written accounts of his war against Elam and tales of Te'umann's gruesome demise (Gilibert 2018: 291-299). Moreover, this relief was installed as part of a narrative series in Ashurbanipal's own palace. There is no doubt that the presiding male figure at the «Garden Party» is King Ashurbanipal.

Ashurbanipal's banqueting partner is generally accepted to be his consort and only known queen, Libbali-sharrat (Svärd 2015: 60-61). Her throne, crown, jewelry, and garment support the interpretation of her queenship. Yet, this figure's identity is debated. For example, Schmidt-Colinet (1997, opposed by Albenda 1998) suggested that it represents the Babylonian vassal king Kandalan, who was a eunuch. Herzfeld (1968: 265-266) and Cool Root (2011: 450-453) allow that the figure is a royal woman, but they see her as an Elamite captive, potentially «suspended in the moment of "becoming Assyrian"» (also see Álvarez-Mon 2009). Finally, Roobaert (2012) has proposed that the figure is Ashurbanipal's grandmother, the dowager queen Naqi'a.

3. Images of Neo-Assyrian Queens

As exemplified by the case of the Garden Party relief, there are challenges to identifying Assyrian queens in Neo-Assyrian art. However, some debates over the identity of the crowned figure on the Garden Party relief might be reconciled through new information about another Neo-Assyrian artwork. In 2018, researchers at the Vorderasiatisches Museum in Berlin discovered that an inscribed stele fragment reading «image of Libbali-sharrat, queen of Ashurbanipal» does indeed belong to a broken

Figure 2. Stele portraying Queen Libbali-Sharrat. Assur, c. 668-ca. 631 BCE; limestone; h. 56 cm, w. 55 cm (Vorderasiatisches Museum, Staatliche Museen, Berlin, VAM 08847. Photo: Olaf M. Tessmer, © BPK Bildagentur / Art Resource, NY)

monument that has long been believed (but was not previously proven) to depict the queen (fig. 2) (Andrae 1913: 6-8; Staatliche Museen zu Berlin 2018). The stele illustrates the queen in profile as an enthroned figure wearing a crown, jewelry, and an elaborate, draped garment that features ornamental motifs and fringes or tassels along the edge of the cloth. She is seemingly portrayed in isolation. However, her stele belonged to an installation of more than 140 royal monuments accumulated over eight centuries at the ancient Assyrian capital of Assur (Reade 2004). This physical context would have situated Queen Libbali-sharrat's individual image among the steles of other imperial officers in a probably ritual environment.

Because the identity of the figure on the Assur stele is now confirmed by the inscription, we can use this image as an iconographic prototype to support the identification of other images of queens. For example, as seen on the Assur stele, Libbali-sharrat's crown, jewelry, decorated garment, and bit of preserved throne resemble (but do not exactly replicate) those of the figure in question on the Garden Party relief. We can, then, with even more confidence, interpret the Garden Party relief as portraying King Ashurbanipal and his reigning queen, Libbali-sharrat. In addition to strengthening interpretations of the Garden Party relief as depicting the queen, the prototype image on the Assur stele is also relevant to the identification of a figure illustrated on a fragmentary bronze plaque. Now displayed in the Louvre, the plaque's original context is unknown, but it may once have embellished an altar.

The bronze portrays the king and another figure standing or processing in ritual (fig. 3) (Parrot and Nougayrol 1956). An inscription on the garment of the figure following the king states «image of Naqiʾa.» Naqiʾa was probably the queen of Sennacherib (r. 704-681 BCE). Written records also indicate that Naqiʾa carried out the duties of queenship during the reign of Sennacherib's successor, her son Esarhaddon (r. 680-669 BCE) (Svärd 2015: 40-48). Although the inscription does not title her «Queen», the bronze probably illustrates Naqiʾa as queen, with either Sennacherib or Esarhaddon. Like Libbali-sharrat on her stele from Assur and the figure on the Garden Party relief, Naqiʾa is depicted wearing a walled crown (Börker-Klähn 1997; Pinnock 2018b). Note that the details of her crown are partially corroded and difficult to discern in some photographs (fig. 3).

Dated to King Sargon II's reign (721-705 BCE) and later (i. e., the Sargonid dynasty, 721-ca. 612 BCE), several more possible queen figures appear with the king in ritual scenes depicted in miniature on seals and seal impressions (for example, fig. 4) (Radner 2008: 496-499; Radner 2012; Niederreiter 2021). Mural crowns legible on some of these figures may distinguish them as queens. However, it is risky to rely on a single diagnostic marker (such as the mural crown) to determine that a figure depicts a queen. This is demonstrated through the debated identity of the figure on the Garden Party relief and confounded by the lack of the title «Queen» in the inscription naming Naqiʾa on the bronze (figs. 1 and 3; see section 2, above).

The iconography of the mural crown is also not suited to identifying the Assyrian queen in Neo-Assyrian art predating the Sargonid dynasty. While presumed queen figures on Sargonid dynasty seals were depicted wearing what appear to be mural crowns (fig. 4), pre-Sargonid dynasty queens were not. This difference in headdress

Figure 3. Relief plaque portraying Naqi'a as queen. No provenience, 7th century BCE; bronze; h. 33 cm
(Louvre, AO 20185. Photo: Frank Raux, © RMN-Grand Palais / Art Resource, NY)

is exemplified by a figure depicted on a gold stamp seal that was inscribed as the property of Queen Hama (consort of Shalmaneser IV, r. 782-773 BCE) (fig. 5). The seal was found in her coffin beneath Nimrud's Northwest Palace (Spurrier 2017). It portrays a figure facing a goddess in the manner of the possible queen figures on Sargonid dynasty seals (fig. 4). The physical appearance and gesture of the figure on Hama's seal resemble those of queen and possible queen figures in Sargonid art as well. Also, like many Sargonid queen and possible queen figures, the worshipper on Hama's seal is dressed in a decorated garment and a dorsal streamer.

Figure 4. Line drawing of the modern impression of a stamp seal depicting a goddess and worshippers; the scorpion motif is above the figures. No provenience, c. 8th-7th century BCE; white chalcedony, diam. 1.5 cm (The British Museum, BM 2002,0515.1. Based on Niederreiter 2021, p. 43, fig. 1: III [with the permission of the author])

However, rather than a mural crown, the figure on Hama's seal wears a diadem. Despite the difference in headgear, this figure very likely depicts a queen because it was carved on and meant to be replicated by Queen Hama's personal seal. Other uninscribed pre-Sargonid objects, including royal seal impressions and a gold pendant (fig. 6), illustrate possible queen figures that either do not wear mural crowns or whose headdresses are too poorly preserved to discern and interpret (Al-Gailani Werr 2008: 155-157; May 2020; Niederreiter 2021: 46-47).

The presently known corpus of Neo-Assyrian queen and possible queen figures represents both pre-Sargonid and Sargonid art spanning up to about 150 years, from

Figure 5. Line drawing of the impression surface of a stamp seal depicting an enthroned goddess and worshipper; the scorpion motif is behind the goddess. Nimrud, c. 782-773 BCE; gold, diam. 3.2 cm (Iraq National Museum, IM 115644. Based on Spurrier 2017, p. 158, fig. 8 [with the permission of the author])

the reign of Shalmaneser IV (782-773 BCE) through the reign of Ashurbanipal (668-ca. 631 BCE). The figures occur in a range of scales across a variety of media, from monuments to miniature seals. Yet, across this broad corpus, there are less than thirty images that are believed, with varying degrees of certainty, to depict queens. Among these, only around a dozen images are unique because several are impressions from the same seals (Reade 1987; Ornan 2002; Radner 2008: 496-499; May 2018). Unfortunately, many of these images are damaged or poorly preserved.

Despite the diversity, sparsity, and compromised condition of this corpus, it is a nonetheless valuable remnant of Neo-Assyrian queenship. It calls for critical and

Figure 6. Line drawing of a pendant depicting a goddess and worshipper. Nimrud, 8th century BCE; gold, h. 4.1 cm (Iraq National Museum, IM 1989.373. Based on Al-Gailani Werr 2008, p. 157, fig. 19-g [with the permission of The British Institute for the Study of Iraq])

creative attention. I therefore propose a multi-sectional method for discovering and defining the identity and iconography of the Neo-Assyrian queen.

4. Multi-sectionality

I use the term «multi-sectionality» to refer to a research perspective that accounts for multiple coexistent, interacting identities within a person or group. In this case, I apply it to the iconography of Neo-Assyrian queenship as a means of taking stock of the multiple identities represented in the visualization of a Neo-Assyrian queen (for a related archaeological study, see Gansell 2018). I thus pursue what I call a «multi-sectional» method.

«Multi-sectionality» brings to mind the theoretical framework of «intersectionality», which likewise engages in the analysis of concurrent, interrelated identities (Hancock 2007: 64; Garcia-Ventura 2016: 178-183). Emerging from feminist and critical race theory, intersectionality emphasizes socially disadvantageous identities within categories, such as gender, race, class, and sexuality (Crenshaw 1989). An intersectional study of the women who served as Neo-Assyrian queens could open up important issues of their lived identities and experiences as they fit themselves into the imperial stereotype of «queen». The present paper, however, concerns the iconography of queenship, which was based on ideals that demonstrated aspects of socially advantageous identities (Gansell 2013). «Multi-sectional» iconography was essentially a visual idealization that could blot out «intersectional» identities potentially manifest in human queens. For example, images do not seem to reveal the non-Assyrian heritage of some Neo-Assyrian queens, whose acquired Assyrian identity was a necessary aspect of being an Assyrian queen (Frahm 2014: 179-189; Pinnock 2018a).

5. Figural and Contextual Iconography

By understanding depictions of queens not as portraits or personal likenesses, but as depictions of a «figure type» that idealized the multi-sectional identity of the Neo-Assyrian ideological construct of «queen» (Winter 1997; Gansell 2018), we are prepared to recognize and interpret the images. Engaging the artistic evidence to its maximal extent, I look for both the figural and contextual iconography that established a recognizable image of a queen. Figural iconography considers such things as a figure's bodily form and physical features, gesture, dress, and handheld objects. Contextual iconography evaluates what is around a figure, in terms of what I call «narrative» and «visual» contexts.

By «narrative context», I mean the scene in which a figure participates. It encompasses the setting or event along with its figural and non-figural components (such as the components of king, attendants, trees, table, and throne in the Garden Party relief, fig. 1). It further considers dynamic relationships, especially in terms of power and privilege, among the figures. One should keep in mind, however, that narrative contexts could have motivated specialized iconography. Therefore, in comparing figures depicted in different types of narrative contexts, we must assess the impact of the narrative context on the figural iconography. Indeed, consideration of narrative context can enrich our identifications and interpretations of the figures depicted. For example, we might deduce that queens were shown with different postures, gestures, and/or regalia when illustrated alone or in the presence of only mortals versus in the presence of deities.

«Visual context» refers to proximate imagery or ornament that is not part of the narrative itself. For example, a scorpion is sometimes depicted as a «floating» element or a «filling motif» in seal scenes, where it cues the identity of a figure as queen (figs. 4, 5) (Collon 1995; Niederreiter 2008: 59-62; Radner 2008: 494-495). Another example of visual context is the ornament of a guilloche border encircling a scene on a stamp seal. The guilloche signifies the royalty of the figures it frames (figs. 4, 5) (Al-Gailani Werr 2008: 155-156).

6. The Multi-sectional Identity and Iconography of the Neo-Assyrian Queen

Rather than beginning with the images (i. e., attempting to define an iconography of queenship through the analysis of a corpus that includes figures that we cannot assume *a priori* depict queens), I set forth from a conceptual perspective. I ask through which categories the ideological construct of a Neo-Assyrian queen was defined. That is, what coexistent, interacting identities established a person and visualized a figure, especially in relation to others, as a queen. Based on imperial Neo-Assyrian textual rhetoric and its Akkadian terminology, I take these most salient identities to include gender (female), state affiliation (Assyrian), social status (royal), rank (queen), and type of being (mortal). Signaling her female and royal identities, the Akkadian word for «queen» (*sēgallu*) literally means «woman of the palace» (Parpola 1998). Neo-Assyrian queens always reigned with kings, usually as their consorts. Therefore, when named in inscriptions, queens were typically referred to in association with the king, such as, on her stamp seal, «Hama, queen of Shalmaneser, king of Assyria» (Al-Rawi 2008: 136; Spurrier 2017). These verbal conventions emphasize the significance of the queen's female, Assyrian, and royal rank. Finally, Neo-Assyrian queens (like kings) were differentiated as mortals through the lack of a divine determinative before their written name.

Iconographically, no two queen figures look exactly alike. This, however, is not because their images were individualized as personal portraits (Winter 1997). In Neo-Assyrian art, queens were fundamentally illustrated through a standard range of iconographic variables that visualized their multi-sectional identity. These variables could be rendered and combined in different ways resulting in nonidentical figures. For example, royal robes, although similarly rendered in design, were differently trimmed and decorated. Variations in dress ensembles are also common. For example, a dorsal streamer and/or jewelry accessorized some ensembles. Headdress types might have changed across dynasties and varied in rendering within them. Hand-held objects could vary as well. Depending on the scene, a queen might be shown holding a dish or a mirror; other queen figures were depicted empty-handed. In addition to narrative context and historical shifts in Neo-Assyrian artistic and/or cultural traditions, iconographic variations among queen figures could be attributed to the scale and material of the object bearing the image, as well as to the style, creativity, and idiosyncrasies of the ancient artist.

Amidst such variation, some iconographic markers occurred across all depictions of queens. Beardlessness exemplifies a fixed characteristic of all queen figures. It indicates the female «section» of her identity. However, since, in Neo-Assyrian art, beardlessness could alternatively identify a figure as a eunuch or child, it must be interpreted in relation to other clues to be read as indicative of femininity. Once we confirm that a figure's beardlessness marked femininity, we can consider it in multi-sectional combination with other iconographic data to support the identification of a figure not only as a woman, but also as a queen.

Carefully applied, a multi-sectional approach to both identity and iconography can help establish coherent yet flexible criteria for identifying images of queens across pre-Sargonid and Sargonid art. Below I introduce various ways in which Neo-Assyrian art visualized queens through multiple sections of identity including gender, state affiliation, social status, rank, and type of being. In terms of a multi-sectional iconography, I investigate the visual markers representing a female, As-syrian royal who reigned as a mortal queen. Each of these sections of identity and iconography could be treated in great breadth and depth. What follows here is by no means an exhaustive study.

6.1. Female Identity and Iconography

Although strict gender categories did not necessarily prevail across Neo-Assyrian culture (Helle 2018), in terms of depictions of mortals, we can identify female, male, and eunuch figures (Yalçın 2016). By all indications, the Neo-Assyrian queen was (and was idealized as) a cisgender woman in life and image (Gansell 2013). I nonetheless refer to her femininity as the social expression of gender (Asher-Greve 1997).

In art, female figures are recognized through physical indications of biological womanhood, but some of these characteristics, such as beardlessness (discussed in section 6, above) are not exclusively feminine. In another example, women in Neo-Assyrian art were typically depicted shorter than their male and eunuch counterparts (figs. 3, 4). However, height differences could otherwise indicate age, rank, and/or non-Assyrian identity, as well as mortal versus divine being.

Both female and eunuch figures are identified through non-male characteristics including beardlessness and a round face featuring full cheeks and a fleshy and/or «double» chin (figs. 1-3) (Cheng 2001: 56-57). As for physique, female and eunuch figures typically have a soft, somewhat plump body (fig. 1). The female body, though, was usually differentiated from the eunuch's form through subtle breasts, indicated in profile by a contour line that slopes downward or delineates a «high, shelf-like bosom» (figs. 1, 3, 5) (Cheng 2001: 57). While breasts are a strongly diagnostic feature of femininity, they were often subtlety rendered and sometimes obscured by a figure's arm position. Rather than being an insignificant gender characteristic, breasts (especially those of a queen figure) may have been downplayed for reasons of modesty (Cifarelli 1998: 221-222, n. 71; May 2018: 276, n. 173). Another characteristic distinguishing women from eunuchs is musculature. Eunuchs display strong, masculine musculature in their arms and legs, while women's muscles were undefined by lines or bulges. Most fundamentally, women were physically differentiated from men by their beardlessness and from both men and eunuchs by their breasts and lack of articulated musculature.

To analyze gendered dress, I focus on depictions of Assyrian royal dress in ritual contexts. This focus helps to clarify the gendered iconography of Neo-Assyrian queen figures by reducing the non-gender-related variables in the analysis. For example, with all figures being Assyrian royals in ritual contexts, differences in their dress cannot be due to differences in their culture, social status, or general narrative context. Since we are observing gendered iconography of specifically Assyrian royal ritual dress, we cannot assume these gender cues were more broadly relevant. Nonetheless, gender distinctions in this corpus appear to generally align with fundamental gender iconography characterizing royal, non-royal, Assyrian, and non-Assyrian figures across narrative contexts in Neo-Assyrian art.

Focusing on Neo-Assyrian royal figures in ritual contexts, we observe gender differentiations in clothing and jewelry. To begin, men and eunuchs were depicted in both short and long skirts, but women were shown only in long skirts (figs. 1, 4-6). Women, especially Assyrian royal women, might have covered their legs as a matter of decorum (Cifarelli 1998: 221). It appears, too, that only male and eunuch figures wore arm rings around their biceps and an earring type consisting of a solitary pendant (Madhloom 1970: 90-91, pl. 68; Postgate 1994: 238-240). The presence of these male/eunuch jewelry types could negate the identification of an ambiguous figure as female.

Gender was also indicated through portable objects considered to be components of dress (Eicher and Roach-Higgins 1992: 13-16). The hand mirror, such as held by Naqi'a in the ritual scene on the bronze, is consistently associated with women in Assyrian iconography (fig. 3) (Ornan 2002: 471-472). In addition, mortal women were not shown with weapons, such as the mace, dagger, sword, and archery equipment, that are variously carried and worn by gods, goddesses, and ranks of mortal men and eunuchs (figs. 3, 4, 6). The absence of weapons could therefore help to verify a mortal figure's female gender.

Related to the masculinity of weapons as figural attributes (Helle 2018: 50), Assyrian women were not shown in narrative contexts of hunts or battle – though non-Assyrian women were pictured among the war vanquished, as victims and deportees (Albenda 1987). The context in which Assyrian women were predominantly illustrated is ritual (Cifarelli 1998; May 2018). Ritual scenes do not themselves indicate a figure's female gender (as men and eunuchs were also shown in ritual), but they present a realm in which women were potentially depicted and dressed for the occassion.

6.2. Assyrian Royal Identity and Iconography

Besides being fundamentally female, regardless of the region or social status of her birth, an Assyrian queen was a member of the Assyrian court and thereby identified as Assyrian and royal. In art, Assyrian identity was contrasted with non-Assyrian identity through figurative variables, such as dress, hairstyle, posture, and facial characteristics, as well as through narrative contexts in which Assyrian figures were illustrated as dominant and/or empowered figures (Cifarelli 1998; Brown 2013; Miller 2021).

Because Neo-Assyrian art portrays primarily Assyrian royals, it is difficult to separate Assyrian from royal iconography. In fact, for the queen, Assyrian identity was fused to royal identity. Therefore, I discuss the iconography of Assyrian and royal identity in tandem. I stress the caveat, though, that some aspects of Assyrian royal figural imagery may be more a product of Neo-Assyrian artistic convention than of iconography. Further research is needed to potentially split the hairs of convention versus iconography.

Even though artistic convention, iconography, and fashion changed over time, we can recognize a consistent tradition of Assyrian royal dress across centuries and dynasties (Madhloom 1970: 66-93). Assyrian royal figures share a hairstyle consisting of neatly combed waves culminating in a pouf or fan of curls at the shoulder (Madhloom 1970: 83-89). Assyrian royals are also sartorially distinguished by draped, belted, and fringed robes with varying degrees and types of decoration (Madhloom 1970: 66-74; Guralnick 2004). Furthermore, especially when depicted in larger scale, Assyrian royals were shown wearing jewelry, such as lunate earrings and rosette bracelets (figs. 1, 2) (Madhloom 1970: 90-92; Musche 1992: 202-256). A dorsal streamer (extending either from a headdress, necklace, or the back of the garment) represents another Assyrian royal dress element (figs. 1, 3-5). It identified figures holding the highest ranking court positions (Kertai 2017: 111-113). Handheld ceremonial and ritual items – including dishes, flowers, and what appear to be conical items and short sticks – are iconographically associated with Assyrian royals as well (figs. 1-4). Assyrian royal identity may be epitomized by the (likewise gendered and ranked) association of the mace with the king and the hand mirror with the queen (fig. 3) (Ornan 2002: 471-472).

Narrative and visual contexts, too, define figures as Assyrian royals. In terms of narrative contexts, Assyrian royals were portrayed on the winning side of hunts and battles, situated on the receiving end of embassies and tribute processions, ceremonially enthroned, and directly encountering the divine (figs. 1, 4-6). As a visual context, the guilloche identified Assyrian royals. On stamp seals, it served as a frame around imagery of the figures and symbols of the queen, king, and crown prince (figs. 4, 5) (Radner 2008). Overall, we find that while figural and contextual iconography were entwined in communicating Assyrian and royal identities, they were also connected in different ways to gender and rank (Gansell 2018).

6.3. Queenly Identity and Iconography

The queen is identified as the top-ranked Assyrian royal woman. Here, I consider what set her apart iconographically from other women and top-ranked royals. Fundamentally, an elaboration of Assyrian royal dress can indicate a female figure's queenship. For example, a queen's robes were more extravagantly decorated than those depicted on other mortal women. On the Garden Party relief, compared to their royal attendants, we see the king and probable queen wearing much fancier garments and slightly more lavish jewelry (fig. 1).

A distinctive headdress is a key iconographic indicator that a figure is a queen. As with other aspects of dress, the queen's headdress may be more sumptuous than those of other mortal figures, except for the king and possibly the crown prince (Reade 2009) (for example, fig. 1). Sargonid iconography seems to identify the queen primarily through the mural crown (see section 3, above) (figs. 1-4). Pre-Sargonid art, however, shows female figures wearing a narrow diadem or fillet (figs. 5, 6). The excavated royal tombs at Nimrud reveal that pre-Sargonid queens had an array of headdress types (Hussein, Altaweel and Gibson 2016). This archaeological evidence allows us to accept images of pre-Sargonid figures as queens in the absence of the mural crown or any other singular type of headdress (Gansell 2018: 89-91). Moreover, because the king himself could be represented bareheaded (such as on a votive sculpture of Ashurnasirpal II [r. 883-859 BCE], BM 118871), we should not consider headdress as an absolute requirement in the depiction of a queen. Nonetheless, a queen's headdress was normally illustrated to distinguish her from others in rank.

Contextual iconography also helps to specify a figure's identity as queen. As for narrative context, among the images of queen and possible queen figures, the queen is always represented enthroned and/or in ritual. She is the only mortal woman shown enthroned in Neo-Assyrian art (figs. 1-2). Likewise, she is the only known female figure who faces a deity (figs. 4-6). Often, she was illustrated with the king, as they represent the ideological duo of the imperial couple (figs. 1, 3-4). Yet, even in the company of the king, the assessment of an enthroned or venerating figure as a queen relies on confirming her female gender and/or recognizing other markers of her queenship (see sections 2 and 3, above; Schmidt-Colinet 1997; Albenda 1998; Watanabe 1993; Yalçın 2016). Definitive figurative markers of queenship probably include the mural crown and mirror as well as the visual context of the scorpion motif (figs. 1-5). The scorpion motif, though, does not necessarily distinguish which figure is the queen, only that a queen is present in the scene (figs. 4, 5).

All and all, across Neo-Assyrian art, except perhaps for the mural crown during the Sargonid dynasty, we find no single, ever-present iconographic marker or strict visual formula for identifying a queen figure. A figure's identity as queen can, however, be interpreted through multi-sectional combinations of iconographic variables and intuited in relation to the identities and iconography of other figures in a scene.

6.4. Mortal Identity and Iconography

Among the figures depicted with the queen are deities (figs. 4-6). In Neo-Assyrian art, figural iconography distinguishes gods and goddesses from mortals. Divine characteristics include being taller than mortals, having wings, wearing a horned headdress, standing or being enthroned atop an animal, and being surrounded by stars, orbs, or a nimbus. Deities were also equipped with attributes, such as weapons, tools, and a ring conveying divine power (Abram 2011). They may wear short or long skirts. Notably, the goddess Ishtar (in her warrior aspect) wears a short skirt that reveals her muscular (non-feminine) leg (fig. 6). Nude goddesses (such as Ishtar in her sexual aspect) display a curvaceous physique and feminine anatomy (for example, Al-Gailani Werr 2008: 155-156).

In terms of narrative context, gods and goddesses are distinguished from mortals in scenes that picture the divine as the recipients of ritual action. Ritual scenes typically show mortals approaching the divine with raised hands, pointing, or carrying ritual implements or offerings. Sometimes a deity is situated on a plinth, indicating that a cult statue, rather than an embodied being, is portrayed. Indeed, a long-established iconography of divinity was in place to differentiate anthropomorphic deities from mortals (Ornan 2005: 79-86). Divine iconography nonetheless provided figural, contextual, and conceptual prototypes for royal figures (Gansell 2013).

The Assyrians called goddesses «queens» (*šarratu*, in Akkadian, literally «female king»), but they used a different Akkadian word (*sēgallu*, «woman of the palace») to refer to mortal queens (see section 6, above) (Parpola 1998; Svärd 2015: 39). Divine and mortal queens are also distinguished iconographically through their crowns and thrones. Unlike mortal headdresses, the divine crown is high, horned, and usually topped with feathers, an emblem, star, or orb (figs. 4-6). The throne of a goddess, too, is very distinct, being typically mounted atop a beast (figs. 4, 5). Additionally, the back of a goddess's throne may feature stars or orbs emanating heavenly radiance (figs. 4, 5). In contrast, the throne of a mortal sits on the ground, and a sash hangs over the back (Curtis 1996: 168-171). Strikingly, on the Assur stele, Libbali-sharrat's backrest drapery features balls or knots perhaps inspired by the radiant elements on divine thrones (figs. 2, 4, 5).

Despite codified dissimilarities, divine and mortal queens have fundamental affinities. For example, they wear similar garments and dorsal streamers (figs. 4-6). Furthermore, while only goddesses were portrayed unclothed, nude goddesses and queens both present female body types. A goddess's disrobed physique might even allude to a mortal queen's sexuality and fertility (Gansell 2013: 404-411). Overall, the figural iconography and narrative dynamics of goddess versus mortal queen are significant in visually identifying both the mortal queen figure and the deific source of and model for her earthly beauty and power (Gansell 2013; Gansell 2018).

7. Multi-sectional Methodology in Action

Let us now return to a visual analysis of the long debated image of the crowned figure shown banqueting with the king on the Garden Party relief (fig. 1). Scholars have questioned the figure's gender (as a woman or eunuch), state affiliation (as Assyrian, Babylonian, or Elamite), and rank (as queen, vassal king, or dowager). Rather than making a claim based primarily on comparison to the figure of Queen Libbali-sharrat on the Assur stele or debating interpretations of the scene's story, I approach this conundrum of identity by putting into action the multi-sectional iconographic methodology developed in this paper.

If the multi-sectional identity of a Neo-Assyrian queen encompassed her gender (female), state affiliation (Assyrian), social status (royal), rank (queen), and type of being (mortal), then we can demonstrate a figure's identity as a Neo-Assyrian queen through iconographic evidence for each of these sections of her identity. On the Garden Party relief, many details attest to the figure's female gender. Physically, we observe a round, beardless face with full cheeks and a «double» chin. The body, too, appears soft and rounded, with a sloping bosom and no articulated musculature. The body's physique is modestly draped in a long dress and shawl. The absence of arm rings, the solitary pendant earring type, and any weapons further support the figure's female gender. The figure's lack of weapons is perhaps the strongest indicator that it represents a woman rather than a eunuch. Were a eunuch portrayed, especially given the victory context of the banquet, we would expect some weaponry in parallel to the king's paraphernalia. The placement of the king's sword, bow, and quiver full of arrows on the table behind him signify the security of the garden setting away from the battlefield, and the mushroom-shaped incense burners flanking the table imply a sacred, ritual atmosphere suited for a female figure (Collins 2004; Ataç 2012).

In addition to the figure's female gender, the Garden Party relief illustrates the sectionality of her identity as an Assyrian, royal, mortal queen. Her hairstyle, clothing, jewelry, and handheld items demonstrate Assyrian state affiliation and royal status. Furthermore, the narrative context of the victory banquet situates her in a position of power, signaling her Assyrian royal identity. Her throne, crown, and elaborately decorated garment distinguish her in terms of rank as a queen. Her lofty position on the throne (her feet do not even touch the ground) also ranks her above the attendant figures in the scene. Moreover, her association with the king implies her identity as a queen, and her positionality beneath him clarifies her mortal being – the king would never be taller than or elevated above a goddess. As perhaps evoked through the finger-like tendrils of the fecund grapevines that seem to reach fondly for one another as they form a canopy for the couple, this banqueting pair must be none other than the king and queen. We can, thus, through consideration of multi-sectional identity and iconography now identify this much debated figure, with the greatest certainty, as a queen.

8. The Multi-sectional Identity and Iconography of the Neo-Assyrian Queen in Imperial Religion at the Heart of Empire

This paper has approached the identity and iconography of the Neo-Assyrian queen as a multi-sectional summation of ideals. A queen figure epitomized a female, Assyrian, royal, mortal, modeled on divine paradigms. Among the surviving images, we find queens predominantly represented in ritual contexts. Ritual participation emerges from this study as a previously under-considered, but inherent, aspect of the Neo-Assyrian queen's identity and iconography.

With a new methodology for identifying queen figures, and heightened attention to women's roles in imperial religion (Svärd 2018), we are freshly equipped to evaluate still debated images. For example, does a queen stand in the «sacred tree» scene on a cylinder seal from Queen Hama's coffin at Nimrud (IM 115642; May 2020)? Does she appear in ritual on glazed brick fragments from the Ishtar temple at Nineveh (IM 25955, IM 25961; Reade 2005: 351)? Is she portrayed by a votive sculpture-in-the-round from Assur (IM 66456; Basmachi 1962: 48-49)? I leave these and many more identifications for future consideration. In closing, I hope, whether some, none, or all these debated artworks might be determined to depict a queen, that any outcomes are applied as meaningful, not undermining, to our growing appreciation of the power and presence of Neo-Assyrian queens in imperial religion and at the heart of empire, not on «the fringes of the norm».

Acknowledgments

Special thanks to Melissa Eppihimer, whose feedback on another project of mine inspired the present paper. I am also grateful to her for reading a draft of this paper and providing suggestions that significantly strengthened the final product. In addition, I thank my anonymous reviewer, who helped me improve the clarity of this communication, and Claudia D'Amico, who kindly invited me to participate in this international project.

Works Cited

Abram, Mary (2011): «A New Look at the Mesopotamian Rod and Ring: Emblems of Time and Eternity», *Studia Antiqua* 10, 1, 15-36.

Al-Gailani Werr, Lamia (2008): «Nimrud Seals», in *New Light on Nimrud: Proceedings of the Nimrud Conference 11th-13th March 2002*. London: The British Institute for the Study of Iraq in association with The British Museum, 155-162.

Al-Rawi, Farouk. N. H. (2008): «Inscriptions from the Tombs of the Queens of Assyria», in John Curtis, Henrietta McCall, Dominique Collon and Lamia al-Gailani Werr (eds.), *New Light on Nimrud: Proceedings of the Nimrud Conference 11th-13th March 2002*. London: British Institute for the Study of Iraq in association with The British Museum, 119-138.

Albenda, Pauline (1987): «Woman, Child, and Family: Their Imagery in Assyrian Art», in Jean-Marie Durand (ed.), *La femme dans le Proche-Orient: compte rendu de la XXXIIIe rencontre assyriologique internationale (Paris, 7-10 Juillet 1986)*. Paris: Editions Recherche sur les Civilisations, 17-21.

Albenda, Pauline (1998): «A Royal Eunuch in the Garden», *NABU*, 3 (Sept.), 88-89.

Álvarez-Mon, Javier (2009): «Ashurbanipal's Feast: A View from Elam», *Iranica Antiqua*, 44, 131-180.

Andrae, Walter (1913): *Die Stelenreihen in Assur,* WVDOG 24. Leipzig: J. C. Hinrichs.

Asher-Greve, Julia (1997): «The Essential Body: Mesopotamian Conceptions of the Gendered Body», *Gender and History*, 9, 432-461.

Ataç, Mehmet-Ali (2012): «"The Charms of Tyranny": Conceptions of Power in the "Garden Scene" of Ashurbanipal Reconsidered», in Gernot Wilhelm (ed.), *Organization, Representation, and Symbols of Power in the Ancient Near East, Proceedings of the 54th Rencontre Assyriologique Internationale at Würzburg 20-25 July 2008.* Winona Lake: IN, Eisenbrauns, 411-427.

Basmachi, Faraj (1962): «Miscellania in the Iraq Museum», *Sumer* 18: 48-50.

Börker-Klähn, Jutta (1997): «Mauerkronenträgerinnen», in Harald Hauptmann (ed.), *Assyrien im Wandel der Zeiten, XXXIXᵉ Rencontre Assyriologique Internationale, Heidelberg 6.-10. Juli 1992.* Heidelberg: Heidelberger Orientverlag, 227-234.

Brown, Brian A. (2013): «Culture on Display: Representations of Ethnicity in the Art of the Late Assyrian State», in Brian A. Brown and Marian H. Feldman (eds.), *Critical Approaches to Ancient Near Eastern Art.* Boston: Walter de Gruyter, 515-542.

Cheng, Jack (2001): *Assyrian Music as Represented and Representations of Assyrian Music.* Doctoral Thesis, Harvard University.

Cifarelli, Megan (1998): «Gesture and Alterity in the Art of Ashurnasirpal II of Assyria», *AB,* 80, 2, 210-228.

Collins, Paul (2004): «The Symbolic Landscape of Ashurbanipal», *Source* 23, 3, 1-6.

Collon, Dominique (1995): «Filling Motifs», in Uwe Finkbeiner, Reinhard Dittmann and Harald Hauptmann (eds.), *Beiträge zur Kulturgeschichte Vorderasiens: Festschrift für Rainer Michael Boehmer.* Mainz: Philipp von Zabern, 69-76.

Cool Root, Margaret (2011): «Elam in the Imperial Imagination: From Nineveh to Persepolis», in Javier Álvarez-Mon and Mark B. Garrison (eds.), *Elam and Persia.* Winona Lake, IN: Eisenbrauns, 419-474.

Crenshaw, Kimberle (1989): «Demarginalizing the Intersection of Race and Sex: A Black Feminist Critique of Antidiscrimination Doctrine, Feminist Theory and Antiracist Politics», *The University of Chicago Legal Forum* 1, 139-167.

Curtis, John E. (1996): «Assyrian Furniture: The Archaeological Evidence», in Philipp von Zabern (ed.), *The Furniture of Western Asia, Ancient and Traditional: Papers of the Conference Held at the Institute of Archaeology, University College London, June 28 to 30, 1993.* Mainz: Philipp von Zabern, 167-180.

Eicher, Joanne B. and Mary Ellen Roach-Higgins (1992): «Definition and Classification of Dress: Implications for Analysis of Gender Roles», in Ruth Barnes and Joanne B. Eicher (eds.), *Dress and Gender: Making and Meaning.* New York: Berg, 8-28.

Frahm, Eckart (2014): «Family Matters: Psychohistorical Reflections on Sennacherib and His Times», in Isaac Kalimi and Seth Richardson (eds.), *Sennacherib at the Gates of Jerusalem: Story, History and Historiography.* Boston: Brill, 163-222.

Gansell, Amy Rebecca (2013): «Images and Conceptions of Ideal Feminine Beauty in Neo-Assyrian Royal Contexts, c. 883-627 BCE», in Brian A. Brown and Marian H. Feldman (eds.), *Critical Approaches to Ancient Near Eastern Art.* Boston: Walter de Gruyter. 391-420.

Gansell, Amy Rebecca (2018): «Dressing the Neo-Assyrian Queen in Identity and Ideology: Elements and Ensembles from the Royal Tombs at Nimrud», *AJA* 122, 1, 65-100.

Garcia-Ventura, Agnès (2016): «The Sex-Based Division of Work versus Intersectionality: Some Strategies for Engendering the Ur III Textile Work Force», in Brigitte Lion and Cécile Michel (eds.), *The Role of Women in Work and Society in the Ancient Near East.* Boston: Walter de Gruyter, 174-192.

Gilibert, Alessandra (2018): «Te'umman's Last Supper», in Kai Kaniuth, Daniel Lau and Dirk Wicke (eds.), *Übergangszeiten: Altorientalische Studien für Reinhard Dittmann anlässlich seines 65. Geburtstags.* München: Zaphon, 289-308.

Guralnick, Eleanor (2004): «Neo-Assyrian Patterned Fabrics», in Dominique Collon and Andrew George (eds.), *Nineveh: Papers of the XLIXe Rencontre Assyriologique Internationale London, 7-11 July 2003.* London: British School of Archaeology in Iraq (Gertrude Bell Memorial), with the aid of the MBI Foundation, 221-232.

Hancock, Ange-Marie (2007): «When Multiplication Doesn't Equal Quick Addition: Examining Intersectionality as a Research Paradigm», *Perspectives on Politics,* 5, 1, 63-79.

Helle, Sophus (2018): «"Only in Dress?" Methodological Concerns Regarding Non-Binary Gender», in Stephanie Budin, Megan Cifarelli, Agnès Garcia-Ventura and Adelina Millet Albà (eds.), *Gender and Methodology in the Ancient Near East: Approaches from Assyriology and Beyond.* Barcelona: Publicacions i Edicions de la Universitat de Barcelona, 41-53.

Herzfeld, Ernst (1968): *The Persian Empire: Studies in Geography and Ethnography of the Ancient Near East.* Edited from the posthumous papers by G. Walser. Wiesbaden: F. Steiner.

Hussein, Muzahim Mahmoud, Mark Altaweel and McGuire Gibson (2016): *Nimrud: The Queens' Tombs.* Baghdad and Chicago: Iraqi State Board of Antiquities and Heritage and the Oriental Institute of the University of Chicago.

Kertai, David (2017): «The Iconography of the Late Assyrian Crown Prince», in David Kertai and Oliver Nieuwenhuyse (eds.), *From the Four Corners of the Earth: Studies in the Iconography and Cultures of the Ancient Near East in Honour of FAM Wiggermann.* Münster: Ugarit-Verlag, 111-132.

Madhloom, Tariq A. (1970): *The Chronology of Neo-Assyrian Art.* London: Athlone.

May, Natalie N. (2018): «Neo-Assyrian Women, Their Visibility, and Their Representation in Written and Pictorial Sources», in Saana Svärd and Agnès Garcia-Ventura (eds.), *Studying Gender in the Ancient Near East.* University Park, PA: Eisenbrauns, an imprint of Penn State University Press, 249-288.

May, Natalie N. (2020): «The Neo-Assyrian Representation of a Royal Family on a Cylinder Seal», *NABU,* 1 (March), 70-73.

Melville, Sarah C. (2020): «Royal Women and the Exercise of Power in the Ancient Near East», in Daniel C. Snell (ed.), *A Companion to the Ancient Near East,* 2nd ed. Hoboken, NJ: John Wiley & Sons, Inc, 97-110.

Miller, Eva (2021): «Drawing Distinctions: Assyrians and Others in the Art of the Neo-Assyrian Empire», *Studia Orientalia Electronica* 9, 2, 82-107.

Musche, Brigitte (1992): *Vorderasiatischer Schmuck von den Anfängen bis zur Zeit der Achaemeniden*. Boston: Brill.

Niederreiter, Zoltán (2008): «Le rôle des symboles figurés attribués aux membres de la Cour de Sargon II: Des emblèmes créés par les lettrés du palais au service de l'idéologie royale», *Iraq,* 70, 59-69.

Niederreiter, Zoltán (2021): «A Neo-Assyrian Seal Depicting "Istar, worshipped by an Assyrian King and Queen" and a Scorpion as Well: Notes on the BM WA 2002-05-15, 1 Stamp Seal, Formerly Kept in the Southesk», *NABU,* 1 (March), 42-49.

Ornan, Tallay (2002): «The Queen in Public: Royal Women in Neo-Assyrian Art», in Simo Parpola and Robert M Whiting (eds.), *Sex and Gender in the Ancient Near East: Proceedings of the 47th Rencontre Assyriologique Internationale, Helsinki, July 2-6, 2001, Part II*. Helsinki: The Neo-Assyrian Text Corpus Project, 461-477.

Ornan, Tallay (2005): *The Triumph of the Symbol: Pictorial Representation of Deities in Mesopotamia and the Biblical Image Ban,* OBO 213. Fribourg: Academic Press; Göttingen: Vandenhoeck & Ruprecht.

Parpola, Simo (1998): «The Neo-Assyrian Word for "Queen"», *SAAB* 2: 73-76.

Parrot, André and Jean Nougayrol (1956): «Asarhaddon et Naqi'a sur un bronze du Louvre (AO 20.185)», *Syria,* 33, 147-160.

Pinnock, Frances (2018a): «A City of Gold for the Queen: Some Thoughts about the Mural Crown of Assyrian Queens», in Marco Cavalieri and Cristina Boschetti (eds.), *Mvlta per Ægvora: Il polisemico significato della moderna della moderna ricerca archeologica: Omaggio a Sara Santoro,* vol. 2. Louvain-la-Neuve, Presses universitaires de Louvain.

Pinnock, Frances (2018b): «Amorite Ladies at the Neo-Assyrian Court: Building up an Image, Deconstructing an Image, Transmitting an Image», in Stephanie Budin, Megan Cifarelli, Agnès Garcia-Ventura and Adelina Millet Albà (eds.), *Gender and Methodology in the Ancient Near East: Approaches from Assyriology and Beyond.* Barcelona: Publicacions i Edicions de la Universitat de Barcelona, 163-176.

Postgate, John N. (1994): «Rings, Torcs and Bracelets», in Peter Calmeyer, Karl Hecker, Liane Jakob-Rost and C. B. F. Walker (eds.), *Beiträge zur Altorientalischen Archäologie und Altertumskunde: Festschrift für Barthel Hrouda zum 65. Geburtstag.* Wiesbaden: Harrassowitz, 235-245.

Radner, Karen (2008): «The Delegation of Power: Neo-Assyrian Bureau Seals», in Pierre Briant (dir.), *L'archive des Fortifications de Persépolis: État des questions et perspectives de recherches, Actes du colloque organisé au Collège de France, 3-4 novembre 2006.* Paris, De Boccard, 481-515.

Radner, Karen (2012): «The Seal of Tašmetum-šarrat, Sennacherib's Queen, and Its Impressions», in Giovanni B. Lanfranchi, Daniel Morandi Bonacossi, Cinzia Pappi and Simonetta Ponchia (eds.), *Leggo! Studies Presented to Frederick Mario Fales on the Occasion of His 65th Birthday.* Wiesbaden: Harrassowitz, 687-698.

Reade, Julian E. (1987): «Was Sennacherib a Feminist?», in Jean-Marie Durand (ed.), *La femme dans le Proche-Orient: compte rendu de la XXXIIIᵉ rencontre assyriologique internationale (Paris, 7-10 Juillet 1986)*. Paris: Editions Recherche sur les Civilisations, 139-145.

Reade, Julian E. (2004): «The Historical Status of the Assur Stelas», in Jan Gerrit Dercksen (ed.), *Assyria and Beyond: Studies Presented to Mogens Trolle Larsen*. Leiden: Nederlands Instituut voor het Nabije Oosten, 455-473.

Reade, Julian E. (2005): «The Ishtar Temple at Nineveh», *Iraq* 67, 1, special issue, Nineveh. Papers of the 49th Rencontre Assyriologique Internationale, Part Two, 347-390.

Reade, Julian E. (2009): «Fez, Diadem, Turban, Chaplet: Power-Dressing at the Assyrian Court», in Mikko Luukko, Saana Svärd and Raija Mattila (eds.), *Of God(s), Trees, Kings, and Scholars: Neo-Assyrian and Related Studies in Honour of Simo Parpola*. Helsinki: Finnish Oriental Society, 239-264.

Roobaert, Arlette (2012): «Libbali-sharrat or Naqia? On Queens Portrayed on Assyrian Reliefs», in Tom Boiy, Joachim Bretschneider, Anne Goddeeris, Hendrik Hameeuw, Greta Jans and Jan Tavernier (eds.), *Ancient Near East, a Life! Festschrift Karel Van Lerberghe*. Leuven: Peeters, 499-506.

Schmidt-Colinet, Constanze (1997): «Ashurbanipal Banqueting with his Queen? Wer throhnt bei Assurbanipal in der Weinlaube?», *Mesopotamia,* 32, 289-308.

Spurrier, Tracy (2017): «Finding Hama: On the Identification of a Forgotten Queen Buried in the Nimrud Tombs», *JNES* 76, 1, 149-174.

Staatliche Museen Zu Berlin (2018): «Vorderasiatisches Museum Makes a Spectacular Find», Sept. 13, 2018 [accessed 2023], https://www.smb.museum/en/whats-new/detail/vorderasiatisches-museum-makes-a-spectacular-find/ (accessed April 21, 2023).

Svärd, Saana (2015): *Women and Power in Neo-Assyrian Palaces,* SAAS 23. Helsinki: The Neo-Assyrian Text Corpus Project.

Svärd, Saana (2018): «Women in Neo-Assyrian Temples», in Shigeo Yamada (ed.), *Neo-Assyrian Sources in Context: Thematic Studies on Texts, History, and Culture,* SAAS 28. Helsinki: The Neo-Assyrian Text Corpus Project, 117-133.

Watanabe, Kazuko (1993): «Votivsiegel des Pān-Aššur-lāmur», *Acta Sumerologica,* 16, 239-259.

Winter, Irene J. (1997): «Art *in* Empire: The Royal Image and the Visual Dimensions of Assyrian Ideology», in Simo Parpola and Robert Whiting (eds.), *Assyria 1995: Proceedings of the 10th Anniversary Symposium of the Neo-Assyrian Text Corpus Project, Helsinki, September 7-11, 1995*. Helsinki: The Neo-Assyrian Text Corpus Project, 359-381.

Yalçin, Serdar (2016): «Men, Women, Eunuchs, Etc.: Visualities of Gendered Identities in Kassite Babylonian Seals (ca. 1470-1155 BC)», *BASOR* 376, 1, 121-150.

DÉBORA Y YAEL: MUJERES DIFERENTES, MUJERES TRANSGRESORAS

Guadalupe Seijas de los Ríos-Zarzosa

UNIVERSIDAD COMPLUTENSE DE MADRID

Resumen:

En este capítulo se analizan los personajes bíblicos de Débora y Yael, cuyos relatos se encuentran en los capítulos 4 y 5 del libro de Jueces, desde dos perspectivas. La primera corresponde a la exégesis feminista del siglo XIX llevada a cabo en Inglaterra y Estados Unidos. Para estas estudiosas, Débora es percibida como modelo de participación femenina en la esfera pública. La segunda perspectiva es una aproximación a la representación pictórica de estas dos mujeres. Las imágenes muestran diferentes lecturas visuales de estos personajes, incorporando y/o destacando determinados aspectos y mostrando algunas facetas poco conocidas. Estas dos perspectivas, entre otras, muestran la vitalidad y vigencia en la cultura occidental de Débora y Yael.

Palabras clave: Biblia, Débora y Yael, exégesis feminista, recepción de la Biblia, iconografía, artes visuales.

Débora y Yael son las protagonistas de los capítulos 4 y 5 del libro de Jueces[1]. Aunque no se conocieron ni interactuaron entre sí fueron los medios de los que se valió el Dios de Israel para conceder la victoria a su pueblo frente a la opresión cananea, cuyo comandante era Sísara.

Cada una de ellas presenta un perfil diferente. Débora se caracteriza por el poder de la palabra. Es profeta y juez –la única mujer que en la Biblia aparece como tal– e insta a Barac, el general israelita, a luchar contra el enemigo. Sus acciones tienen lugar en el espacio público. Yael es, sobre todo, una mujer de acción: sale al encuentro de Sísara a ofrecerle su hospitalidad para, posteriormente, darle muerte golpeándolo en la sien con una estaca y un martillo. A diferencia de Débora, Yael se mueve en el espacio doméstico. En estos dos capítulos sus maridos pasan desapercibidos y

---

1. Para una visión de Débora y Yael en el relato bíblico, *cf.* Navarro 1995: 90-99 y Seijas 2019: 67-77. Para un análisis en detalle de estos dos capítulos, remito a Sicre 2018: 193-250.

la maternidad biológica no es mencionada. Además, en ellos se invierten los roles habituales que se atribuyen a varones y mujeres, desempeñando los militares un papel secundario. Nos hallamos, por consiguiente, ante dos personajes cuyas trayectorias vitales se desarrollan al margen del papel tradicional asignado a la mujer como esposa y madre.

En estas páginas me centraré en dos cuestiones: la interpretación del personaje de Débora en la exégesis del siglo XIX realizada por mujeres y el análisis iconográfico de algunas representaciones artísticas de Débora y Yael, que puede ser considerado como exégesis visual.

1. Débora como modelo de mujer en el siglo XIX

La sociedad decimonónica experimentó cambios de profundo calado derivados de la transformación económica que supuso la Revolución Industrial y la transformación ideológica y de pensamiento originada por la Ilustración y las Revoluciones americana y francesa. El siglo XIX fue una época de profundos cambios y desafíos entre los cuales ocupó un lugar destacado el debate sobre el papel que la mujer debía desempeñar en la sociedad. Las mujeres rechazan ser objetos pasivos y reclaman ser dueñas de sus propias vidas. Surge entonces un movimiento de reivindicación de los derechos de la mujer que, en su origen, se sitúa junto a otros movimientos de lucha por los derechos de grupos marginales como el abolicionismo. En este contexto hay que situar el movimiento sufragista que pedirá la equiparación y la igualdad de las mujeres en tanto que ciudadano político o el acceso a la educación.

Se consolidan así dos modelos, dos formas de entender cuál es el lugar de la mujer en la sociedad[2]. De una parte, la continuación de un modelo antiguo, el de la «perfecta casada» que sostenía Fray Luis de León, con algunos toques de modernidad. La mujer como esposa, madre y ama de casa es altamente valorada, convirtiéndose en «la reina de la casa» y «ángel del hogar». Por medio de su abnegación, su cuidado y atención a los hijos y al marido, se convierte en el garante de la institución burguesa

---

2. En la novela *Fortunata y Jacinta* de Pérez Galdós se contraponen de forma clara dos modelos de mujer. Jacinta es la esposa ideal, ejemplo de virtudes y garante de la estabilidad del hogar. Mujer prudente y previsible, representa perfectamente el ideal del «ángel del hogar». Fortunata, por el contrario, simboliza el misterio, lo prohibido y una sexualidad liberada. Auténtica «femme fatale», seduce y arrastra a la perdición.

por excelencia, la familia. El hogar y las obras de beneficencia serán los ámbitos donde proyectará sus virtudes naturales. Por otra parte, está el deseo de las mujeres de adquirir nuevos espacios de participación y de reclamar libertades y derechos. Algunas prefieren no tener hijos para dedicar todo su tiempo al compromiso político y/o social. Para los varones, las primeras son dóciles y predecibles mientras que las segundas son misteriosas y atractivas, al tiempo que fuente de perdición.

En este proceso de reivindicación de igualdad entre los dos sexos, las mujeres empiezan a leer el texto sagrado con otros ojos. Ellas también quieren estudiar e interpretar la Biblia y lo harán con una mirada distinta. Parten de la premisa de que la Biblia fue redactada y transmitida por varones, reflejando una sociedad androcéntrica, donde los hombres son el referente y las mujeres desempeñan un papel secundario o marginal, como hijas, esposas, hermanas o madres de varones. La interpretación de las mujeres busca romper este marco y aportar una mirada más inclusiva. Por ello se fijan en los personajes femeninos que la exégesis había relegado a un segundo plano, cuando no a un olvido manifiesto, y desarrollan un espíritu crítico sobre las actitudes de los varones bíblicos con respecto a ellas. En definitiva, reivindican la aportación de las mujeres de la Biblia en la historia de la salvación[3]. Una obra clave fue *Women's Bible*[4] de Elizabeth Cady Stanton (1805-1902) donde las mujeres bíblicas son vistas como personajes inspiradores y modelo de conducta[5].

Débora, en tanto que juez y profetisa, desarrolló su actividad en el ámbito público y por ello sirve como ejemplo para impulsar la igualdad entre hombres y mujeres y para reivindicar una participación activa en la sociedad. La relación entre Débora y Barac permite abordar cuestiones importantes: cómo debe ser la relación entre hombres y mujeres (de igualdad o de subordinación de la mujer al varón), si existe

---

3. Como, por ejemplo, hicieron Hildegarda de Bingen (siglo XII) y Cristina de Pizán (siglos XIV-XV). A partir de la década de los 70 y 80 del siglo XX estos estudios experimentan un nuevo impulso con autoras como Phyllis Trible, Athalya Brenner, Mieke Bal o Jo Cheryl Exum. En el ámbito español podemos mencionar los trabajos de Mercedes Navarro Puerto. Para una aproximación histórica de la exégesis feminista y de la reivindicación del papel de las mujeres en la historia bíblica *cf.* Gómez Acebo 2007 y Ramón Carbonell 2007.

4. En 1895 se publicó la primera parte que correspondía al Pentateuco. La segunda parte se publicó en 1898 y comprendía el resto del Antiguo Testamento y el Nuevo Testamento. En esta obra participaron 26 mujeres, entre ellas Clara Neyman, *cf. infra.*

5. Las mujeres bíblicas han sido consideradas como modelo de conducta a lo largo de los siglos. En el siglo XIX son percibidas como mujeres cuyas acciones y discursos encajan con las nuevas sensibilidades y se convierten en referentes significativos para los nuevos tiempos.

o no una función específica asignada a los hombres (producción) y a las mujeres (cuidado y reproducción), si existe un comportamiento típicamente femenino y masculino y cuál es el ámbito natural de las mujeres (doméstico, público o ambos).

Christiana de Groot en el artículo «Débora: como un pararrayos para la cuestión femenina en el siglo XIX» (2018)[6] reúne los comentarios de seis mujeres nacidas en Inglaterra y Estados Unidos, cuyas voces son muy diversas en cuanto a posicionamiento, religión e ideología. De las seis he seleccionado tres: Julia McNair Wright representa una postura más tradicional que innovadora, Grace Aguilar (fig. 1) se sitúa en la encrucijada entre ambas posturas, y Clara Neymar es la más transgresora y radical. Junto a ellas, De Groot incluye a Elizabeth Baxter (1837-1926), Clara Lucas Balfour (1808-1878) y Harriet Becher Stowe (1811-1896). A raíz del estudio del personaje de Débora estas mujeres se plantean si «debía constituir un modelo de lo que las mujeres son capaces de realizar o más bien una excepción que no debe imitarse» (De Groot 2018: 70) es decir, si era un modelo transgresor o si, por el contrario, refrendaba el modelo de sociedad patriarcal.

Julia McNair Wright (1840-1903) nació en Oswego, Nueva York, en el seno de una familia de clase media-alta que le facilitó el acceso a la educación en escuelas privadas. Casada con un ministro presbiteriano y madre de dos hijos, fue una prolífica escritora. De religión protestante, defendió la educación de las mujeres. Escribió el libro *Saints and Sinner* (1873) porque para ella en la Biblia encontramos modelos de estos dos tipos de comportamiento, reflejo de la condición humana. En el libro incluyó un capítulo dedicado a Miriam y Débora. El motivo que le llevó a reunir ambos personajes bajo un mismo epígrafe fue que:

la Escritura pone ante nosotros modelos gloriosos de la condición femenina tanto en la vida doméstica como en la pública, dos modelos que nos enseñen el estatus de la mujer ante Dios: y en estos tiempos en que las cuestiones de los derechos y del puesto de la mujer ocupan tanto la atención, es bueno regresar a la fuente de toda verdad y extraer de allí nuestra lección (De Groot 2018: 88).

---

6. Este trabajo permite la lectura de textos de difícil localización, especialmente para los lectores de habla hispana. El artículo está publicado en el volumen 19 de la colección *La Biblia y las mujeres*, un ambicioso proyecto que aborda la recepción de la Biblia desde una perspectiva crítica de género y se publica simultáneamente en cuatro lenguas: español (Verbo Divino), alemán (Kohlhammer), inglés (SBL-Brill) e italiano (Il Pozzo di Giacobbe). Hasta el momento se han publicado más de la mitad de los números previstos.

Figura 1. Grace Aguilar.
Historic and Public
Figures Collection –
New York Public Library
Archives.
Dominio público

Sobre Débora afirma que: «Su elevada posición y sus grandes acciones no le cambiaron el sexo: no fue un rey, sino una *madre de Israel*» (De Groot 2018: 89). Para McNair, la participación en la vida pública no modifica la identidad esencial de las mujeres. Sin embargo, solo deben salir del hogar una vez que hayan cumplido con sus obligaciones domésticas y si aún les queda tiempo y energías. El espacio público, en consecuencia, quedaría limitado a mujeres excepcionales. Esta escritora defiende la igualdad entre hombres y mujeres al tiempo que los considera diferentes en esencia porque, en su opinión, afirmar la igualdad no es negar la diferencia (Wright 1873: 199). Por tanto, Julia McNair sostiene una posición cauta en la que predomina la postura tradicional incluyendo una cierta apertura, que se nos antoja claramente insuficiente hoy en día.

Grace Aguilar (1816-1847)[7] nació a las afueras de Londres. De salud frágil, esta autora proveniente de una familia de criptojudíos portugueses, murió en Frankfurt a los 31 años. A pesar de su corta vida escribió poemas, novelas de temática judía y textos que abordaban la situación de la mujer en el judaísmo. Luchó para que la educación religiosa no se limitara a los niños, como era habitual, sino que también se hiciera extensiva a las niñas. Promovió cambios en favor de la igualdad entre sexos, rechazando la separación de asientos entre hombres y mujeres en la sinagoga y defendiendo la participación de las mujeres como recitadoras y predicadoras.

Women of Israel (1845) es considerada su obra más importante. En ella, entre otros muchos, analiza el personaje de Débora poniendo de manifiesto que las mujeres en el antiguo Israel tenían un elevado status y un alto nivel de educación, lo que le lleva a reclamar este derecho para sus contemporáneas. Grace Aguilar destaca en Débora los valores de la humildad y la modestia:

> Es una simple confirmación de la mansedumbre y humildad con la que la encontramos ejerciendo como jueza en Israel bajo su propia palmera. Débora retoma su humilde puesto personal, y lo hace evidentemente sin un deseo ambicioso ni un intento de elevar su rango o sus perspectivas de futuro (De Groot 2018: 79).

Débora se convierte en modelo para las mujeres porque demuestra que las responsabilidades familiares, la personalidad femenina y el cumplimiento de las tareas públicas son perfectamente compatibles: «Para una mente realmente grande, las tareas domésticas y las públicas son tan perfectamente compatibles que las primeras nunca necesitan ser sacrificadas por las últimas» (De Groot 2018: 80). Para Aguilar hombres y mujeres son diferentes, pero en lo esencial son iguales ante Dios. Aunque muestra ideas avanzadas, se sitúa en la encrucijada entre una perspectiva tradicional y victoriana y los deseos de cambio e independencia que anhelan las mujeres. En tanto que mujer soltera y de grandes capacidades que utilizó para bien propio y para el de las mujeres judías, fue considerada como otra Débora para su generación (De Groot 2018: 81).

De Clara Neyman (1840-1931), nacida en Estados Unidos, sabemos muy poco. Tenemos constancia de que se implicó muy activamente en la lucha a favor del sufragio femenino en el estado de Nueva York. En sus escritos se manifiesta como mujer librepensadora y progresista. Rechaza la idea de la diferencia entre hombres y

---

7. Sobre su vida y trayectoria literaria remito a Llorens 2007: 425-36.

mujeres para enfatizar de manera rotunda la igualdad entre los dos sexos. Sobre ella escribe Clara Lucas Balfour (1847: 2):

> En notable contraste con todos los demás escritos antiguos, la Biblia reconoce distintivamente la responsabilidad moral de la mujer, su elevada capacidad mental así como las importantes tareas personales y relacionales que de allí resultan. La Biblia reconoce también su perfecta igualdad con el varón en privilegios espirituales y en destino eterno. En cambio, las naciones más refinadas de la Antigüedad parecen haber plasmado invariablemente una baja estima de la personalidad femenina (De Groot 2018: 94).

Sus reflexiones sobre el personaje de Débora aparecen en los comentarios a Jueces 4-5 incluidos en la segunda parte de *Women's Bible*[8]. Neyman se plantea que «si Débora en el judaísmo antiguo era considerada suficientemente sabia como para aconsejar a su pueblo en tiempos de necesidad y dificultad, ¿por qué a finales del siglo XIX la mujer tiene que luchar por la igualdad de derechos y pelear por reconquistar cada pulgada del terreno que perdió desde entonces?» (De Groot 2018: 93) y denuncia el efecto negativo que ha ejercido el cristianismo en relación a las mujeres: «La verdad es que el cristianismo ha circunscrito en muchos casos la esfera de acción de la mujer y ha sido culpable de una gran injusticia para con todo el sexo femenino» (De Groot 2018: 93).

El relato de Débora enseña que «el genio no conoce sexo, y la mujer tiene que apoderarse de nuevo de su prerrogativa divina como líder en el pensamiento, el canto y la acción» (De Groot 2018: 95). Ella percibe en los personajes de Débora y Barac una relación de compañerismo que propone como modelo entre hombres y mujeres pues, en su opinión, el enemigo no tiene que ver con el género sino con la ignorancia, la superstición y la crueldad. En la visión de Neyman, las voces de las mujeres en la esfera pública harían de este espacio un lugar mejor. Las virtudes propias de las mujeres como la compasión, la fidelidad y la modestia transformarían la realidad competitiva y ruda del momento presente en un paraíso. En la vida política, el compañerismo igualitario entre hombres y mujeres tendría como resultado un país regido por el amor y la justicia (De Groot 2018: 96). La propuesta de Neyman todavía resuena en muchos discursos actuales y sus argumentos se siguen utilizando hoy en día, por lo que nos resultan familiares.

---

8. Fue miembro del Comité de revisión de la segunda parte de esta obra con cuatro aportaciones en el libro de Jueces (De Groot 2018: 92).

2. La iconografía como exégesis visual

La representación iconográfica convierte los textos en imágenes, pero en el paso de la literatura al arte no siempre se ha representado una interpretación estrictamente literal. A veces el texto es excesivamente sucinto y parco en detalles y el artista debe suplir los silencios del pasaje. En otras ocasiones, las imágenes ofrecen al espectador nuevos elementos que están implícitos o escondidos en el relato. Desde esta perspectiva, el artista no sería un mero ilustrador de escenas bíblicas cuanto un lector activo de la Biblia (O' Kane 2008: 9-10). Por consiguiente, al seleccionar, destacar, omitir, añadir o yuxtaponer elementos, las interpretaciones iconográficas se convierten en una especie de exégesis visual.

Por otra parte, conviene subrayar que las pinturas también influyen y condicionan la manera en que el espectador se acerca al texto bíblico, como acertadamente formula J. C. Exum: «Not only will our knowledge of the biblical text influence the way we view, say a painting of a biblical scene, our reading of the biblical text is also likely to be shaped by our recollection of that painting (Exum 1996: 8).

A continuación, haremos un breve recorrido en estas páginas por algunas de las representaciones visuales más significativas de Jue 4 y 5[9].

En la Edad Media tuvieron un gran desarrollo los libros destinados a la devoción personal, como Salterios o Libros de Horas, auténticos libros de lujo que solo podían ser adquiridos por aquellos que disponían de gran riqueza. Quienes los encargaban también participaban en la selección de episodios y en la configuración del programa iconográfico.

El *Salterio de San Luis* (Bibliothèque Nationale, París MS Latin 10525, fols. 47vr), del siglo XIII, contiene 78 miniaturas que comienzan con la historia de Caín y Abel y terminan con escenas del Nuevo Testamento e incluyen un calendario de fiestas, oraciones y los 150 salmos. En el fol. 47r Débora acompaña a Barac y al ejército israelita en su desplazamiento, pero en la miniatura aún no ha empezado la batalla. En el siguiente folio (47v) se recogen tres momentos del relato: Yael ofrece hospitalidad a Sísara en la puerta de la tienda; a continuación, le da de beber dentro y, finalmente, alza la maza con la intención de clavarle la estaca en la sién. Se trata de una estrategia compositiva que busca representar el desarrollo de la historia. Las miniaturas no van acompañadas de soporte textual, por lo que el lector debe conocer previamente

---

9. Para una historia de la recepción de Jueces 4-5 *cf.* Goosen 2006: 129-132 y Gunn 2005: 53-92.

los episodios e identificarlos a partir de las claves compositivas y de los elementos iconográficos.

La *Biblia Morgan* o *Biblia de los Cruzados* (Nueva York; PML, MS. M. 638) es una biblia de lujo muy probablemente producida en París a mediados del siglo XIII. Fue concebida como un libro de imágenes y por ello se percibe una conexión clara entre las ilustraciones, permitiendo una lectura visual continuada sin el apoyo de referencias textuales. Las notas que aparecen en los márgenes (en latín, persa y judeo-persa) se añadieron posteriormente para identificar personajes y episodios y, en algunas de ellas, estas identificaciones contienen errores. En cualquier caso, se presupone que el destinatario de esta biblia tenía un conocimiento previo del texto que le permitiría establecer por sí mismo la relación entre la miniatura y el pasaje bíblico.

El contexto histórico corresponde a la época de la Primera Cruzada, en la que los cristianos luchan contra los musulmanes para recuperar Tierra Santa. La conexión con Palestina es estrecha y los cruzados se ven a sí mismos como descendientes de los personajes del Antiguo Testamento. Esta biblia hace especial hincapié en las guerras y batallas, por lo que los libros históricos (Josué, Jueces, Rut y I-II Samuel) y sus héroes (Josué, Sansón, Samuel, Saúl, Jonatán y David) reciben un notable protagonismo. En la parte inferior del fol. 12r Débora acompaña a Barac al combate cabalgando sobre un equino. Su mano extendida apunta hacia delante, señalando la batalla. El rojo del vestido y el azul del manto destacan su figura, que llama la atención entre los tonos apagados de los soldados. En este manuscrito se representa una abigarrada escena de guerra donde el ejército israelita, las armas y carros de combate corresponden a los usos militares de la época. Los límites entre el pasado bíblico y el presente medieval desaparecen, fundiéndose ambos tiempos en uno solo.

El *Speculum Humanae Salvationis* (SHS) o 'Espejo de la salvación humana' fue una de las obras más leídas a partir del siglo XIV. Se trata de una obra anónima, que reúne y sistematiza los vínculos tipológicos a través de imagen y texto, donde un pasaje del Nuevo Testamento es anticipado (prefiguración) por otras tres escenas (figuras) del Antiguo o de otras fuentes literarias. El SHS fue muy utilizada tanto en la formación escolar y de adultos como en la predicación.

En este manuscrito (Northwestern Germany, c. 1360. Universitäts-Und Landesbibliothek Darmstadt, Germany, Hs 2505, fols. 56v y 57r)[10] cada folio incluye dos miniaturas en vertical, una encima de la otra y rodeadas de un marco rojo (fig. 2).

---

10. Disponible en http://tudigit.ulb.tu-darmstadt.de/show/Hs-2505 (26 de julio de 2022).

Figura 2. SHS, fol. 56v y fol. 57r, Northwestern Germany, c. 1360

En este caso los folios aparecen contiguos permitiendo al lector establecer las conexiones visuales entre las imágenes y sus significados. En el primer folio María vence a Satanás y Judit decapita a Holofernes y en el segundo, Jael clava una estaca a Sísara y Tomiris vence a Ciro. Los personajes están identificados mediante su nombre:

En la primera escena María lleva en sus hombros una cruz cuyos clavos se asemejan a la estaca que porta Yael en la imagen de la derecha. Pisa a Satanás, venciendo el mal y el pecado (*cf.* Apocalipsis 13,1-3 y Génesis 3,15). Satanás aparece a los pies de la Virgen al igual que los enemigos a los que vencen las otras tres heroínas, cuyos cuerpos adoptan una postura semejante. Cada una de ellas representa la victoria sobre el enemigo y anticipan la victoria de María sobre el mal.

A diferencia de Judit y Yael, la reina Tomiris no es un personaje bíblico. Fue monarca de los masagetas, un pueblo iranio que habitaba al este del Mar Caspio. Venció a Ciro II el Grande y a su ejército en el año 530 a.e.c. y, de acuerdo con Herodoto (Historia I.214), lo decapitó y arrojó su cabeza a un odre lleno de sangre humana. Su historia fue muy popular en la Edad Media y en el Renacimiento como símbolo de mujer guerrera[11].

Débora fue perdiendo importancia en la iconografía bíblica a favor de Yael, un personaje que tuvo un desarrollo significativo en el Renacimiento y en el Barroco[12].

El pintor holandés Salomon de Bray realizó en 1635 *Yael, Debora y Barac* (Museum Catharijneconvent, Utrecht, Holanda), un óleo que se aparta de la iconografía tradicional dejando de lado la acción para centrarse en las figuras[13]. En la escena solo aparecen los torsos de los tres personajes y su disposición apunta a la gloria de cada uno en orden decreciente, del poder de Yael a la pasividad de Barac y, entre ambos, Débora. Las dos mujeres aparecen juntas, en contradicción con el relato de Jueces; sin embargo, este hecho puede apuntar al papel que cada una de ellas desempeñó en la victoria de los israelitas.

De Bray, un autor célebre por sus cuadros de temática mitológica y bíblica, dedica toda su atención a los detalles. Cada uno de los personajes es presentado minuciosamente, si bien no interaccionan entre ellos, sino que habitan en mundos independientes. Yael lleva un elaborado vestido con textura de seda y un turbante que sugiere un casco. Su cuerpo es robusto y rotundo y el escote generoso, pero carece de atractivo erótico. El rostro rudo muestra una mirada concentrada y un tanto enigmática, y en cada mano sujeta uno de los objetos que se han convertido en arma mortífera: el martillo y la estaca. Débora es una mujer anciana, vestida de negro y con un pañuelo a la cabeza. De ella solo queda a la vista un rostro surcado de arrugas y unas manos unidas en actitud orante. Su mirada se dirige hacia lo alto. Finalmente, Barac, vestido con una armadura que le identifica como guerrero, se encuentra al fondo y su rostro queda en parte oculto por la sombra. En último plano, un cortinaje de tonalidad parda evoca la tienda de Yael.

Las miradas ocupan un papel destacado. Tanto Yael como Barac dirigen la suya al espectador. En cambio, Débora mira hacia lo alto con actitud piadosa, subrayando su vinculación con lo divino. De Bray también recurre a la luz para contraponer a

---

11. Las historias de Judit y Yael tienen muchos elementos en común y aparecen representadas junto a Ester, conformando un terceto de mujeres fuertes. Ester vence a Amán, un enemigo tan peligroso como Sísara y Holofernes. En el SHS, Ester aparece en otra escena tipológica. Intercede ante el rey Asuero a favor de su pueblo anticipando a María como intercesora ante Cristo en favor de la humanidad.

12. *Cf.* Conway 2017: 68-89 y Bornay 1998: 183-189.

13. Para un estudio detallado de este cuadro, *cf.* Exum 2019: 168-196.

los personajes. Los tejidos de la indumentaria de Yael son de color claro y se ven resaltados por la luminosidad, mientras que en Débora y Barac predominan los tonos oscuros. Por medio de una presentación extática de los personajes, carente de cualquier atisbo de dinamismo, De Bray nos ofrece una propuesta propia personal de este pasaje bíblico.

En el sur de Europa, en concreto en Nápoles, nace el pintor italiano Lucas Jordan. En 1692 se trasladó a España y se convirtió en pintor de la familia real (Carlos II y Felipe V), alcanzando gran renombre como pintor de corte. Hacia 1692 pinta el óleo *Victoria de los israelitas y cántico de Débora*, actualmente en el Museo del Prado de Madrid, cuyo origen estaría en los bocetos realizados para los frescos de la iglesia napolitana de Santa María di Donaromita que dejó inacabados a su partida hacia España. El tema elegido es el pretexto que emplea el artista para abordar una obra que le permita lucir su talento artístico en una composición compleja y abigarrada.

En el plano inferior las tropas de Sísara se retiran atrayendo la atención del espectador. El general israelita aparece a la izquierda y en un plano inferior, comandando su ejército y volviendo el rostro para recibir instrucciones de Débora. En la parte alta, Dios controla el devenir de la batalla rodeado por ángeles, entre los que destaca dirigiendo el grupo uno que porta en sus manos un mazo y un clavo, anunciando el final de la historia. El personaje de Débora recibe un protagonismo relativo y queda un tanto perdido en el conjunto de la composición. La figura de Débora y los atributos de Yael son elementos secundarios en esta escena donde la grandiosidad de la batalla y el poder divino opacan las referencias a las protagonistas femeninas de Jueces 4 y 5.

Al igual que sucede con otros personajes femeninos, Yael se convierte en un pretexto para que los artistas muestren el desnudo femenino. El seno descubierto insinúa el peligro de algunas mujeres que, por medio de sus encantos, conducen a la perdición de los varones. Como ejemplo de esta interpretación visual podemos mencionar la representación del pintor italiano Gregorio Lazzarini (1655-1730) que lleva por título *Yael y Sísara* (sin datación, colección privada)[14].

Lejos de identificar a Yael como mujer peligrosa, James Northcote (1746-1831), discípulo de sir Joshua Reynolds y formado en la Royal Academy, opta por otra interpretación. Representa una escena dominada por la calma, que construye por medio del uso de la luz y del contraste entre el negro de la armadura de Sísara y el blanco de la ropa de cama. La estaca se recorta contra la sábana del fondo. En cambio,

---

14. Sobre Yael como mujer fatal en la literatura y en el arte *cf.* Gunn 2005 y Conway 2017.

el martillo queda en la penumbra y apenas se ve. Sísara es un joven apuesto que duerme plácidamente, sobre el que se inclina Yael. La escena transmite serenidad y apunta a que la acción de Yael es guiada por Dios, restando crueldad al momento. De no ser por los atributos iconográficos de Yael (maza y estaca), la imagen podría ser catalogada como una escena propia de una novela gótica (Gunn 2005: 80).

Conclusión

Débora y Yael son mujeres bíblicas poco conocidas. Mujeres decididas, mujeres de la palabra y de la acción, mujeres que se salen de los roles de género vigentes en la época en que vivieron. Mujeres valientes, consideradas entre las mujeres fuertes de la Biblia. La interpretación del personaje de Débora en la exégesis del siglo XIX realizada por mujeres y el análisis de la representación iconográfica de Débora y Yael entendida como exégesis visual nos ha permitido explorar aspectos poco conocidos y profundizar en estos dos personajes femeninos. Sus historias nos hacen reflexionar, nos ayudan a repensarnos y nos impulsan a recorrer caminos no explorados antes. En definitiva, han sido y continúan siendo mujeres inspiradoras.

Bibliografía

Aguilar, Grace (1845): *The Women of Israel: Characters and sketches from the Holy Scripture and Jewish history*. Londres: Groombridge and Sons.

Balfour, Clara L. (1847): *The Women of Scripture*. Londres: Houlston and Stoneman.

Bornay, Erika (1998): *Mujeres de la Biblia en la pintura del Barroco: Imágenes de la ambigüedad*. Madrid: Cátedra.

Conway, Colleen M. (2017): *Sex and Slaughter in the Tent of Jael. A Cultural History of a Biblical Story*. Óxford: Oxford University Press.

De Groot, Christiana (2018): «Débora: como un pararrayos para la cuestión femenina en el siglo XIX» en Michaela Sohn-Kronthaler y Ruth Albrecht (eds.), *Comunidades religiosas y Biblia en el siglo XIX*. La Biblia y las mujeres 19. Estella: Verbo Divino, 67-98.

Exum, J. Cheryl (2019): *Art as biblical commentary: Visual Criticism from Hagar the Wife of Abraham to Mary the Mother of Jesus*. Londres: Bloomsbury.

Exum, J. Cheryl (1996): *Plotted, Shot, and Painted: Cultural Representations of Biblical Women*. Journal for the Study of the Old Testament. Supplement Series, 215. Sheffield: Sheffield Academic Press.

Goosen, Louis (2006): *De Abdías a Zacarías: Temas del Antiguo Testamento en la religión, las artes plásticas, la literatura, la música y el Teatro*. Madrid: Akal.

Gómez Acebo, Isabel (2007): «Introducción general a la exégesis feminista», en Mercedes Arriaga Flórez y Mercedes Navarro Puerto (eds.), *Teología feminista I*. Sevilla: ArCiBel Editores, 181-208.

Gunn, David M. (2005): *Judges*. Malden (Massachusetts): Blackwell.

Llorens López, Miriam (2007): «Grace Aguilar o el tradicionalismo hecho trasgresión», en Mercedes Arriaga (ed.), *Escritoras y pensadoras europeas*. Sevilla: Dédalo, 425-436.

Navarro, Mercedes (1995): *Los libros de Josué, Jueces y Rut*. Barcelona / Madrid: Herder / Ciudad Nueva.

O'Kane, Martin (2008): «The Bible and the visual imagination», en Martin O'Kane (ed.), *Imaging the Bible. An Introduction to Bibical Art*. Londres: SPCK, 1-20.

Ramón Carbonell, Lucia (2007): «Introducción general a la historia de la exégesis feminista», en Mercedes Arriaga Flórez y Mercedes Navarro Puerto (eds.), *Teología feminista I*. Sevilla: ArCiBel Editores, 103-177.

Seijas, Guadalupe (2019): «Débora y Rut: protagonistas de la historia», *El Olivo XLIII*, 89-90, 67-88.

Sicre, José Luis (2018): *Jueces*. Estella: Verbo Divino.

Stanton, Elizabeth Cady (1997): *La biblia de la mujer*. Madrid: Cátedra.

Wright, Julia McNair (1873): *Saint and Sinners*. Filadelfia: Ziegler and McCurdy.

«PERVERSAS SON LAS MUJERES». MAL Y FEMINIDAD EN EL JUDAÍSMO ANTIGUO

E. Macarena García García

UNIVERSIDAD COMPLUTENSE DE MADRID

Resumen:

La presente investigación tiene como objeto el estudio de la imagen de la mujer en la Antigüedad a través de una panorámica general acerca del papel y caracterización del elemento femenino en las fuentes referentes al origen del mal dentro del contexto del judaísmo de época helenística, con un especial énfasis en las tradiciones apocalípticas, los posibles influjos de la mitología griega y la comparativa con otras corrientes judías contemporáneas y posteriores.

Para ello, abordaremos primeramente las dos principales interpretaciones apocalípticas sobre el origen del mal en el mundo terrestre: el mito de los Vigilantes y el relato de Adán y Eva. Ambas tradiciones muestran interesantes puntos de conexión con el mito griego de Prometeo y Pandora, presentándose la mujer como un elemento activo y esencial en la introducción del mal. A ellas, se les añadirán diferentes escritos apocalípticos que también desarrollan esta conexión mujer-mal a través del motivo de la seducción; se finalizará la panorámica con otras obras judeohelenísticas relevantes pertenecientes a la corriente sapiencial, los escritos de Filón de Alejandría, el cristianismo primitivo o la irrupción de la conocida figura de Lilit en escritos medievales.

Palabras clave: Seducción, Vigilantes, Adán, Eva, Prometeo, Pandora, Lilit, seducción.

1. Introducción

Perversas son las mujeres, hijos míos: como no tienen poder o fuerza sobre el hombre, lo engañan con el artificio de su belleza para arrastrarlo hacia ellos. Al que no pueden seducir con su apariencia lo subyugan por el engaño. Sobre ellas me habló también el ángel del Señor y me enseñó que las mujeres son vencidas por el espíritu de la lujuria más que el hombre. Contra él urden maquinaciones en su corazón, y con sus adornos lo extravían comenzando por sus mentes. Con la mirada siembran el veneno y luego lo esclavizan con la acción. Una mujer no puede vencer por la fuerza a un hombre, sino que lo engaña con artes de meretriz […] De este modo sedujeron a los Vigilantes antes del diluvio. Como las estaban viendo tan continuamente, se encendieron en deseos por ellas y concibieron el acto ya en sus mentes. Se metamorfosearon en hombres y se aparecieron a ellas cuando estaban con sus maridos. Las mujeres sintieron interiormente atracción hacia tales imágenes y engendraron gigantes. Los Vigilantes, en efecto, se les aparecieron con un tamaño que llegaba hasta el cielo (*TestRub* 5)[1].

Tómese este fragmento de *Testamento de Rubén* no solo como punto inicial sino también central del presente trabajo[2]. Aquel texto que, desde nuestra óptica actual, nos sacude por dentro y nos lleva a preguntarnos: «¿por qué el autor muestra esa consideración tan negativa de la mujer?», «¿por qué se la relaciona con la seducción y el engaño?», «¿por qué se la vincula con el mito de los Vigilantes?» En definitiva, un pasaje que nos invita reflexionar, que nos llama a la investigación. Pues el panorama del judaísmo antiguo es rico en figuras femeninas no siempre denostadas (véanse las heroínas bíblicas Judit o Esther, por ejemplo). Sin embargo, el pasaje es prueba de que ciertas mujeres sí han sido señaladas como elementos perversos tan solo por su condición femenina y criticadas por su comportamiento. Son aquellas relacionadas de alguna manera con los relatos referentes al origen del mal en el mundo: las mujeres de los Vigilantes y Eva. A ellas dedicaremos las siguientes páginas, deteniéndonos en el análisis de las fuentes, comparándolas con otras figuras femeninas seductoras (Pandora, la mujer de Putifar, Lilit), a fin de dilucidar si existe cierta evolución en el tratamiento de los personajes femeninos y su relación con el mal a lo largo de los siglos.

Para poder comprender bien el mensaje del pasaje anteriormente citado, como ocurre con todos los textos de la Antigüedad, el primer paso es situarnos en el contexto adecuado. *Testamento de Rubén* es parte integral de una obra más amplia, *Testamento de los Doce Patriarcas*. Se trata de un escrito apócrifo –no incluido en el canon bíblico– consistente en un conjunto de doce testamentos pseudoepigráficos

---

1. Los pasajes citados de *Testamento de los Doce Patriarcas* reproducen la traducción de Piñero (1987).

2. El presente capítulo retoma temas y contenidos ya abordados en mi tesis doctoral (García García 2018), si bien reorganizados, actualizados, resumidos y, en ciertas ocasiones, expandidos, especialmente en cuanto al análisis de la figura de Lilit en fuentes medievales se refiere.

atribuidos a cada uno de los doce hijos de Jaboc[3]. La redacción final de esta obra, situada generalmente entre los ss. II-III e. c., responde a la mano de redactores cristianos, si bien lo más probable es que su núcleo responda a un original judío palestinense datado alrededor del s. II a. e. c.[4]. Es decir, en un siglo en el que el pueblo judío lucha contra la dominación helenística –datamos la rebelión macabea contra el monarca seléucida Antíoco IV Epifanes entre los años 167 y 142 a. e. c.– y la apocalíptica judía se expande con fuerza en el ámbito judío.

Grosso modo, podríamos definir la apocalíptica como una corriente ideológica y literaria en la que la noción de dualismo y la creencia en el más allá[5] adquieren un peso fundamental[6]. Nos situamos, pues, en una época en la que la teoría de la retribución tradicional comenzaba a tambalearse: según la teodicea bíblica, Dios premia a los justos y castiga a los impíos por sus acciones. Sin embargo, ya en el libro de Job se constata el problema del justo sufriente, que no encaja en este esquema, típicamente deuteronomista. Tal y como apunta Sacchi, la apocalíptica judía otorga una perspectiva diferente, pues «un problema parece recorrer la apocalíptica judía en toda su larga historia, y es el problema del mal, visto no como transgresión y consecuencia de la transgresión, sino como realidad preexistente al hombre singular» (1990a: 167; trad. Blanco 2013: 56). Por ello, no es de extrañar que su primera obra,

---

3. El hecho de que un escrito fuera finalmente descartado del canon bíblico no implica que, en el momento de su composición y difusión, fuera necesariamente mal considerado. De hecho, las citas que conservamos de ciertos apócrifos en el Nuevo Testamento y las fuentes rabínicas nos llevan a pensar que, al contrario, eran obras apreciadas y cuyo contenido tenía cierta consideración entre la población, o al menos en ciertos sectores.

4. La datación y lugar de composición de los *Testamentos de los Doce Patriarcas* han suscitado un amplio debate en el seno académico (*vid*. Piñero 1987: 18-20). No obstante, entre los manuscritos del mar Muerto se encuentran un *Leví Arameo* y un *Testamento Hebreo de Neftalí* que bien pudieran haber sido las fuentes de los testamentos conservados por la tradición cristiana y prueban que este tipo de composiciones existían ya en los últimos siglos anteriores al cambio de era (VanderKam 1995: 144).

5. Podría resultar paradójico al lector que el judaísmo se enfrente políticamente en esta época al poder helenístico al mismo tiempo que el dualismo y la creencia en el más allá irrumpen entre sus creencias gracias, justamente, a la influencia helenística. El helenismo supone un continuo cultural que posibilita un permanente flujo de ideas y de contactos culturales entre los pueblos. No obstante, hay que tener en cuenta que las nociones griegas y orientales que se introducen en esta época en el pensamiento judío no siempre fueron tenidas como influencias externas por los propios judíos, sino como desarrollos propios. Además, la helenización de la población se da en diversos grados y a diferentes niveles según el grupo de población. Para mayor información sobre la helenización de Palestina durante la dominación grecorromana, *vid*. García García (2015).

6. Para una definición consensuada de la apocalíptica como género literario, *vid*. Collins (1979: 9) y la adenda posterior en Yarbro Collins (2011).

1 Enoc[7] o *Enoc etiópico*[8], sea la que nos ofrezca una primera explicación al origen del mal en el llamado «Libro de los Vigilantes» (*1 En* 1-36, s. III a. e. c.).

2. De secundarias a protagonistas: las mujeres de los Vigilantes

En lugar de atribuir la existencia del mal directamente a Dios –lo que chocaría con su caracterización de Dios único, perfecto y bondadoso– el *Libro de los Vigilantes* recurre a la «caída» de los seres celestiales más cercanos a la divinidad: los ángeles. En concreto, la de un grupo de ángeles de la categoría de los Vigilantes, que no son sino los ángeles custodios o ángeles de la guarda.

Según el mito de los Vigilantes contenido en *1 En* 6-16[9], un grupo de Vigilantes contempla a las bellas mujeres desde el cielo y decide bajar a la tierra (sin el permiso divino). Se unen sexualmente a las mujeres, a las que revelan una serie de conocimiento y dejan encintas, dando origen a los gigantes, que devoran todo a su paso. Son los primeros causantes del mal en el mundo. Ante la calamitosa situación en la tierra, los arcángeles[10] denuncian la situación ante Dios, quien decide enviar el diluvio y manda encadenar a estos vigilantes bajo los collados de la tierra hasta que llegue el día del Juicio Final, cuando serán arrojados al abismo de fuego, donde permanecerán eternamente. Su descendencia, los gigantes, será aniquilada. La misión de Enoc –el patriarca antediluviano que da nombre al apócrifo– es avisar a los Vigilantes de su castigo inminente. Aunque estos piden su ayuda y Enoc escribe

---

7. Llamado así para diferenciarlo de otras obras relacionadas con Enoc, patriarca antediluviano identificado como padre de Matusalén y bisabuelo de Noé en Génesis 5: *2 Enoc* o *Enoc eslavo* y *3 Enoc*, también llamado *Enoc hebreo* o *Libro de los palacios*. Acerca de la figura de Enoc, su escaso tratamiento bíblico y su protagonismo en las fuentes apocalípticas, *vid.* Vegas Montaner (2006).

8. La datación de 1 Enoc es compleja, puesto que no estamos ante una obra unitaria sino que se trata de una compilación de materiales de diferente antigüedad. Sus escritos datan desde el s. III a. e. c. con el *Libro Astronómico* (*1 En* 72-82, seguramente el escrito apocalíptico más antiguo del que se dispone) hasta el s. I e. c. con el *Libro de las Parábolas* (*1 En* 37-71), pasando por el *Libro de los Vigilantes* (*1 En* 1-36, s. III a. e. c.), el *Libro de los sueños* (*1 En* 83-90, s. II a. e. c.) y la *Epístola de Enoc* (*1 En* 91-108, s. II a. e. c.). En cuanto al debate sobre la datación de cada una de sus partes, compárense, entre otros, Milik (1976: 89-107; 141); Sacchi (1990b: 47-48; 61-62; 114, n. 4); Aranda Pérez *et al.* (1996: 275-288); Boccaccini (1998: 70-71, 76-77); Reed (2005: 3); Nickelsburg y VanderKam (2012: 3-9) y Vegas Montaner (2014: 213-215).

9. Para un resumen más detallado de estos capítulos, *vid.* García García (2018: 33-44).

10. Identificados en este apócrifo con Miguel, Rafael, Gabriel y Uriel, si bien su nombre y número varían dependiendo de las fuentes judías.

un memorial de súplica, la sentencia es firme y los vigilantes son castigados. Sin embargo, los espíritus de los gigantes muertos van a quedar libres para tentar al hombre hasta la llegada del juicio final, produciendo de esta forma el mal en el mundo hasta nuestros días.

En inicio, por lo tanto, el papel de la mujer es casi completamente pasivo. Son los ángeles transgresores los que las observan desde las alturas, las desean, deciden bajar a la tierra, e incluso pronuncian un juramento para no dar marcha atrás en su decisión a sabiendas de que están cometiendo un acto que no va a ser bien visto a ojos de Dios (*1 En* 6,3-8). Sin embargo, incluso dentro del propio *Libro de los Vigilantes* vamos a poder constatar una tradición paralela, recogida brevemente en *1 En* 19,2: «Y sus mujeres, las que han seducido a los ángeles celestes, se convertirán en sirenas»[11].

Si bien esta no es la idea dominante en la narrativa general de *1 Enoc*, irá ganando terreno con el paso del tiempo en obras posteriores. Pues el contenido de *1 Enoc* fue mucho más allá de los límites de esta obra. De hecho, el conjunto de los *Testamentos de los Doce Patriarcas* puede considerarse como una de las obras que mejor ejemplifica el extenso alcance que tuvo la influencia de la tradición enóquica en la literatura judía de esta época, como ejemplifican *TestSim* 5,4; *TestLev* 10,5; 14,1; *TestDan* 5,6; *TestNef* 3; 4,1; *TestBen* 9,1; o 10,6 (VanderKam 1995: 144-147). No es de extrañar, por tanto, que nuestro texto de inicio –*TestRub* 5– recoja y amplíe la referencia a las mujeres de los Vigilantes. Como vimos en la introducción, las mujeres ya no se presentan en *Testamento de Rubén* como objetos pasivos, sino como elementos activos que atraen a los indefensos ángeles y provocan su perdición[12]. La argumentación en contra de las mujeres se sustenta sobre su implicación en un infame episodio: su unión sexual con los llamados Vigilantes y la aparición de los gigantes sobre la tierra. No obstante, el tema de la promiscuidad y de la fornicación impura no solo se relaciona en *TestRub* 5 con las mujeres de época antediluviana, aquellas unidas a los ángeles, sino que se va más allá de *1 En* 19,2. Se amplía el foco hasta la misma época del autor, de modo que todo el género femenino es descrito como perverso, lujurioso y maquinador, haciendo que el hombre se extravíe y caiga en el pecado.

---

11. En cuanto al texto de *1 Enoc*, se sigue la traducción al castellano de Corriente y Piñero (1984).

12. El hecho de que los Vigilantes se metamorfoseen en hombres para unirse a las mujeres en *TestRub* 5 (un elemento no encontrado en *1 Enoc*) podría recordar en cierto modo a los mitos de la literatura greco-latina según Delcor (1976: 44-45). Retomaremos la posible influencia de la mitología griega en los relatos de la apocalíptica judía acerca del origen del mal en el siguiente epígrafe.

Además, el motivo de la seducción no es ajeno a otras obras pertenecientes al ciclo de los *Testamentos de los Doce Patriarcas*. Tomemos como ejemplo el *Testamento de José*, en el que se describe cómo este patriarca es acosado por la mujer de Putifar mediante engaños, trucos de seducción y chantajes varios (*cf.* Gén 39,7-20). Se trata de un relato que responde muy bien a los esquemas de la literatura helenística, en especial al tópico del hombre justo acechado por la mujer perversa. Al igual que en *TestRub* 5, este apócrifo también contiene críticas al uso de adornos y maquillajes como elementos que llevan a la proliferación de la promiscuidad y al pecado del hombre: «Cuando yo estaba en su casa, ella descubría sus brazos, su pecho y las piernas para que yaciera con ella. Era muy hermosa y se adornaba con esmero para seducirme, pero el Señor me protegía de sus intentos» (*TestJos* 9,5).

Adornamiento por un lado, desnudez por otro. La visión de la mujer desnuda también va a ser usual en la literatura de la época como motivo de incitación al pecado sexual. Ejemplo de ello es *Jubileos*, relectura bíblica fechada en el s. II a.e.c.[13], que bien se cuida cubrir la recién percibida desnudez de Eva en el paraíso antes de que Adán tome del fruto y adquiera el discernimiento entre bien y mal, salvando al primer hombre de cualquier afrenta posible (*Jub* 3,21). También recurrirá al motivo de la desnudez al hablar sobre otro de los doce hijos de Jacob, Rubén: «Rubén vio a Bala, sirvienta de Raquel y concubina de su padre, mientras se bañaba en el agua en sitio oculto, y le gustó» (*Jub* 33,2)[14]. Asimismo, el *Testamento de Rubén* utilizará palabras similares en su tratamiento del patriarca, subrayando que todos los males de Rubén son consecuencia inequívoca de su unión impura con Bala[15]: «Si yo no hubiera visto a Bala bañándose en un lugar apartado, no habría caído en tan gran impiedad. Desde que mi mente concibió la desnudez femenina, no me permitió conciliar el sueño hasta que cometí la abominación» (*TestRub* 3,11-12). Y hablando de mujeres en el baño[16], cómo olvidar la historia de Susana en Dan, también datada alrededor del s. II o I a.e.c. Por lo tanto, podemos concluir que los motivos de seducción y adornamiento interesado de las mujeres que llevan al pecado del hombre son usuales entre las fuentes del período helenístico. No es de extrañar entonces que, tras una inicial

---

13. Acerca de la datación de *Jubileos*, *vid.* Corriente y Piñero (1983: 69-70); VanderKam (1995: 117; 2001: 21); Nickelsburg (2005²: 73-74) y Reed (2005: 87).

14. Los pasajes citados de *Jubileos* reproducen la traducción de Corriente y Piñero (1983).

15. Tal y como aparece en la Septuaginta y los apócrifos mencionados, si bien su nombre en el texto de la Biblia hebrea es Bilhah.

16. Un motivo literario que, en realidad, no está presente en el texto bíblico de Gén 35,22, sino que aparece en relación con el rey David en 2 Sam 11.

pasividad, las mujeres de los Vigilantes mostraran una mayor actividad y adquirieran cierta responsabilidad respecto a la transgresión angélica al verse identificadas con una caracterización frecuente de las figuras femeninas.

3. El posible influjo de la mitología griega: Prometeo y Pandora

Retomando la cita de *1 En* 19,2, a las mujeres seductoras que llevan a la perdición a los Vigilantes les espera un castigo divino: se convertirán en sirenas. El pasaje es ciertamente problemático, pues si bien el texto griego de *1 Enoc* indica «sirenas», en el texto etiópico aparece el calificativo «pacíficas» –que no parece encajar en el contexto– y no conservamos ningún fragmento arameo de Qumrán en el que podamos dilucidar cuál sería el vocablo original (*vid*. Santos Carretero 2017). No obstante, dejando a un lado la identificación exacta de este término, lo cierto es que su comparación con el conocido monstruo de la mitología griega puede resultar interesante. Tal y como refleja el canto XII de la *Odisea* de Homero, las sirenas se describen como seres femeninos que traen la perdición al hombre que se deja seducir. El papel seductor que las sirenas aquí ejercen, tentando al género humano a través de la palabra, prometiéndole un mayor conocimiento, nos hace volar la imaginación hacia otra tradición judía que también va a estar presente en las obras de esta época: el relato de Adán y Eva, donde tanto la serpiente/Satán como la primera mujer ostentan en ciertos pasajes un rol similar.

Sin embargo, si hay un mito griego con el que se haya comparado el mito de los Vigilantes es el de Prometeo y Pandora (*vid*. Nickelsburg 1977), que encontramos en su primera versión por escrito en las obras *Teogonía* y *Trabajos y Días* de Hesíodo (finales s. VIII a. e. c.). En origen es un mito etiológico que explica la costumbre de comer la carne de los animales sacrificados y ofrecer a los dioses huesos y grasa a través de un engaño a Zeus por parte del titán Prometeo (Bernabé 2008: 296). Como castigo, Zeus niega el fuego a los hombres, pero este será robado por Prometeo en beneficio de la humanidad. Según una tragedia posterior, *Prometeo encadenado* (s. V a. e. c.)[17], el fuego no es un fin sino un medio para obtener ciertas artes, que curiosamente coinciden casi completamente con aquellas reveladas por los Vigilantes a las mujeres en *1 En* 8: astrología y adivinación; prácticas mágicas y curativas; y

---

17. Obra tradicionalmente atribuida a Esquilo, si bien se duda sobre su autoría (García Gual 1979: 123).

metalurgia. En el caso de *1 En* 8, también se incluyen la cosmética y adornamiento femenino un tipo de conocimiento claramente denunciado por su potencial carácter corruptor (como hemos visto, podría incitar a la fornicación lujuriosa e impura) que no podría aparecer en el mito griego, puesto que la mujer aún no ha sido creada. De hecho, esta es la respuesta de Zeus a la segunda transgresión de su voluntad: la creación de la primera mujer, modelada con gran belleza. En este relato, las dos obras de Hesíodo muestran una importante divergencia. *Teogonía* se preocupa más por el ámbito divino, destacando la victoria de Zeus sobre el titán, por lo que se incide más en el sacrificio y el rapto del fuego y simplemente se presenta a la mujer como un nuevo ser creado, el mal personificado en cuanto origen del género femenino. Por su parte, en *Trabajos y Días*, se busca subrayar las consecuencias para los humanos de estas idas y venidas de Zeus y Prometeo. El poeta trata de justificar la existencia del mal y del duro trabajo como único medio de subsistencia en un mundo regido, sin embargo, por el providente Zeus. Y, por ello, Pandora –a la que se da un nombre propio en esta obra– será quien disemine los males por el mundo al abrir la tapa de la jarra que los dioses le han dado (García Gual 1979: 32).

No vamos a negar que existen notables diferencias entre los relatos judíos y el mito griego. No obstante, podemos afirmar que existen ciertas similitudes no solo entre el mito de Prometeo y Pandora y el de los Vigilantes, sino también con el relato de Adán y Eva. En los tres casos, el mal se presenta como un castigo merecido, como el pago dado por Zeus a un intento de violar el orden establecido de manera paralela a la violación de los vigilantes de la división de las esferas celeste y terrestre o la violación de la orden divina de no tomar del fruto de la ciencia del bien y del mal en el Edén. Dado el contexto histórico en que surge la apocalíptica, no sería descabellada la idea de una posible influencia de este mito griego en la cultura judía, puesto que además de cierta adquisición de conocimiento –revelaciones específicas de artes y técnicas en el caso de los vigilantes y de Prometeo, o discernimiento entre bien y mal en el caso del fruto prohibido a Adán y Eva– estas tres tradiciones muestran en común también la inclusión de un elemento femenino, presentándose la mujer en todos los casos como un elemento activo y esencial en la introducción del mal en el plano terrestre y el empeoramiento de las condiciones de vida de los hombres.

4. La primera mujer: Eva

Pasemos de una «primera mujer» a otra «primera mujer». De Pandora a Eva. Pues la primera mujer bíblica no recibe una consideración más severa que su marido en el relato del Edén recogido en Gén 3, pero sí en ciertos pasajes de la literatura de época helenística[18]. Muy debatida ha sido la afirmación de Sir 25,24, que en el s. II a. e. c. establece: «De la mujer <procede> el principio del pecado: por ella morimos todos»[19]. Sin embargo, si se tiene en cuenta el conjunto de Sir 25,15-26, es fácil constatar que el pasaje en que se introduce esta referencia a Eva no habla de la creación o del Edén, sino que ofrece una crítica pormenorizada a las mujeres. Aunque en ocasiones se incluyan consideraciones positivas sobre la buena esposa, por lo general, Eclesiástico o Sabiduría de Ben Sira muestra una concepción bastante negativa del género femenino, advirtiendo a los hombres sobre los peligros de cometer uniones impuras a causa de su belleza, así como de caer en la perdición a causa de una hija libertina o una esposa malvada[20]. Por ello, podría interpretarse que este versículo no constituye un ataque a la primera mujer en particular –de hecho, sería el único pasaje en el que se subraye la responsabilidad de Eva–, sino a cualquier mala esposa que acarrea sufrimientos a su marido.

Más clara es la mención a Eva por parte de Filón de Alejandría. Destacado autor judeohelenístico del cambio de era, Filón se caracteriza por aunar la tradición judía y la filosofía griega para dar lugar a una interpretación alegórica de las Escrituras. En su obra *La creación del mundo según Moisés* recoge referencias al mito adánico, donde la mujer –cuyo carácter es pobre y su concepción, negativa– es señalada como culpable de la transgresión. Según la interpretación alegórica proporcionada por Filón en esta obra, la serpiente del Edén representa el placer, el cual, a través de la mujer (los sentidos) logra engañar al hombre (el intelecto, *vid. Op.Mund.* 156)[21]. En ese sentido, el placer sexual «es el principio de actos impuros y transgresiones, a causa del cual se cambia la vida inmortal y feliz por la mortal y desdichada» (*Op.Mund.* 152). La mujer, como instrumento del placer que tienta al hombre, que lo

---

18. Si bien no es el único protagonista enfatizado, como ejemplifican el corazón maligno de Adán en *4 Esdras* o la inclusión de una figura satánica tras la serpiente en fuentes como *Vida de Adán y Eva*, que abordaremos veremos más adelante.

19. Las citas bíblicas reproducen la traducción española de Cantera e Iglesias (2003³).

20. *Cf.* Sir 7,19; 7,24-26; 9,1-9, 19,2; 22,3-5; 26; 42,9-14.

21. Los textos de Filón aquí recogidos reflejan la traducción de Martín (2009-2016).

seduce, se concibe entonces como la causa de sus penurias: «El principio de la vida culpable llega a ser para él [el hombre] la mujer» (*Op.Mund.* 151).

La inferioridad de la mujer, que se ha dejado engañar, es señalada también en los dos únicos versículos del Nuevo Testamento que aluden a Eva: 2 Cor 11,3, donde se establece que «la serpiente sedujo a Eva con su astucia», sin tomar en consideración a Adán; y 1 Tim 2,13, incluido en una interesante reflexión sobre el papel de la mujer:

> Del mismo modo también [las] mujeres con un porte modesto; que se arreglen con pudor y moderación, no a base de cabellos ensortijados, ni de oro, o perlas, o vestidos muy costosos, sino con buenas obras, [que es] lo que conviene a mujeres que hacen profesión de religiosidad. Que [la] mujer aprenda en silencio, con toda sumisión; no permito que [la] mujer enseñe ni se arrogue autoridad sobre el varón, sino que está en silencio. Pues Adán fue formado primero; Eva, después; y Adán no fue engañado; en cambio, la mujer, dejándose engañar, cayó en transgresión; pero se salvará por la maternidad, con tal que persevere en [la] fe, en [la] caridad, y en [la obra de su] santificación con moderación (1 Tim 2,9-15).

De nuevo, retomamos las críticas a la cosmética y el adornamiento femenino, vinculadas en esta ocasión a Eva. De ella se ensalza su papel de madre, de modo que la procreación –que no seducción lujuriosa– se presenta como elemento positivo, e incluso salvífico, del género femenino. En contraste, su falta en el paraíso se erigirá como justificación de su situación de inferioridad respecto al hombre en la sociedad patriarcal.

Dicho esto, algunas fuentes incluyen un segundo personaje en su narrativa que ayuda a mitigar, en cierta medida, la responsabilidad de Eva. Se trata de la figura satánica, escondida tras la serpiente del Edén, cuya función es la de engañar a la primera mujer, como muestran *2 Enoc* 11,73-79 o *Apocalipsis de Abraham* 23,1-8. No obstante, si hay una obra que destaque en cuanto a su descripción pormenorizada de las acciones de Eva dentro y fuera del Edén es *Vida de Adán y Eva*[22]. En ella, el diablo

---

22. Mucho se ha debatido acerca de la datación de las versiones griega y latina de *Vida de Adán y Eva*. La versión griega –también conocida como *Apocalipsis de Moisés* debido a la edición de Konstantin von Tischendorf en 1866, que toma dicho título de la *superscriptio* de uno de los manuscritos griegos conservados– suele datarse en torno a la segunda mitad del s. I e. c., utilizando probablemente materiales anteriores a la caída del Segundo Templo en el año 70 e. c. (acontecimiento al que no hace alusión alguna). Es difícil establecer cuál es el tipo de relación literaria que posee con la recensión

consigue embaucar a la mujer aprovechando un momento en el que se encuentra sola en el jardín del Edén, cuando los ángeles que la guardan han tenido que subir a adorar al Señor, motivo ausente en su narración de base, Gén 3:

Adán le respondió [a Set]: «Cuando Dios nos hizo a vuestra madre y a mí –por su culpa me estoy muriendo–, nos entregó todas las plantas del paraíso, pero nos prohibió comer de una que es mortal. Llegó el momento a los ángeles que guardan a vuestra madre de subir y adorar al Señor. El enemigo le dio, y comió del árbol en cuanto supo que ni yo ni los santos ángeles estábamos junto a ella. Acto seguido, me dio de comer también a mí» (*AdEvGr* 7)[23].

Esta acusación por parte de Adán –repetida también en *AdEvGr* 14; 21 y *AdEvLat* 44– también será puesta en boca de la figura satánica cuando intente atacar a Set en *AdEvGr* 11, así como en el texto paralelo de *AdEvLat* 38. Además, la propia Eva se autoproclamará culpable de la enfermedad y muerte de su marido en *AdEvGr* 9 y *AdEvLat* 35. También será la única responsable de la salida de la humanidad del paraíso y de la pérdida del favor divino, motivo por el cual intenta alejarse de su marido y llega incluso a pedirle que acabe con su vida: una acción que iría de nuevo en contra de la voluntad divina y a la que su marido se niega en *AdEvLat* 3. Será tras la muerte de Adán cuando Eva pronuncie las palabras más duras acerca de su transgresión:

Eva se incorporó, salió fuera e, hincándose en tierra, decía: «He pecado, Dios, he pecado, padre de todas las cosas, he pecado contra ti, he pecado contra tus ángeles elegidos, he pecado contra los querubines, he pecado contra tu trono inconmovible; he pecado, Señor, he pecado mucho, he pecado delante de ti, y todo el pecado en la creación ocurrió por mi culpa» (*AdEvGr* 32).

---

latina, que coincide aproximadamente en la mitad de su contenido, pero dobla su extensión, adjuntando diferentes tradiciones de origen judío y reelaboraciones cristianas. El texto latino no aporta datos que reflejen su fecha de composición, por lo que se suelen barajar fechas entre los ss. I al IV e.c. Ahora bien, el material judío contenido en esta versión es generalmente considerado tan antiguo como el de la versión griega (*vid.* Fernández Marcos 1983: 320; Aranda Pérez *et al.* 1996: 347-348 y 352; y Vegas Montaner 2014: 225-226).

23. Para las citas de *Vida de Adán y Eva* se recoge la traducción española de Fernández Marcos (1983).

La afirmación de Eva parece presentar a la mujer no solo como la causa de la perdición de su marido –perdonado y ensalzado por Dios tras su muerte– sino como origen de todo pecado posterior, es decir, como causa original del mal moral en el mundo, si bien la referencia es demasiado breve como para establecer una conclusión firme. Sea como fuere, resulta llamativo cómo en todos los pasajes de *Vida de Adán y Eva* mencionados la responsabilidad de Eva es subrayada sin tener en cuenta que, tanto en la narrativa original de Gén 3 como en el propio apócrifo, la mujer había sido tentada y engañada por la serpiente/Satán[24] para que tomara del fruto prohibido. Además, según la misma obra, Adán también toma del fruto voluntariamente. Aunque en estas citas no se nombre específicamente, el hecho de que sea Eva quien convenza o engañe a Adán para comer del fruto evoca de nuevo el motivo de la seducción y manipulación femeninas más usual en los relatos ligados al mito de los Vigilantes.

5. ¿Y si Eva no fue la primera mujer? La figura de Lilit

Por último, me gustaría mencionar brevemente cómo esta consideración negativa de los elementos femeninos no solo se circunscribe a la apocalíptica judía y otros escritos contemporáneos, sino que perdura en el tiempo. Ejemplo de ello es *Pirqé Rabbí Eliezer* (o los *Capítulos de Rabbí Eliezer*), una obra atribuida a Rabbí Eliezer ben Hyrqanos, un famoso maestro del s. I e. c., si bien se trata de un midrás medieval cuya fecha de redacción se estima hacia el s. IX. En su decimotercer capítulo nos habla del episodio edénico y de cómo la serpiente (tras la que se esconde Sammael, la potencia satánica) embauca a la mujer, incitándola a tocar el árbol prohibido. Al hacerlo, Eva ve al ángel de la muerte y, temiendo las repercusiones de su acción, exclama: «Acaso yo muera ahora, y el Santo, bendito sea, hace otra mujer para dársela a Adán. ¡Tengo que hacerle comer conmigo! Que si morimos muramos los dos, y si vivimos vivamos los dos» (PRE 13,3; *cf.* ARNb 1,10)[25]. De esta manera, decide condenarse no solo a sí misma, sino arrastrar a Adán también consigo.

---

24. También en *TestJos* 7,4 es el espíritu maligno –en este caso, Belial– quien se esconde en realidad detrás de las maquinaciones, engaños y seducciones de la mujer de Putifar, al igual que hace Satán a través de la serpiente y de Eva.

25. Se recoge aquí la traducción española de Pérez Fernández (1984).

El miedo de Eva a que Adán tome otra esposa es, en cierta medida, irónico, pues aunque ni en la Biblia ni en la literatura apócrifa se recoja, sí que tenemos fuentes posteriores que nos aseguran que Eva es, en realidad, la segunda mujer de Adán. Su primera mujer se identifica con Lilit, un término que aparece una única vez en Is 34,14 y que suele relacionarse bien con una clase de demonio de origen mesopotámico o bien con algún tipo de ave dado el contexto de la mención.

Numerosas son las menciones extrabíblicas a la figura de Lilit. En el conjunto de los textos de Qumrán podemos encontrarla en los *Cánticos del Sabio* (4Q510-511), donde aparece en una lista de ángeles de destrucción y espíritus bastardos que atormentan al hombre, mientras que 4Q560 (*Exorcismo arameo*) y 11Q11 (*Salmos apócrifos*) contienen hechizos o encantamientos en contra de dicha figura. También encontramos el término Lilit en el Talmud de Babilonia, donde destacan *Šabbat* 151b (como un demonio femenino nocturno), *'Erubin* 100b (donde las maldiciones al género femenino por el episodio edénico incluyen que le crecerá largo pelo como a Lilit, un demonio; además de servir de almohada a su marido en las relaciones sexuales) y *Niddah* 24b (donde se relaciona con un feto abortado). También en los *midrashim* tiene cabida, como ejemplifica *NúmRab* 16,25, donde Moisés ruega a Dios no llegar a ser como Lilit, que mata a sus propios hijos.

Ahora bien, la primera vez que se recoge la historia de Lilit en las fuentes judías –como narración hilada, no menciones sueltas como en los casos anteriores– será en la Semblanza de *Alfabeta de Ben Sirá*, datada generalmente entre los ss. IX-X:

Cuando creó el Santo, bendito sea, al primer hombre en solitario se dijo: *No es bueno que el hombre esté solo* [Gén 2.18] y le creó una mujer de la tierra como él, a la que llamó Lilit. En seguida empezaron a pelearse uno con otro. Ella decía: «Yo no me acuesto debajo», y él replicaba: «[Pues] yo [tampoco] me acuesto debajo sino encima, que a ti te corresponde estar abajo y a mí encima». A lo que argumentaba ella: «Los dos somos iguales, que los dos procedemos de la tierra»; y no se escuchaban uno al otro. Cuando Lilit vio [aquello], pronunció el Nombre inefable y echó a volar por el aire del mundo (*ABS* I.E.5)[26].

Ante esta situación, Adán se queja ante la divinidad de que su esposa ha huido, por lo que Dios decide enviar a tres ángeles para hacerla regresar. En caso de no obedecer, su castigo será ver morir a cien de sus hijos (demoníacos, se entiende) cada día. Expuestas las posibilidades, la primera esposa de Adán acepta la pena y

---

26. La cita corresponde a la traducción del texto hebreo proporcionada por Romero (2001).

decide quedar libre, debilitando a los recién nacidos a menos que porten un amuleto. En opinión de Kosior (2018), esta historia retoma algunos motivos relacionados previamente con Eva en diferentes fuentes rabínicas, que se asimilan ahora a la figura demoniaca, que pasa a convertirse en la primera malvada mujer de Adán. Lilit es desde entonces vista como una versión perversa de la madre de todos los seres: da a luz legiones de demonios, de los que cien mueren cada día, a la vez que dificulta las tareas de cuidado de las madres, actuando en contra de los recién nacidos. De nuevo, la mujer que actúa libremente es tildada de perversa.

A modo de conclusión

En un artículo de 1993, Natalio Fernández Marcos remarcaba que, en estos escritos de época helenística:

> [...] los personajes masculinos del Antiguo Testamento, aunque parcialmente humanizados, no han perdido del todo su carácter heroico. Pero buena parte de los personajes femeninos se ven envueltos en las especulaciones sobre el origen del mal, y pasan de una responsabilidad compartida con el hombre, a ser la causa principal de los desórdenes sociales y del pecado (Fernández Marcos 1993: 284-285).

Esta marcada misoginia a ojos de la sociedad actual responde al contexto de una sociedad patriarcal en el ámbito medio-oriental. La sociedad judía en torno al cambio de era, al igual que su entorno, mostraba poca consideración en relación con la mujer. Su valor residía más que nada en su fecundidad y su papel como procreadora, como ha ejemplificado el comentado pasaje de 1 Tim 2,9-15 o podría deducirse de Sir 42,9-14. Según el ideal de la época, la mujer debe mantenerse lo más alejada posible del mundo exterior, sometida siempre a la potestad del padre o del esposo (Jeremias 1985^3: 387; Frymer-Kensky 1992: 121). Los escritos presentados en este epígrafe encajan a la perfección como justificación de este orden social: la mujer, perversa por naturaleza, ha de quedar siempre en segundo plano, vigilada por el hombre y alejada de asuntos importantes por motivos de seguridad.

No obstante, además de posibles causas sociales, debe destacarse que el judaísmo de la época va a dar una importancia cada vez mayor según qué círculos a la pureza. A través de un proceso gradual, lo impuro pasa a identificarse con lo moralmente incorrecto, de ahí que los textos muestren una concepción negativa de la sexualidad más allá de la mera unión marital con fines procreativos. Esta concepción lleva a una visión del pecado sexual –tal y como parece presentarse en el mito de los vigilantes, o su mera propiciación con la imagen de la mujer seductora– como la más grave de todas las faltas (*vid.* Boccaccini 1991: 206)[27].

---

27. De hecho, la Septuaginta llega en esta época a alterar el orden canónico de los mandamientos, anteponiendo el adulterio antes que el asesinato y el robo en la lista de pecados contra el prójimo (Éx 20,13-15; Deut 5,17-19).

Bibliografía

Aranda Pérez, Gonzalo *et al.* (1996): *Literatura judía intertestamentaria.* Estella: Verbo Divino.

Bernabé, Alberto (2008): *Dioses, héroes y orígenes del mundo. Lecturas de mitología.* Madrid: Abada.

Blanco, Carlos (2013): *El pensamiento de la apocalíptica judía. Ensayo filosófico-teológico.* Madrid: Trotta.

Boccaccini, Gabriele (1991): *Middle Judaism: Jewish thought, 300 B.C.E. to 200 C.E.* Minneapolis: Fortress Press.

Boccaccini, Gabriele (1998): *Beyond the Essene Hypothesis: The Parting of the Ways between Qumran and Enochic Judaism.* Grand Rapids / Michigan / Cambridge, U. K.: William B. Eerdmans.

Cantera Burgos, Francisco y Manuel Iglesias González (eds.) (2003³): *Sagrada Biblia. Versión crítica sobre los textos hebreo, arameo y griego.* Madrid: Biblioteca de Autores Cristianos.

Collins, John Joseph (ed.) (1979): *Apocalypse: The Morphology of a Genre.* Missoula, MT: Scholars Press.

Corriente, Federico y Antonio Piñero (1983): «Libro de los Jubileos. Traducción de la versión etiópica», en Alejandro Diez Macho (ed.), *Apócrifos del Antiguo Testamento. Tomo II.* Madrid: Ediciones Cristiandad, 67-193.

Corriente, Federico y Antonio Piñero (1984): «Libro 1 de Henoc (Etiópico y griego)», en Alejandro Diez Macho (ed.), *Apócrifos del Antiguo Testamento. Tomo IV: Ciclo de Henoc.* Madrid: Ediciones Cristiandad, 13-143.

Delcor, Mathias (1976): «Le mythe de la chute des anges et de l'origine des géants comme explication du mal dans le monde, dans l'apocalyptique juive. Histoire des traditions», *Revue de l'histoire des religions,* 190, 1, 3-53.

Fernández Marcos, Natalio (1983): «Vida de Adán y Eva (Apocalipsis de Moisés)», en Alejandro Diez Macho (ed.), *Apócrifos del Antiguo Testamento. Tomo II.* Madrid: Ediciones Cristiandad, 317-352.

Fernández Marcos, Natalio (1993): «Exégesis e ideología en el judaísmo del s. I. Héroes, heroínas y mujeres», *Sefarad: revista de estudios hebraicos y sefardíes,* 53, 2, 273-288.

Frymer-Kensky, Tivka (1992): *In the Wake of the Goddesses: Women, Culture and the Biblical Transformation of Pagan Myth.* Nueva York: Fawcett Columbine.

García García, Esperanza Macarena (2013): *La helenización de Palestina en época del Segundo Templo* [trabajo fin de máster]. Madrid: Universidad Complutense de Madrid. Disponible en https://docta.ucm.es/entities/publication/6e1c4903-73f9-4f87-b5b0-43b0f32288e4

García García, Esperanza Macarena (2018): *El origen del mal en la apocalíptica judía: evolución, influjos, protagonistas* [tesis doctoral]. Madrid: Universidad Complutense de Madrid. Disponible en https://docta.ucm.es/entities/publication/779a59f4-279f-434c-8e33-b3c9b011fd7f

García Gual, Carlos (1979): *Prometeo: mito y tragedia.* Madrid: Ediciones Peralta.

Jeremias, Joachim (1985³): *Jerusalén en tiempos de Jesús.* Madrid: Ediciones Cristiandad.

Kosior, W. Wojciech (2018): «A Tale of Two Sisters: The Image of Eve in Early Rabbinic Literature and Its Influence on the Portrayal of Lilith in the Alphabet of Ben Sira», *Nashim: A Journal of Jewish Women's Studies & Gender Issues,* 32, 112-130.

Martín, José Pablo (dir.) (2009-2016): *Filón de Alejandría. Obras Completas.* Madrid: Trotta.

Milik, Jozef T. (1976): *The Books of Enoch: Aramaic Fragments of Qumrân Cave 4.* Óxford: Clarendon Press.

Nickelsburg, George W. E. (1977): «Apocalyptic and Myth in 1 Enoch 6-11», *JBL* 96, 3, 383-405.

Nickelsburg, George W. E. (2005²): *Jewish Literature between the Bible and the Mishnah. A Historical and Literary Introduction.* Mineápolis: Fortress Press.

Nickelsburg, George W. E. y James C. VanderKam (2012): *1 Enoch. The Hermeneia Translation.* Mineápolis: Fortress Press.

Pérez Fernández, Miguel (1984): *Los Capítulos de Rabbí Eliezer. Versión crítica, introducción y notas.* Valencia: Institución S. Jerónimo para la investigación bíblica.

Piñero, Antonio (1987): «Testamentos de los Doce Patriarcas», en Alejandro Diez Macho (ed.), *Apócrifos del Antiguo Testamento. Tomo V: Testamentos o discursos de adiós.* Madrid: Ediciones Cristiandad, 11-158.

Reed, Annette Yoshiko (2005): *Fallen Angels and the History of Judaism and Christianity: The Reception of Enochic Literature.* Cambridge: Cambridge University Press.

Romero, Elena (2001): *Andanzas y prodigios de Ben-Sirá. Edición del texto judeoespañol y traducción del texto hebreo.* Madrid: Consejo Superior de Investigaciones Científicas.

Sacchi, Paolo (1990a): *L'apocalittica giudaica e la sua storia.* Brescia: Paideia.

Sacchi, Paolo (1990b): *Jewish Apocalyptic and its History.* Sheffield: Sheffield Academic Press.

Santos Carretero, Carlos (2017): «Víctimas, tentadoras y… ¿sirenas? Las mujeres que sedujeron a los ángeles en Génesis 6 y 1Henoc», en José J. Martínez García *et al.* (eds.), *Oriente y Occidente en la Antigüedad. Actas del III Congreso Internacional de Jóvenes Investigadores del Mundo Antigüo (CIJIMA II).* Murcia: Centro de Estudios del Próximo Oriente y la Antigüedad Tardía, 511-524.

VanderKam, James C. (1995): *Enoch: A Man for All Generations.* Columbia, Carolina del Sur: University of South Carolina Press.

VanderKam, James C. (2001): *The Book of Jubilees.* Sheffield: Sheffield Academic Press.

Vegas Montaner, Luis (2006): «Enoc, viajero celeste más allá de la muerte», *Revista de Filología Románica. Anejo IV,* 43-58.

Vegas Montaner, Luis (2014): «Literatura entre la Biblia y la Misná», en Guadalupe Seijas (dir.), *Historia de la literatura hebrea y judía.* Madrid: Trotta, 209-241.

Yarbro Collins, Adela (2011): «Apocalypse Now: The State of Apocalyptic Studies Near the End of the First Decade of the Twenty-First Century», *The Harvard Theological Review,* 104, 4, 447-457.

«NO LO HAGÁIS PORQUE VIENE EL APOCALIPSIS». EROS Y ¿CIVILIZACIÓN? EN EL JUDAÍSMO Y CRISTIANISMO ANTIGUOS

Andrés Piquer Otero

UNIVERSIDAD COMPLUTENSE DE MADRID

Resumen:

El presente artículo se centra en el tratamiento de la desviación de la norma sexual como un elemento recurrente en discursos judeocristianos de carácter escatológico, desde la literatura apocalíptica judía de los últimos siglos antes del cambio de era hasta algunas ramificaciones rabínicas y, especialmente, su uso en la apocalíptica del primer cristianismo y de obras tardoantiguas, señaladamente el Apocalipsis de Pseudo-Metodio. El análisis de los textos permite definir algunos patrones recurrentes que se traducen en una aversión religiosa hacia cualquier posibilidad (real o mítica) de abandono de los roles de género y las identidades sexuales definidas por una norma heteropatriarcal. Dichas desviaciones se constatan tanto en los momentos fundacionales como en las visiones del final de los tiempos y, por ello, forman parte de un proto-discurso biopolítico arraigado en lo tradicional.

Palabras clave: Apocalíptica, judaísmo, sexo, Génesis, pseudoepígrafos, Pseudo-Metodio.

1. Introducción

El título de esta contribución arranca de un matrimonio peculiar: por un lado, un *leit motiv* de una obra fundamental en la literatura del Segundo Templo, los *Testamentos de los Doce Patriarcas*; por otro el título del libro de Herbert Marcuse, *Eros and Civilization: A Philosophical Inquiry into Freud* (Marcuse 1955), que tuvo un impacto notable en la cultura (y la contracultura) de la segunda mitad del siglo XX. Aunque hoy en día la obra de Marcuse se puede ver como superada –o más bien enriquecida– por el desarrollo de otros análisis sobre el rol de lo político en la construcción de lo sexual, me ha parecido interesante rescatarla, al menos en espíritu, tanto por lo fresco de su argumentación como por su diálogo con Freud que constituye, como bien saben, un punto de encuentro innegable entre la tradición judía y el pensamiento contemporáneo. Si un texto de Freud como *Der Mann Moses und die monoteistische Religion* (Freud 1939) puede entenderse fácilmente como un midrash del siglo XX[1], tampoco sería descabellado aproximarse a *Eros y civilización* como un comentario-actualización de dicha obra con una óptica programática bien conocida y fruto del interés marcusiano por la construcción sociopolítica contemporánea. En este senti-do, planteo dos posibles niveles de lectura: por un lado, entender sin duda que el psi-coanálisis (por mucho que insostenible como modelo científico) se ha constituido en una forma de mitología contemporánea[2] tanto en lo cotidiano como –a veces– en lo académico y en esto resulta muy próximo al pensamiento apocalíptico-escatológico del cambio de era; por otro, subrayar en qué modo la perspectiva interpretativa marcusiana podría proyectarse sin duda hacia la cosmovisión característica de la escatología judeocristiana en dos momentos fundamentales: la época del judaísmo mesiánico del Segundo Templo y la fase definitoria del cristianismo como sistema religioso a mediados del Primer Milenio. No puedo pasar por alto el generalizado sesgo de análisis por parte de los pensadores contemporáneos, que, en la mayor parte de los casos, construyen la época de la Modernidad como una forma de ex-cepción. Esta actitud es explicable tanto en el plano del contexto académico, donde pensadores como Foucault, por ejemplo, circunscriben la antigüedad al mundo del *lógos* grecolatino (Foucault 1984a y b), como desde la dimensión política, donde un marco marxista de estudio lleva a menudo a definir la excepcionalidad del mundo construido a partir del capitalismo y su marco ideológico. El interés de la mitología marcusiana por tanto subyacería en que abre potencialmente el campo de visión, aunque sea una visión parcialmente mitohistórica, hacia un mundo pre-moderno (y preclásico) donde se pueden rastrear discursos sobre el eros y lo sexual que ponen en entredicho la afirmación foucaultiana de que la «sexualidad» es una construcción de la Edad Contemporánea[3]. Y, entrando en la temática de esta obra, la representa-ción de lo femenino ha jugado un rol destacado en dichos discursos, evidentemente masculinos en su amplia mayoría, como catalizador de un eros, que, por razones que intentaré bosquejar, suele concurrir en lo *siniestro*.

---

1. La relación entre el análisis y el midrash fue, de hecho, propuesta por Lacan en el Seminario XVII al tratar Moisés y el monoteísmo (Lacan 1991).

2. Expresión probablemente original de Karl Jaspers, *cf.* Fuchs 2014.

3. La tesis subyacente a Foucault 1976.

2. Tentaciones y caídas

En otros capítulos de este volumen se entrará en más detalle sobre las raíces bíblicas (y sus sustratos) de la visión de un eros femenino amenazante. En el contexto concreto del Segundo Templo, sin duda fue un referente fundamental la ecuación que establecen tanto la literatura profética como el Deuteronomista entre sexo no normativo e infidelidad cúltica (*cf.* Weems 1995). En dicho sexo no normativo tienen un papel destacado las figuras o categorías femeninas «antinormativas», que a menudo se ven reforzadas por su condición de extranjeras como exponente añadido de alteridad. Central para la literatura apocalíptica sería, probablemente, el tratamiento de Salomón en 1 Reyes 11, capítulo dedicado a la promiscuidad sexual del monarca entendida como puerta al culto a divinidades no yahvistas y, por ende, a la caída de la monarquía unida (y, en la interpretación mitohistórica del Deuteronomista, de la destrucción de los reinos de Israel y Judá y, en definitiva, del Primer Templo):

וְהַמֶּ֣לֶךְ שְׁלֹמֹ֗ה אָהַ֞ב נָשִׁ֤ים נָכְרִיּ֛וֹת רַבּ֖וֹת וְאֶת־בַּת־פַּרְעֹ֑ה מוֹאֲבִיּ֣וֹת עַמֳּנִיּ֗וֹת אֲדֹמִיֹּת צֵדְנִיֹּת חִתִּיֹּת: מִן־הַגּוֹיִ֞ם אֲשֶׁ֣ר אָמַר־יְהֹוָ֣ה אֶל־בְּנֵֽי יִשְׂרָאֵ֗ל לֹֽא־תָבֹ֤אוּ בָהֶם֙ וְהֵ֙ם֙ לֹֽא־יָבֹ֣אוּ בָכֶ֔ם אָכֵן֙ יַטּ֣וּ אֶת־לְבַבְכֶ֔ם אַחֲרֵ֖י אֱלֹהֵיהֶ֑ם בָּהֶ֛ם דָּבַ֥ק שְׁלֹמֹ֖ה לְאַהֲבָֽה:

Y el rey Salomón amó a muchas mujeres extranjeras, la hija de Faraón, moabitas, amonitas, edomitas, sidonias, hititas, de las naciones de las que dijo Yahveh a los hijos de Israel: «No iréis con ellas y ellas no irán con vosotros, no sea que os vuelvan el corazón en pos de sus dioses»; a ellas se unió Salomón por amor (1 Re 11,1-2).

Este tratamiento contrasta no solo con el retrato previo del período salomónico en 1 Reyes 3-10 (y en las Misceláneas en 1 Re 2,35 y 46 en la versión griega antigua) como época de máximo esplendor sino también con la caracterización de Salomón como sabio en toda la extensión del término. Sin entrar en cuestiones de la historia de la redacción del texto de Reyes como base de esta discrepancia, sí que haré notar que este contraste es un eje fundamental en algunos textos apocalípticos del primer judaísmo, concretamente el *Testamento de Judá*[4], donde el autor establece una compleja relectura y reelaboración de la figura del patriarca (origen de la línea dinástica davídica en la tradición bíblica) que en muchos sentidos constituye una imagen de espejo de la caída salomónica: buena parte de *T. Jud* está dedicada a relatar

---

4. Para los textos de los *Testamentos de los Doce Patriarcas* he seguido a De Jonge 1978.

los grandes logros guerreros y militares del patriarca homónimo, lo que define su rol de proto-monarca; al mismo tiempo, la parte sobre su «caída» se construye a partir de su matrimonio con una extranjera y, destacadamente, de su relación supuestamente ilícita con su nuera enviudada Tamar.

κἂν γάρ τις βασιλεύσῃ πορνεύων, γυμνούμενος τῆς βασιλείας ἐξέρχεται, δουλωθεὶς τῇ πορνείᾳ, ὡς κἀγὼ γυμνωθείς. ἔδωκα γὰρ τὴν ῥάβδον μου, τουτέστι τὸ στήριγμα τῆς ἐμῆς φυλῆς· καὶ τὴν ζώνην μου, τουτέστι τὴν δύναμιν· καὶ τὸ διάδημα, τουτέστι τὴν δόξαν τῆς βασιλείας μου.

Porque, aunque uno sea rey, si fornica, quedará desnudo del reino y será expulsado, sometido a la fornicación, como yo también quedé desnudo, pues entregué mi báculo, es decir, el sustento de mi tribu; y mi cinturón, esto es la fuerza; y la diadema, esto es, la gloria de mi reino (*T.Jud.* 15: 2-3).

La interpretación del autor del *Testamento* resulta llamativa en tanto en cuanto reinterpreta *in malo* la figura de Tamar en Ge 38, que pasa de ser un personaje que desarrolla una agencia en la búsqueda de la consecución de un derecho consolidado legalmente (el levirato)[5] a un paradigma de los males de la prostitución y de la mujer «activa» que, irremediablemente, se asocia al sexo ilícito. Por supuesto, una lectura de la totalidad de *T. Jud* y de sus contextos literarios hace aflorar muy pronto una agenda política clara por más que descifrarla al detalle históricamente resulte complejo: la casa de Judá, la monarquía y, por ende, la autoridad política son falibles y están mancilladas, por lo que, en el contexto mesiánico de la época, se justifica la subordinación de lo político-dinástico a lo sacerdotal (Judá a Leví).

El discurso de *T. Jud* implica así una vuelta de tuerca a su modelo bíblico: por un lado, la visión del sexo ilítico/antinormativo se radicaliza con una concepción del mismo basada en lo formal o preceptivo; esto es, aunque las acciones de Tamar tenían una justificación legal plena (el suegro era un *next of kin* susceptible de cumplir con el rol de *go'el*), la forma asumida (la seducción asociada inequívocamente a la prostitución) hace que la valoración negativa del episodio sea automática. Por otro lado, la infidelidad o promiscuidad sexual deja de ser meramente un motivo alegórico o mitohistórico (como la promiscuidad salomónica) o siquiera identitario-legal

---

5. Para un desarrollo del concepto en el mundo hebreo bíblico y los problemas de género subyacentes, *cf.* Weisberg 2004.

(como las normas sexuales de Levítico, por ejemplo) para consagrarse como una causa sustancial de la deslegitimación política presente y futura.

Estos dos postulados resultan fundamentales para entender algunas ideas clave de las ideologías del Segundo Templo. Construyen sobre una *antropología* metafísica: hay un dualismo cósmico luz/oscuridad que a su vez tiene reflejo dentro de cada ser humano en base a la participación de cada individuo de los espíritus de la luz y de la oscuridad[6]. A su vez, se define una jerarquía de espíritus asociados a las funciones biológicas y sociales del ser humano, siete en número, con correspondencias con los órganos de los sentidos y otras funciones corporales.

ἑπτὰ οὖν πνεύματα ἐδόθη κατὰ τοῦ ἀνθρώπου ἀπὸ τοῦ Βελιὰρ καὶ ταῦτά εἰσιν αἱ κεφαλαὶ τῶν ἔργων τοῦ νεωτερισμοῦ. καὶ ἕτερα ἑπτὰ πνεύματα ἐδόθη αὐτῷ ἐπὶ τῆς κτίσεως, τοῦ εἶναι ἐν αὐτοῖς πᾶν ἔργον ἀνθρώπου.

Así siete espíritus fueron dados al hombre por Beliar y son el principio de las obras de la rebelión. Y otros siete espíritus le fueron dados en el momento de la creación, para que por ellos se haga toda obra humana (*T. Rub.* 2: 2-3).

La lista de *T. Rub* es muy significativa, en tanto hay una simetría «descendente» entre los siete espíritus sustanciales o connaturales a la vida y los siete espíritus malvados. No cabe aquí detallar este desarrollo fascinante en múltiples aspectos, como sus posibles paralelos e influjos griegos, pero sí que resaltaré el orden jerárquico de los espíritus: el número 7 de la primera lista, el espíritu de la procreación, es el más «joven» en un discurso que pronto tendrá desarrollos comparables en el rico mundo del gnosticismo.

ἕβδομον πνεῦμα σπορᾶς καὶ συνουσίας, μεθ᾽ ἧς συνεισέρχεται διὰ τῆς φιληδονίας ἁμαρ-τία. διὰ τοῦτο ἔσχατόν ἐστι τῆς κτίσεως καὶ πρῶτον τῆς νεότητος, ὅτι ἀγνοίας πεπλήρω-ται, καὶ αὕτη τὸν νεώτερον ὁδηγεῖ ὥσπερ τυφλὸν ἐπὶ βόθρον καὶ ὡς κτῆνος ἐπὶ κρημνόν.

El séptimo es el espíritu de la simiente y la coyunda, por el cual entra el pecado por el amor al placer. Por ello es el último de la creación y el primero de la juventud, porque está lleno de ignorancia y lleva al joven como ciego a pozo y como bestia a precipicio (*T. Rub.* 2: 8-9).

---

6. El concepto aparece claramente definido, por ejemplo, en 1QS 3:13-4:26. *Cf.* García Martínez 2004.

Por ello es el más susceptible de viciarse o corromperse y generar, al parecer, los espíritus del vicio, con una especial relación entre este problemático «espíritu joven» y la naturaleza de los hombres jóvenes. Es decir, quizá por primera vez en la tradición judeocristiana se articula elaboradamente una explicación de la centralidad de lo sexual en relación con el mal y el pecado, que se ve reforzada por la ambivalencia del octavo espíritu, el sueño, a cuyo aspecto positivo (la cesación de la naturaleza y la *imago mortis*) acompaña la negatividad de la fantasía y la imaginación. La importancia de esta explicación, en mi opinión, radica precisamente en los dos niveles (intercomunicados, eso sí) de dualismo presentes en buena parte del pensamiento del Segundo Templo: esta división de lo antropológico o individual está conectada en esencia con la colectividad y el cosmos, algo sólidamente atestiguado en numerosos textos de la época –por ejemplo, la importancia de la magia exorcística en Qumrán puede entenderse claramente como una proyección analógica a la esfera individual del combate cósmico entre bien y mal vinculado al tiempo escatológico (García Martínez 2002; Piquer Otero 2022). Así, la caída del individuo en la oscuridad procedente de la tentación erótica existe en el mismo mundo conceptual que la caída del reino, el pueblo o la humanidad por vicios análogos no solo como mera reflexión de carácter moral, sino como una necesidad ontológica. De ahí el machacón mensaje de los *Testamentos* que he parafraseado en el título de esta ponencia: el legado o enseñanza del patriarca a sus descendientes es el evitar la fornicación puesto que, en el futuro escatológico que retratan, dicho mal será protagonista y causante de los distintos males que aquejarán a Israel y a la humanidad antes de la consumación escatológica.

3. La mujer y la ecuación sujeto – objeto – deseo

Y la pregunta clave es qué rol juega la mujer en este discurso. *A priori*, resulta bastante clara aquí una paradoja constante en la definición de la identidad en la historia del pensamiento: la dificultad a la hora de entender una entidad (individuo, grupo, categoría) simultáneamente como *sujeto* y como *objeto*. No es este el momento para ahondar en las teorías del sujeto[7], pero sí que es importante cómo los autores de la época interpretan esta paradoja: las mujeres son individuos (y por lo tanto deben participar de una constitución similar a la de los hombres en los parámetros antes desarrollados), pero al mismo tiempo aparecen recurrentemente como un objeto o

---

7. *Cf.* Butler 1990.

elemento que, casi de manera mecánica, genera un efecto (la seducción que conduce al pecado). Es decir, simultáneamente se dota a la mujer de una agencia (inducir al hombre al pecado) propia de un sujeto mientras que por otra parte se le roba dicha agencia al construirla como objeto esencial en la articulación del pecado. El «hombre seductor» es un oxímoron, posible solo en términos «siniestros» que analizaré más adelante. Los *Testamentos* presentan esta idea tanto de una forma más teórica (*T. Rub* 5) como práctica (*T. José*) y en ambos casos se aprecia a simple vista cómo la agencia femenina es una suerte de *antiagencia* porque, frente a la agencia (propiamente masculina) de la fuerza física y/o espiritual, la mujer recurre a la apariencia, la falsedad del ornamento y, en último término, a la brujería. Así enriquece *T. José* el relato de la mujer de Putifar y *T. Rub* sentencia que la mujer participa más del espíritu de la fornicación que el hombre, por lo que su agencia como sujeto debe, en este mapa metafísico, entenderse siempre de forma negativa, tal y como, por ejemplo, se reinterpreta en *T. Judá* Ge 38 en los parámetros que he mencionado anteriormente.

Πονηραὶ γάρ εἰσιν αἱ γυναῖκες, τέκνα μου, καὶ ἐν τῷ μὴ ἔχει αὐτὰς ἐξουσίαν ἢ δύναμιν ἐπὶ τὸν ἄνδρα, δολιεύονται ἐν σχήμασιν ὅπως αὐτὸν πρὸς ἑαυτὰς ἐπισπάσονται. καὶ ὃν διὰ τοῦ σχήματος οὐκ ἰσχύουσιν καταγοητεύσασθαι, τοῦτον δι᾽ ἀπάτης καταγωνίζονται. ὅτι καίγε περὶ αὐτῶν εἶπέ μοι ὁ ἄγγελος τοῦ θεοῦ, καὶ ἐδίδαξέ με, ὅτι αἱ γυναῖκες ἡττῶνται τῷ πνεύματι τῆς πορνείας ὑπὲρ τὸν ἄνδρα, καὶ ἐν καρδίᾳ μηχανῶνται κατὰ τῶν ἀνθρώπων, καὶ διὰ τῆς κοσμήσεως πλανῶσιν αὐτῶν τὰς διανοίας, καὶ διὰ τοῦ βλέμματος τὸν ἰὸν ἐνσπείρουσιν, καὶ τότε τῷ ἔργῳ αἰχμαλωτίζουσιν.

Pues malas son las mujeres, hijos míos, y al no tener poder o fuerza sobre el hombre, lo engañan con la apariencia para atraerlo hacia sí; y al que no consiguen embrujar mediante apariencias lo conquistan mediante el engaño. Porque también sobre ellas me habló el ángel de Dios y me enseñó que las mujeres sucumben al espíritu de la lujuria más que el hombre y en su corazón conspiran contra los hombres y con sus cosméticos le nublan la mente y por la mirada inoculan el veneno y así con el acto lo hacen cautivo (*T. Rub* 5: 1-3)[8].

Hasta aquí me estoy limitando a bosquejar a partir de textos concretos del Segundo Templo cómo se construyó un discurso concreto sobre el eros y lo femenino que

---

8. *Cf.* García García (en este mismo libro) para una panorámica general sobre las mujeres y la maldad en el judaísmo antiguo.

presenta sin duda paralelos con discursos de otras culturas de la antigüedad (y de épocas más recientes)[9] así como algunas particularidades, especialmente las ideas apuntadas de la conexión fuerte y machaconamente repetida entre los peligros del eros (y el eros femenino es inherentemente peligroso) y la mitohistoria pasada y futura que conduce al conflicto escatológico. Queda por ver de qué manera este eros femenino adquiere tonos «siniestros» en un sentido próximo al que apunta el título de este volumen. En mi opinión se trata de un proceso gradual y con unas coordenadas de crecimiento que acabarán desbordando tanto la misoginia tradicional de obras sapienciales de todo pelaje como las propias bases del dualismo antropocósmico descrito anteriormente. Quizá la primera pista al respecto aparezca en *T. Judá* 23. El capítulo se dedica a establecer, en los términos ya descritos, las causas del pecado y la caída del pueblo en términos familiares: lujuria suplementada por la brujería en un recurrente binomio que se resume por supuesto en idolatría.

Πολλὴ δὲ λύπη μοί ἐστι, τέκνα μου, διὰ τὰς ἀσελγείας καὶ γοητείας καὶ εἰδωλολατρείας ἃς ποιήσετε εἰς τὸ βασίλειον, ἐγγαστριμύθοις ἐξακολουθοῦντες, κληδόσι καὶ δαίμοσι πλάνης. τὰς θυγατέρας ὑμῶν μουσικὰς καὶ δημοσίας ποιήσετε, καὶ ἐπιμιγήσεσθε ἐν βδελύγμασιν ἐθνῶν· [...] καὶ ἐκτεμοῦσιν ἐξ ὑμῶν εἰς εὐνούχους ταῖς γυναιξὶν αὐτῶν.

Mucha pena tengo, hijos míos, por las lujurias y brujerías e idolatrías que haréis con el reino, al seguir a nigromantes, adivinos y espíritus de engaño. A vuestras hijas haréis bailarinas y mujeres públicas [...] y a algunos de vosotros os castrarán como eunucos para sus mujeres (*T. Jud.* 23: 1-2, 4).

La primera parte del capítulo puede entenderse en una relación intertextual con, por ejemplo, 2 Re 21,6, la valoración deuteronomista del reinado de Manasés: todas las prácticas mágicas idólatras se repiten en la típica lista pero la referencia de pasar a los hijos por el fuego se convierte en convertir a las hijas en rameras y bailarinas. Todo ello acarreará destrucción y cautiverio que, como sucede a menudo en la literatura apocalíptica, son aplicables en cualquier momento que se lea el texto (la caída de Israel y Judá, la sumisión a potencias extranjeras en el período del Segundo Templo, etc.) y en esta lista de males destaca por su novedad 23:4: καὶ ἐκτεμοῦσιν ἐξ ὑμῶν εἰς εὐνούχους ταῖς γυναιξὶν αὐτῶν, «y a algunos de vosotros os castrarán como eunucos para sus mujeres». La frase implica, entendamos como

---

9. *Cf.* el tratamiento de Gaca 2003.

entendamos las funciones del eunuco, una inversión en términos de agencia: el castigo (o *contrapasso* dantesco) fruto de la lujuria es un escenario donde la agencia masculina, simbolizada en un paradigma falocéntrico, da paso a una eliminación de dicha agencia (la castración) y una subsiguiente sumisión a las mujeres (gentiles y por tanto por excelencia impuras) que disfrutan así de agencia sobre los hombres pecadores. Es decir, los males del pecado de la lujuria individual se convierten en profecía escatológica. Esta sucinta línea (o al menos las ideas que la sustentan) tiene un recorrido bastante extenso en desarrollos posteriores tanto en el judaísmo como en textos cristianos posteriores y redundará en la construcción de un sujeto femenino de carácter monstruoso al servicio de la escatología y por lo tanto del círculo cerrado apocalíptico que explica el final de todo a partir de los orígenes.

4. Miembros monstruosos y prácticas inconcebibles

No he entrado de momento en la literatura enóquica, pero ahora sí que me resulta imprescindible apuntar un par de ideas. La referencia a la seducción de los Vigilantes es recurrente en los *Testamentos de los Doce Patriarcas* y destaca por especificar la agencia femenina en causar la caída de los ángeles (algo que no se explicita ni mucho menos en Ge 6,1-4 ni tan siquiera en el *Libro de los Vigilantes* de 1 Enoc)[10], algo que concuerda con la línea ideológica que he descrito anteriormente. Pero algo que resulta en mi opinión particularmente interesante y quizá menos estudiado en la tradición enóquica arranca en el *Libro de los sueños* de 1 Enoc. El capítulo 86 presenta una narración del mito de los vigilantes mediante una alegoría animal, por lo que a menudo esta sección es denominada *Apocalipsis de los animales*: los vigilantes descienden en forma de estrellas y asumen el aspecto de toros negros para unirse a la primera humanidad, que también se figura en el sueño como bóvidos. Concretamente, la cópula con las mujeres, que producirá los gigantes, se expresa en los siguientes términos:

ወነጸርክዎሙ፡ወሪኢኩ፡ወነዋ፡ከሎሙ፡አውፅኡ፡ኅፋርታቲሆሙ፡ከመ፡አፋራስ፡ወአኀዙ፡የዐርጉ፡ዲበ፡አጓላተ፡

«Y los miré y vi y he aquí que les salían a todos las pudendas como a caballos y empezaron a montar a las vacas» (*1 Enoc* 86:4)[11].

---

10. *Cf.* Reed 2005; García García en este mismo libro.
11. He seguido la edición del texto etiópico de Knibb 1978.

No he encontrado en los comentarios académicos al libro de 1 Enoc una explicación sobre por qué el autor sintió la necesidad de construir un «híbrido sexual», es decir que los Vigilantes representados por toros tengan específicamente penes de caballo, cuando el toro ya es precisamente un animal habitualmente simbólico de la potencia sexual y la virilidad en el entorno próximo oriental y mediterráneo. Realicé un par de consultas al profesor de Anatomía Animal de la Facultad de Veterinaria de la UCM, Julio Contreras González, y me confirmó que para alguien familiarizado con el mundo pecuario la diferencia es notable y se basa en el tipo de tejido del pene, distinto en bóvidos y equinos: mientras que el pene del toro, aunque grande, está relativamente oculto en la región pélvica, el pene equino tiene un tejido análogo al humano y experimenta erecciones similares, pero con un tamaño, evidentemente, muchísimo mayor. Parece claro que el autor del pasaje se tomó la molestia de generar una imagen de cópula animal «humanizada» donde lo genital (y falocéntrico en la superstición de que el tamaño del pene erecto se relaciona con la potencia sexual) asumiera un rol dominante para mejor retratar la fatídica lujuria de los Vigilantes. Resulta tentador que esta imagen pueda ser una exégesis de una idea plasmada en *T. Rub*: la contemplación lujuriosa por parte de las mujeres del gran tamaño de los Vigilantes hace que la concepción fruto de la cópula con ellos produzca gigantes: κἀκεῖναι ἐπιθυμοῦσαι τῇ διανοίᾳ τὰς φαντασίας αὐτῶν ἔτεκον γίγαντας. ἐφαίνοντο γὰρ αὐταῖς οἱ ἐγρήγοροι ἕως τοῦ οὐρανοῦ φθάνοντες (*T. Rub* 5:7); el texto de *1 Enoc* 86:4 podría sugerir que lo que se alza hasta el cielo no es exactamente la figura de los Vigilantes, sino de sus miembros. Esta forma de leer cargaría de nuevo las tintas en la responsabilidad femenina en lo que respecta a una sexualidad impropia (ya no solo por la unión entre seres divinos y seres humanos) sino también por la propia «corrupción» intrínseca al deseo (agencia) femenino. No voy a entrar en esta presentación en los análogos de la literatura rabínica, pero sin duda el planteamiento de *T. Rub* 5:7 es similar a la bien conocida sentencia talmúdica de *b*. Ned 20a-b, donde se establece una correspondencia entre formas de sexo impropio y concepción de niños con discapacidades diversas mediante una taxonomía cuatripartita:

אָמַר רַבִּי יוֹחָנָן בֶּן דַּהֲבַאי אַרְבָּעָה דְבָרִים סָחוּ לִי מַלְאֲכֵי הַשָּׁרֵת חִיגְּרִין מִפְּנֵי מָה הָוְיִין מִפְּנֵי שֶׁהוֹפְכִים אֶת שׁוּלְחָנָם אִילְמִים מִפְּנֵי מָה הָוְיִין מִפְּנֵי שֶׁמְּנַשְּׁקִים עַל אוֹתוֹ מָקוֹם חֵרְשִׁים מִפְּנֵי מָה הָוְיִין מִפְּנֵי שֶׁמְּסַפְּרִים בִּשְׁעַת תַּשְׁמִישׁ סוֹמִין מִפְּנֵי מָה הָוְיִין מִפְּנֵי שֶׁמִּסְתַּכְּלִים בְּאוֹתוֹ מָקוֹם

Dijo Rabí Yohanán ben Dahabay: «Cuatro cosas me contaron los ángeles sirvientes: '¿de dónde vienen los tullidos? De dar la vuelta a la mesa. ¿De dónde vienen los mudos? De besar ese lugar. ¿De dónde vienen los sordos? De hablar durante el coito. ¿De dónde vienen los ciegos? De mirar ese lugar'».

Sin entrar en detalles, el texto tiene algunos elementos interesantes: primero, que la autoridad de la sentencia se asocia a los «ángeles sirvientes»[12], una figura que resulta especialmente llamativa cuando la literatura enóquica asocia el sexo ilícito y los nacimientos anómalos a un grupo de ángeles (los Vigilantes); segundo, que dos de los actos ilícitos están relacionados directamente con los sentidos o funciones vitales (habla y vista), a semejanza de los «espíritus malos» en la antropología metafísica de *T. Rub*; finalmente, el «mirar ese lugar» (eufemismo para mirar los genitales) recuerda a la mirada y fantasía lujuriosa que puede provocar que las concepciones de *T. Rub* 5 sean gigantes y, por ende, seres monstruosos y aberrantes. El texto talmúdico es parco e inespecífico, en principio, en marcadores de género, quizá porque ofrece una estructura taxonómica inclusiva; con todo, la mitad de los tipos coinciden con la tradición enóquica en asociar lo intrínsecamente aberrante a la manifestación del deseo, es decir, a la agencia de los sentidos y la fantasía o imaginación en la persecución del eros, algo considerado metafísicamente impropio en general, pero, como veremos, especialmente aberrante cuando se trata de la agencia del deseo femenino. En este sentido, el propio texto de *b.* Ned 20a-b aporta pistas sobre un elemento adicional que tendrá importante calado en épocas posteriores: las otras dos prácticas sexuales aberrantes implican, de algún modo, una desvinculación de la agencia con la actividad penetrativa masculina al uso. La segunda, «besar ese lugar», pocos misterios, se refiere al sexo oral, donde el rol activo puede ser tanto masculino como femenino en sus distintas combinaciones. La primera, «dar la vuelta a la mesa», ha hecho correr ríos de tinta en la literatura académica[13] y dista mucho de estar clara en su sentido concreto, pero, visualmente, parece apuntar a un cambio en la postura *normativa* (sea cual fuera dicha postura normativa) para el coito. Es posible que las posturas normativas impliquen un cambio percibido en la agencia masculina frente a la femenina, en especial en lo que respecta a la postura de Andrómaca o *cowgirl*, dado que supone una inversión en cuanto a quién «monta» a quién.

Si bien el texto rabínico es críptico (probablemente por tratarse de un uso idiomático de la época), en textos posteriores será precisamente la lectura de posturas

---

12. *Cf.* Rebiger 2007.

13. *Cf.* La discusión y panorama bibliográfico en Bickart 2016, así como el tratamiento extenso en Boyarin 1993.

con agencia femenina la que se imponga. Un texto paradigmático en este sentido, tanto por el desarrollo hasta sus últimas consecuencias de ciertos temas remontables al judaísmo del Segundo Templo como por el impacto que tuvo en el pensamiento medieval es el *Apocalipsis de Pseudo-Metodio*[14], una obra cristiana siríaca escrita en torno al siglo VII en un contexto de propaganda apocalíptico-mesiánica asociado a las guerras bizantino-sasánidas donde pronto jugarán un papel las primeras conquistas árabes. La historia textual del *Ps-Met* resulta fascinante y rica en problemas; aquí me centraré en un aspecto, relativamente frecuente en la tradición cristiana (visible, por ejemplo, en la *Cueva de los Tesoros*)[15], que es un tratamiento de la mitohistoria de las primeras generaciones de la humanidad donde el dualismo asociado a la presencia angélica es reducido a la mínima expresión (la agencia de Satán) y el «mal fundacional» es transferido a la estirpe de Caín, en conflicto con la descendencia de Set. En esta «humanización» del conflicto de los orígenes se refuerza la responsabilidad femenina en un desarrollo y crecimiento del mal que se asocia como nunca a las prácticas sexuales. Por ejemplo, en *Ps-Met* siríaco 2:3 leemos

ܘܒܫܢܬ ܫܒܥܡܐܐ ܕܝܪܕ ܒܐܠܦܐ ܬܪܝܢ ܥܒܕ ܩܪܒܐ ܣܛܢܐ ܥܡ ܒܢܝ ܫܝܬ ܒܙܢܝܘܬܐ ܕܒܢܬ ܩܐܝܢ. ܘܗܦܟ
ܘܛܒܥ ܐܢܘܢ ܠܒܢܝܢܐ ܕܒܢܝ ܫܝܬ

Y en el año setecientos de Yared, en el segundo milenio, hizo la guerra Satán contra los hijos de Set mediante la fornicación de las hijas de Caín. Y derrocó y hundió a los hijos de Set.

Una «guerra mediante el fornicio» donde el rol de las cainitas es capital, como ya apuntaba 1:3:

ܘܒܫܢܬ ܫܬܡܐܐ ܕܐܠܦܐ ܗܘ ܩܕܡܝܐ ܡܪܕ̈ܝ، ܢܫ̈ܐ ܥܠ ܓܒܪ̈ܝܗܘܢ ܒܓܘ ܡܫܪܝܬܐ ܕܒܝܬ ܩܐܝܢ. ܘܗ̈ܘܝ
ܙܢܝܬܐ. ܘܕܠܐ ܒܗܬܬܐ ܐܟܠܝܢ ܗܘܘ ܓܒܪ̈ܐ ܥܠܝܗܝܢ ܘܙܢܝܢ ܗܘܘ ܒܗܝܢ ܓܠܝܐܝܬ

Y en el año seiscientos de este primer milenio se revolvieron las mujeres contra los hombres en el seno del campamento de la casa de Caín y se volvieron putas. Y sin vergüenza los hombres las montaban y fornicaban con ellas públicamente.

14. Para el texto siríaco he seguido el texto de Reinik 1993; para las traducciones griega y latina, Aerts y Kortekaas 1998.
15. *Cf.* Ri 2000 y Toepel 2006.

El papel de la mujer es sin duda protagonista y destacado y se asocia a una animalización de la práctica sexual, con la referencia a las yeguas (retorna el uso de los équidos como símbolo de la lujuria posiblemente por las mismas razones que he comentado al hablar de *1 Enoc* 86:4). La animalización claramente es continuación, ya complementada a través de otras fuentes, como filosofías neoplatónicas y pseudoplatónicas, de la idea del deseo desenfrenado («animal») como base de la aberración y el pecado. Lo que resulta quizá más peculiar en esta línea es la expansión que estos pasajes experimentan en sus versiones al griego y al latín, donde los traductores sintieron la necesidad de establecer de forma plástica los 'horrores' de la agencialidad femenina. Así, en la versión griega de 2:3 leemos:

Τῷ δὲ πεντακοσιοστῷ χρόνῳ τῆς δευτέρας χιλιάδας ἔτι μειζόνως ἐξεκαύθησαν ἐπὶ τῇ ἀθέσμῳ πορνείᾳ πάντες οἱ ἄνθρωποι ἐν τῇ παρεμβολῇ Κάϊν τῆς προτέρας χείροντες γενόμενοι γενεᾶς, οἳ καὶ δίκην ἀλόγων ζῴων ἀλλήλοις ἐπέβαινον, ἐπὶ μὲν τοὺς ἄρρενας τὸ θῆλυ, ἐπὶ δὲ τὸ θῆλυ τὸ ἄρρεν

Y en el año quinientos del segundo milenio ardieron aún más en la fornicación impía todas las gentes del campamento de Caín, volviéndose peores que la generación precedente, que a la manera de las bestias mudas se montaban los unos a los otros, la hembra a los machos y el macho a la hembra.

Es decir, se habla explícitamente de las mujeres montando a los hombres[16]. Y la traducción latina merovingia atribuida a Pedro el Monje desarrolla aún más la idea:

Anno autem D secundi miliarii adhuc etiam maius exarserunt in obscinissimam fornicatiomen omnes homines in castris Cain, peius facti priori generationis. Qui et in more animalium in alterutrum convenientes insurgebant, et quidem in virilem muliebrem sexum.

Y en el año 500 del segundo milenio ardieron aún más todas las gentes del campamento de Caín en su abominabilísma fornicación, haciendo cosas peores que las generaciones previas. Y a la manera de los animales se montaban los unos a los otros, incluso el sexo femenino al masculino.

---

16. *Cf.* al respecto de la elección de verbos Bain 1990 y Steklá 2006.

El mismo proceso aparece en las versiones de 1:3:

Ἐν δὲ τῷ ἑξακοσιοστῷ χρόνῳ τῆς αὐτῆς <πρώτης> χιλιάδας οἴστρῳ ἔρωτος πορνείας αἱ τούτων κατεσχέθησαν γυναῖκες καὶ εἰς μανίαν ἐτράπησαν καὶ τοῖς ἰδίοις ἄνδρασιν ὡς γυναιξὶν ἐκέχρηντο, καὶ γεγόνασιν ἀληθῶς προῦπτος αἰσχύνη τοῖς ὁρῶσι, καταπορνεύσασαι τὴν αἰδώ

En el año seiscientos de ese primer milenio sus mujeres fueron poseídas por el picor del amor de la fornicación y se dieron a la locura y usaban a sus propios hombres como mujeres y se tornaron vergüenza manifiesta al prostituir su pudor.

Sexcentesimo autem anno ipsius primi miliarii stuprum amoris fornicationis istorum mulieres conlapse sunt vel defusae et in vesaniam versi sunt; nam suis viris tamquam mulieribus supergressae utebantur, et facti sunt viri, clarius ut dicam, confusio videntibus et in fornicationem suam inverecundae apparentibus

En el año seiscientos de ese mismo primer milenio sus mujeres en la corrupción del amor de la fornicación cayeron o se vertieron y se dieron a la locura; pues montando a sus hombres los usaban como mujeres, y se volvieron hombres, por decirlo con mayor claridad, una confusión para quienes lo vieran y desvergonzadas en su fornicación para quienes a la vista estuvieran.

Hemos recorrido una gran distancia desde la breve nota de *T. Jud* 23:4 donde se comenta que, como parte de las desgracias escatológicas, los hombres serán convertidos en eunucos para uso de las mujeres paganas. El propósito de los traductores obedece a códigos donde la agencialidad femenina (en el deseo y, más visualmente, en la capacidad –misteriosa ciertamente– de montar a los hombres e invertir los sexos) se convierte en una forma de pecado fundacional. Y, como es propio de la literatura apocalíptica, este pecado fundacional será igualmente base para el pecado de los Últimos Días que culminará en la gran batalla escatológica, precedida de un período de sumisión a las gentes perversas propiciada por el mismo. Así se lamenta, al tratar las causas del triunfo del Mal previo a la Segunda Venida, *Ps-Met* 11:6-7 elaborando el texto de Rom 1,26-27[17]:

---

17. El pasaje es complejo tanto en la exégesis cristiana como en su estudio académico. Se pueden encontrar precisiones interesantes y un panorama bibliográfico en Murphy 2019.

[Texto en siríaco]

Que los hombres se envolvían en las voluptuosas prendas de las putas, adornándose como doncellas y en público se ponían en las calles de las ciudades y enloquecían en la ebriedad y la lascivia sin pudor y tenían relaciones unos con otros. También las mujeres prostitutas se ponían en público en las calles. E iba un hombre, fornicaba y se iba y llegaba su hijo y se mancillaba con la misma; y hermanos, padres e hijos todos juntos se mancillaban con una mujer. Y sobre esto habló el apóstol Pablo: «pues sus machos han abandonado el uso natural de las hembras y se abrasaban en el deseo los unos por los otros y un hombre obraba vergüenza con otro. Y a su vez también las mujeres así abandonaron el uso natural de los hombres y de manera no natural se usaban».

La última fase de la aberración del deseo es pues no solo que las mujeres incluyan en la pasión carnal, sino que los hombres se «mujericen» y la practiquen de forma análoga, una referencia a la inversión ya presente en el texto paulino (y objeto de un extenso debate en cuanto a su posible relación con la condena de la homosexualidad). Refuerzan claramente este desarrollo las muy posibles asociaciones del travestismo en la indumentaria con presuntas subsistencias de celebraciones o prácticas paganas que implican uso de indumentarias del sexo opuesto, como manifiestan algunas normativas recogidas en los cánones del Concilio Quinisexto de 691[18], prácticamente contemporáneo del texto de *Ps-Met*.

5. Deseo, represión y fin de los tiempos

Con esta breve línea temporal de textos representativos desde el Segundo Templo hasta la Antigüedad Tardía se puede ilustrar un desarrollo creciente (a veces hasta el delirio representativo) de lo que en principio parecería encajar claramente con

---

18. *Cf.* la edición de Ohme 2013.

la tesis marcusiana de *Eros y civilización*: el orden sociopolítico se sustenta en una represión del impulso de deseo y placer y si dicha represión se diluyera, supondría el fin de la civilización (las civilizaciones) tal y como la conocemos. Esta fórmula es recurrente en los esquemas de, por ejemplo, los *Testamentos de los Doce Patriarcas*: el personaje en su lecho de muerte exhorta a sus descendientes a evitar la lujuria y refrenar el deseo puesto que, de lo contrario, se producirán toda clase de males conducentes a las sucesivas vicisitudes del pueblo o la humanidad en su conjunto, que alcanzarán su cénit (o nadir) en los Últimos Días. No obstante, esta lectura, aunque cierta y con análogos en otras culturas de la Antigüedad, resulta incompleta. Los patriarcas y otras figuras *profetizan* que, en cualquier caso, esta corrupción tendrá lugar y, de hecho, tiene que tener lugar, puesto que es un requisito previo a la victoria del Bien en el conflicto escatológico, en líneas similares a, por ejemplo, los años de reinado temporal del Anticristo en el libro de *Apocalipsis*. Esto no resulta sorprendente puesto que, en su génesis, buena parte de la literatura escatológica no se construye estrictamente hablando como un modelo de poder represor sino como un *modelo subalterno*, es decir, en último término desea y anuncia precisamente el fin de la civilización tal y como la conocemos en aras de la restauración de un ideal anterior a la Caída (del tipo que sea) y en el momento de la composición de los textos imposibilitado bien por un dominio político extranjero, bien por disensiones internas, como apreciamos en la subordinación de Judá (encarnación del poder político terrenal) a Leví en las *desideratas* de los *Testamentos* precisamente a causa de la impureza sexual del patriarca. Es decir, el principio de represión del deseo opera aquí exacerbado por un idealismo radical donde toda sociedad mundana va a ser necesariamente falible en un recurrir cíclico de impurificaciones y caídas y, a efectos prácticos, la admonición contra la lujuria solo puede orientarse con eficacia a un lector que crea estar viviendo los Últimos Días. Quizá por eso mismo haya un proceso de crecimiento gradual de la caracterización de las sexualidades siniestras y aberrantes visible en los textos: autores y lectores han de sentirse en el momento escatológico. En esta línea hace pocas semanas el patriarca de la Iglesia Ortodoxa Rusa, Kirill, defendió la invasión de Ucrania como «conflicto metafísico» frente a un «orden mundial sin Dios»[19], resaltando la relación entre el dominio de Occidente y la celebración de desfiles del Orgullo Gay. Dejo a los eslavistas rastrear el sustrato de este discurso en la sustancial influencia de *Ps-Met* y su ideología escatológica

---

19. https://edition.cnn.com/europe/live-news/ukraine-russia-putin-news-03-08-22/h_de0516e-0f59ac2214af21bbb0aaf152e [fecha de consulta: 12/1/2023].

en la *Crónica Primaria*[20] y en la difusión de las traducciones eslavas de *Ps-Met* precisamente en el momento temporal de la destrucción de Kiev por los mongoles en 1240. Lo cierto es que esta es solo la primera parte de la paradoja: si el orden social que ha de defenderse es por naturaleza y por dinámica histórica imperfecto, será entonces necesario plantear que de la moral sexual apocalíptica puedan surgir no meras propuestas «restauraciones» sino modelos alternativos a dicho orden. Y, curiosamente, cuando surgen propuestas de ese tipo, de nuevo se centran en la figuración o reconfiguración de la mujer. Me refiero a la notable tradición cristiana de las mujeres (algunas de ellas santas) travestidas, algo que choca claramente con algunos de los textos que he tratado antes: la mujer puede convertirse en hombre cuando dicha conversión implica y de hecho es propiciada por un deseo de despojarse de su inclinación y deseo sexuales[21]; el caso paradigmático es la joven pía que no quiere ser casada por la fuerza con un pagano y por lo tanto se traviste e ingresa en una comunidad monástica. Un caso inverso, quizá menos atestiguado porque los relatos de mujeres son, en el fondo, propios de la fantasía de autores masculinos, es el de los cristianos que practicaban la autocastración, algo ya recogido en Mat 19,12. La actitud de la Iglesia ante semejantes prácticas y relatos resulta, con todo, ambivalente. La castración masculina, por ejemplo, era motivo de exclusión del orden sacerdotal ya en el Concilio de Nicea y las Constituciones Apostólicas del s. IV[22], una fecha significativa puesto que se trata del momento temporal en el que el cristianismo comienza a articularse como religión (y pronto religión oficial en el Imperio romano) y por tanto como sistema de orden sociopolítico, por lo que, comprensiblemente, las alteraciones del modelo establecido son en mayor o menor medida condenadas. La ambigüedad se atestigua en el uso del término latino VIRAGO, aplicable en la esfera cristiana tanto a la mujer que trasciende su debilidad (debilidad asociada a lo erótico) de manera casta y pía como a la que actúa como un hombre de manera impropia (incluso como término explícito para el lesbianismo). En el fondo, estamos volviendo a la metafísica de la apocalíptica: si la mujer es más sensible al espíritu de la lujuria, la mujer perfecta será aquella que se convierta en (cierto tipo de) hombre, igual que el hombre que renuncia a sus atributos (se «feminiza» en términos tradiciones de definición del género por la capacidad de agencia sexual), en una forma de androginia espiritual ya apuntada

---

20. *Cf.* el clásico Cross 1929.
21. *Cf.* Tommasi 2017.
22. *Cf.* Caner 1997.

en Filón de Alejandría (*De vit. cont.* 60)[23]. Como suele suceder en las construcciones simbólicas del ánthropos, la conclusión más clara es la contradicción en último término: el deseo se caracteriza como un desorden en la recta estructura de los sexos, un desbordamiento de la agencia erótica que, supuestamente, diluye el orden social. Sin embargo, la represión última de dicho deseo, el borrado de dicha agencia, también conduce a aberraciones siniestras, a una disolución similar y a ansiedades que tienen desarrollos peculiares, como la leyenda de la Papa Juana (Boureau 1993). En este sentido, quizá las conclusiones más importantes a este breve panorama sean que: 1) la tesis marcusiana de la represión del deseo como base del orden establecido tiene un recorrido histórico profundamente rico y que desde sus momentos fundacionales en la tradición judeocristiana se exploró en un marco de paradojas y contradicciones; 2) que la construcción del modelo represivo no es simétrica ni monocorde sino que se basa en una antropología de lo «femenino» como asociado a la alteridad, lo irrefrenado, mutante y «siniestro» que se ha ido perpetuando en una larga exégesis del eros que lleva desde las hijas de Caín que cabalgan a los hombres y las santas hombre hasta la envidia del pene de las elucubraciones freudianas o la dicotomía entre discurso y seducción de Braudillard[24]. Si en la línea de *Eros y Civilización* se plantea un cambio de paradigma (propósito ya muy mesiánico en el fondo), quizá el primer paso sea redefinir críticamente nuestra herencia sobre «lo femenino».

---

23. *Cf.* el tratamiento del andrógino espiritual filoniano en Boyarin 1993, 31-60.
24. Baudrillard 1980.

Bibliografía

Aerts, Willem J. y Georg Arnold Anton Kortekaas (1998): *Die Apokalypse des Pseudo-Methodius. Die ältesten Griechischen und Lateinischen Übersetzungen. CSCO 569. Subsidia 87*. Lovaina: Peeters.

Bain, David (1990): «Greek Verbs for Animal Intercourse Used of Human Beings», *Sileno,* 16, 253-261.

Baudrillard, Jean (1980): *De la séduction*. París: Galilée.

Bickart, Noah Benjamin (2016): «"Overturning the Table": The Hidden Meaning of a Talmudic Metaphor for Coitus», *Journal of the History of Sexuality,* 25, 3, 489-507.

Boureau, Alain (1993): *La papesse Jeanne*. París: Flammarion.

Boyarin, Daniel (1993): *Carnal Israel. Reading Sex in Talmudic Culture*. Berkeley: University of California.

Butler, Judith (1990): *Gender Trouble. Feminism and the Subversion of Identity*. Londres: Routledge.

Caner, Daniel F. (1997): «The Practice and Prohibition of Self-Castration in Early Christianity», *Vigiliae Christianae,* 51, 4, 396-415.

Cross, Samuel H. (1929): «The Earliest Allusion in Slavic Literature to the Revelations of Pseudo-Methodius», *Speculum,* 4, 3, 329-339.

De Jonge, Marinus (1978): *The Testament of the Twelve Patriarchs. A Critical Edition of the Greek Text*. Leiden: Brill.

Freud, Sigmund (1939): *Der Mann Moses und die monotheistische Religion*. Ámsterdam: De Lange.

Foucault, Michel (1976): *Histoire de la sexualité, tome 1. La volonté de savoir*. París: Gallimard.

Foucault, Michel (1984a): *Histoire de la sexualité, tome 2. L'usage des plaisirs*. París: Gallimard.

Foucault, Michel (1984b): *Histoire de la sexualité, tome 3: Le souci de soi*. París: Gallimard.

Fuchs, Thomas (2014): «Brain Mythologies. Jasper's Critique of Reductionism from a Current Perspective», en Thomas Fuchs *et al.* (eds.), *Karl Jasper's Philosophy and Psychopathology*. Nueva York: Springer, 75-84.

Gaca, Kathy L. (2003): *The Making of Fornication: Eros, Ethics and Political Reform in Greek Philosophy and Early Christianity. Hellenistic Culture and Society*. Berkeley: University of California.

García Martínez, Florentino (2002): «Magic in the Dead Sea Scrolls», en Jan N. Bremmer y Jan R. Veenstra (eds.), *The Metamorphosis of Magic from Late Antiquity to the Early Modern Period*. Lovaina: Peeters, 13-34.

García Martínez, Florentino (2004): «Emerging Christianity and Second Temple Judaism. A "Qumranic" Perspective», *RCaT,* 29, 2, 255-267.

Knibb, Michaela A. (1978): *The Ethiopic Book of Enoch. A New Edition in the Light of the Aramaic Dead Sea Fragments.* Óxford: Clarendon.

Lacan, Jacques (1991): *Séminaire XVII. L'Envers de la psychanalyse.* París: Seuil.

Marcuse, Herbert (1955): *Eros and Civilization. A Philosophical Inquiry into Freud.* Boston: Beacon.

Murphy, David J. (2019): «More Evidence Pertaining to "Their Females" in Romans 1:26», *JBL,* 138, 1, 221-240.

Ohme, Heinz (2013): *Concilium Constantinopolitanum a. 691/2 in Trullo habitum (Concilium Quinisextum). Acta Conciliorum Oecumenicorum II.2.4.* Berlín: De Gruyer.

Piquer Otero, Andrés (2022): «Fronteras de lo divino: una aproximación a las prácticas mágicas como agente legitimador en comunidades monoteístas del cambio de era a finales de la Antigüedad», en Esperanza Macarena García García y Lourdes Bonhome Pulido (eds.), *De Qumran al Qur'an. Textos y grupos sectarios en el Oriente Próximo tardoantiguo.* Salamanca / Madrid: Universidad Pontificia de Salamanca / Sindéresis, 11-32.

Rebiger, Bill (2007): «Angels in Rabbinic Literature», *Deuterocanonical and Cognate Literature Yearbook,* 3, 629-644.

Reed, Annette Yoshiko (2005): *Fallen Angels and the History of Judaism and Christianity.* Cambridge: Cambridge University.

Reinik, Gerrit J. (1993): *Die syrische Apokalypse des Pseudo-Methodius. CSCO 540 y 541. Scriptores Syri 220 y 221.* Lovaina: Peeters.

RI Su-Min (2000): *Commentaire de la Caverne des trésors.* Lovaina: Peeters.

Steklá, Jana (2006): «Greek Verbs Denoting Sexual Intercourse in Aristotle's *Historia Animalium*», *Sborník Prací Filozofické Fakulty Brněnské Univerzity,* 11, 79-89.

Toepel, Alexander (2006): *Die Adam- und Seth-Legenden im syrischen «Buch der Schatzhöhe».* Lovaina: Peeters.

Tommasi, Chiara O. (2017): «Cross-Dressing as Discourse and Symbol in Late Antique Religion and Literature», en Domitilla Campanile y Margherita Facella (eds.), *Transantiquity. Cross-Dressing and Transgender Dynamics in the Ancient World.* Nueva York: Routledge, 121-133.

Weems, Renita J. (1995): *Battered Love: Marriage, Sex, and Violence in the Hebrew Prophets.* Mineápolis: Fortress.

Weisberg, Dvora E. (2004): «The Widow of Our Discontent: Levirate Marriage in the Bible and Ancient Israel», *JSOT,* 28, 403-429.

¿PROSTITUTA O MESONERA? LAS METAMORFOSIS DE RAJAB EN LA LEXICOGRAFÍA DE HEBREO BÍBLICO

Clara Carbonell Ortiz

DICCIONARIO HISTÓRICO DE LA LENGUA ESPAÑOLA (DHLE),

CENTRO DE ESTUDIOS DE LA RAE

Resumen:

El relato bíblico inscrito en Jos 2-6 menciona la figura de Rajab, aquella mujer que permitió la conquista de Jericó por parte del ejército israelita. El epíteto que la califica en el texto hebreo es *zōnâ*, palabra que designa a la prostituta. En torno a esta voz surgirán dos tradiciones exegéticas: aquella que no cuestione la interpretación convencional y aquella que llegue a reformularla, mediante argumentaciones morfológicas, hasta convertir su significado en 'mesonera'. Para la historia de la lexicografía de hebreo bíblico, este caso de estudio adquiere capital importancia, puesto que el debate girará, en cierto momento, en torno a la cuestión homonímica: la *zōnâ*-prostituta se vinculará con la raíz hebrea *ZNH* (relacionada con la noción de «fornicación») mientras que la *zōnâ*-mesonera encontrará su justificación en la raíz aramea *ZWN* (relacionada con la noción de «alimento»). A pesar de la polaridad que parece rezumar esta controversia, un escaso número de lexicógrafos logró reconciliar ambas posturas desde una perspectiva sensible con las costumbres sociales, viendo la génesis de su pretendida incompatibilidad en una pobre contextualización histórica.

Palabras clave: Lexicografía de hebreo bíblico, exégesis, homonimia, prostitución.

1. Introducción

Diseminados entre los capítulos segundo y sexto del libro bíblico de Josué, el lector encontrará ciertos versículos en los que se menciona el nombre femenino de Rajab. La morada de esta mujer, ubicada en la muralla de Jericó, se convierte en un lugar estratégico desde el cual aquellos soldados israelitas enviados como avanzadilla tendrán la ocasión de espiar la ciudad para su inminente conquista. El nombre de Rajab aparece sistemáticamente acompañado por un epíteto: a ella se refiere el narrador bíblico como «mujer prostituta» o, en el original hebreo, $^{\prime}i\check{s}\check{s}\hat{a}$ $z\bar{o}n\hat{a}$ (Jos 2,1; 6,17.22.25)[1].

La voz $z\bar{o}n\hat{a}$ es el participio activo femenino de la raíz ZNH. Esta raíz sirve en hebreo bíblico para denominar tanto la prostitución carnal como la espiritual (aunque sirviéndose de una sintaxis diferencial), puesto que el pacto que vincula al pueblo de Israel con su deidad se concibe conceptualmente en términos conyugales[2]. En el texto bíblico, la prostitución de Rajab no está reñida ni con la heroicidad, ni con el humor irónico. Como ya tuve la ocasión de demostrar en mi trabajo de tesis doctoral, en Jos 2,4 Rajab responde a los mensajeros del rey de Jericó jugando con la ambivalencia de un verbo hebreo que pertenece al campo semántico MOVIMIENTO y, secundariamente, SEXO: $b\bar{o}^{\prime\prime}el$, 'venir [un hombre] hacia [una mujer]'. Con este verbo, Rajab les confunde e inclina a pensar que los israelitas solo han ido a su casa buscando sus servicios sexuales, disipando la duda de que pudiera haberlos escondido para que espiaran la ciudad (Carbonell Ortiz 2022: 334).

A pesar de que la forma $z\bar{o}n\hat{a}$ está exenta de dificultades gramaticales o semánticas y viene refrendada por una frecuencia nada despreciable en el texto bíblico (35 ocasiones con morfología de participio activo femenino y 57 en el resto la de conjugación verbal), los testimonios lexicográficos, junto con evidencia lingüística de distinta índole, permiten asomarnos a un escenario considerablemente más variado de lo que *a priori* podríamos anticipar. Por un lado, vemos que tanto la traducción latina de la Vulgata como la griega de la Septuaginta vieron en la designación de Rajab a una prostituta. En consonancia, tradujeron el hebreo $z\bar{o}n\hat{a}$ como *meretrix* y *pórnē*, respectivamente. Sin embargo, en algún momento anterior al s. IV e. c., una versión aramea de los libros proféticos conocida como Targum Jonatán vertería el calificativo de manera aparentemente discrepante: Rajab devenía una *pūndĕqitâ*, esto es: una mesonera.

Los diccionarios de hebreo bíblico sentirán, en especial durante la Edad Media (ss. X-XV), una atracción especial por este problema. Desde entonces y hasta las obras

---

1. Para mayor comodidad del lector no especialista en filología semítica, se ha elegido transcribir a letras latinas todas las voces y expresiones en hebreo, arameo, árabe y griego, siempre y cuando se trate de términos aislados en el cuerpo de texto. No obstante, mantengo en su sistema de escritura original los fragmentos de mayor extensión y los acompaño de una traducción sinóptica. Todas las traducciones que aparecen en este artículo son propias.

2. Son múltiples los estudios literarios que abordan las complejidades y riqueza de esta metáfora conceptual en la Biblia Hebrea. Véase, a modo introductorio, las obras de Adler (1990), Eilberg-Schwartz (1994) y Weems (1995).

lexicográficas más recientes, los autores de diccionarios se han visto obligados, en mayor o menor medida, a alinearse con una de las dos posturas y, de forma extraordinaria, han demostrado suficiente lucidez como para armonizar ambas interpretaciones. A continuación se mostrará cómo la cuestión semántica de $zōnâ$ se intentaría solucionar, en ciertas obras medievales y modernas, mediante la homonimia y las normas morfofonéticas del hebreo, de modo que de la raíz ZNH (relacionada con la noción de «prostitución») se derivaría la $zōnâ$-prostituta, mientras que, en paralelo, de la raíz ZWN (relacionada con la noción de «alimento») procedería la alegada $zōnâ$-mesonera.

Con el objetivo de desenmarañar el ovillo de juicios filológicos y folclóricos que a lo largo del tiempo se fueron tejiendo y enrevesando en torno a la figura de Rajab la $zōnâ$, empleo en este artículo un tipo de análisis desarrollado en el marco de mi investigación doctoral, y que denomino «rastreo metalexicográfico» (Carbonell Ortiz 2022)[3]. La estructura de un análisis de este tipo tiene como objetivo desempolvar y reevaluar las múltiples opiniones que se pronunciaron sobre cierta palabra en los más de diez siglos de fecunda lexicografía hebrea[4], incluyendo el rescate de opiniones ignoradas por los eslabones de la tradición o incluso el de aquellas perdidas en el vastísimo mar bibliográfico en que ha de navegar el hebraísta de hoy.

2. Josefo y los textos rabínicos

Antes de comenzar con el rastreo metalexicográfico de la voz $zōnâ$, conviene detenerse en la circulación de diversas interpretaciones al respecto que se encuentran en material prelexicográfico de manufactura judía. El testimonio literario más temprano al que podemos remontarnos es las *Antigüedades judías* de Flavio Josefo (s. I e. c.). En el relato correspondiente a Jos 2, Josefo describe cómo los espías se retiraron a un lugar próximo a las murallas de Jericó y especifica a continuación que se encontraban

---

3. El término «metalexicográfico» no se emplea aquí con el significado común en la escuela española o inglesa (*i. e.*, en calidad de aquello relacionado con la lexicografía teórica), sino con el significado propio de la escuela francesa según Pruvost (2003). Se refiere, por lo tanto, al ejercicio comparativo que trabaja dentro de los límites de un corpus de diccionarios.

4. Sobre este particular, remito al estudio de las características lexicográficas de hebreo bíblico que redacté para mi tesis doctoral (Carbonell Ortiz 2022: 3-43), así como a la contextualización histórica que realicé de dichos diccionarios, desde el inicio de la disciplina en el s. X hasta la actualidad (Carbonell Ortiz 2022: 44-83).

en tōn tēs Raábēs katagōgíō, es decir: 'en la posada de Rajab' (Ant. Jud. V.1.8). El término *katagógion*, que da nombre a este establecimiento, vuelve a aparecer en más ocasiones dentro de dicho pasaje (*cf.* Ant. Jud. V.1.7,10,13,30). El contraste con el relato bíblico es evidente: allí donde el hebreo se sirve del epíteto *zōnâ* para referirse a Rajab, Josefo lo elimina y sustituye por un locativo. Además, Josefo indica algo más que el tipo de negocio, puesto que especifica qué hacen exactamente los espías: cenar (en el original griego, *deipnopoiēsámenoi*). El silencio bíblico ante la pregunta inmediata y espontánea de cualquier lector ávido por conocer más detalles de la historia, a saber, ¿por qué acuden los espías a casa de una prostituta?, es apaciguado por Josefo con una respuesta tranquilizadora para la percepción moral de estos. Entre líneas se vislumbra un malestar exegético: Josefo, y quizá también su generación, siente la necesidad de revisar el carácter fornicario de Rajab, aunque su patente condición de ramera no parecía haber sido óbice alguno para que los antiguos israelitas que tejieron la historia bíblica acabaran encumbrando su figura.

La institución del *katagógion* volverá a aparecer una vez más en Josefo. En la reescritura de Jue 16,1, cuando se narra que Sansón baja a Gaza y «viene hacia» (en el sentido sexual hebreo) una prostituta (en hebreo, *ʾiššâ zōnâ*), Josefo se limita a indicar que este va *en tini tōn katagōgíōn*, es decir, 'a una cierta posada' (Ant. Jud. V.8.10). El término griego *katagógion* no vuelve a aparecer en la obra de Josefo (Rengstorf 1975). En otras ocasiones, como 1Re 3,16, la referencia a prostitutas (*našīm zōnōt*) será respetada en el griego de Josefo como *hetaîrai tòn bíon*, es decir, 'mujeres que se ganaban la vida como hetairas'. En otras ocasiones, Josefo acude a otra voz griega cuyos ecos resonarán en el arameo rabínico, como se verá más adelante.

Resulta ambivalente la relación de Josefo con discursos posteriores que se desarrollan dentro del seno del judaísmo rabínico con respecto a Rajab. La recepción de Rajab en la literatura rabínica ha sido estudiada en profundidad por Baskin (1979). Esta autora situó el foco de atención en un elemento religioso y otro lingüístico-literario: por un lado, en el rol de Rajab como modelo ideal de prosélita, dentro de unas coordenadas históricas y culturales en las que el judaísmo rabínico buscaba activa y públicamente la conversión; y, por otro, en el análisis de las elucubraciones sobre el oficio que había desempeñado como *zōnâ*, no pareciendo demasiado evidente el significado para ciertos exegetas. A pesar de la abundancia de fuentes judías que maneja Baskin, en su artículo la autora desatiende, sin ni siquiera mencionarlo, aquel género tan relacionado con la exégesis rabínica y que es el que el exploraremos en este artículo: el de los diccionarios de hebreo bíblico.

La exégesis desexualizadora de Rajab que se produce en el entorno rabínico está representada por dos pasajes en *Sifré Números* (s. III) y *Rut Rabbah* (ss. IV-VI)[5]. Los fragmentos son los siguientes:

1) *Sifré Núm.* 78 | וכן אתה מוצא ברחב הזונה: מהו אומר ומשפחת בית עבודת הבוץ לבית אשבוע – עבודת הבוץ – שהטמינה את המרגלים. [...] ר' אליעזר אומר: זו רחב הזונה, שהיתה עסוקה באכסנאי

Encuentras también [dicho] de Rajab la *zōnâ*: ¿Qué significa «los clanes de las casas del oficio del lino en Bet-Asbea» [1Cro 4,21]? El oficio del lino: esto es con lo que se escondió a los espías. [...] Rabbí Eliezer dijo: «Esta es Rajab la *zōnâ*, que estaba involucrada en [acoger] extranjeros».

2) *Rut Rab.* 2:1 | ומשפחות בית עבדת הבץ, זו רחב הזונה שהטמינה המרגלים בבוץ, הדא הוא דכתיב: ותטמנם בפשתי העץ, אמר רבי יהודה ברבי סימון בבוסמין היתה עסקה

«Y los clanes de la casa del oficio del lino» [1Cro 4,21]: es Rajab la *zōnâ*, que ocultó a los espías con lino, como está escrito: «Los escondió con haces de lino» [Jos 2,6]. Dijo Rabbí Yehuda en [nombre de] Rabbí Simón: «Estaba involucrada en [el negocio de los] perfumes».

Para indagar en el oficio de Rajab, ambos pasajes parten de una premisa consustancial a la exégesis rabínica: el texto bíblico es una fuente de interpretación de sí mismo, aunque para ello se deba acudir a un pasaje lejano y que no parezca guardar relación alguna con el asunto actual, como lo es 1Cro 4,21. En el fondo, el hilo del que tiran estos sabios es la expresión citada en Jos 2,6 con la que el texto describe el objeto que usa Rajab para cubrir a los espías israelitas (*bĕ-pištē ha-ʿeṣ*). Entendiendo que se trata de lino, se sugiere que la presencia de este en casa de Rajab se debe a que esta se dedicaba al comercio de dicho tejido. Pero existen voces ligeramente discrepantes, como la de Rabbí Simón, quien cambia el género de la mercancía por perfumes. Rabbí Eliezer, por su parte, comparte con Josefo la atribución a Rajab del rol de hostelera de huéspedes. En todas las fuentes citadas hasta el momento, las alternativas que se barajan para la reevaluación del oficio de Rajab tienen su fundamento en elementos narrativos (dentro o fuera del pasaje de Jos 2) que no se

---

5. Para la mención de Rajab como prostituta en fuentes rabínicas, véase TB Zev. 116b; Pesiqta Rabbati 40: 3-4 y Pesiqta d'Rav Kahanna 13: 4. Todas las citas de literatura rabínica y comentarios bíblicos medievales han sido tomados de las bases de datos digitales Sefaria.org y Alhatorah.org.

consideran circunstanciales ni marginales en el texto. Al contrario, su presencia se considera causal y digna de estudio.

Será siglos más tarde, en los repertorios lexicográficos de la Edad Media, cuando el epíteto de Rajab se mire desde otro enfoque. Entonces se apelará o a una semántica polisémica, por la que *zōnâ* puede significar varias cosas, o estableciendo una homonimia distinta que permita un significado no sexual. En ambos casos, los criterios exegéticos serán entonces lingüísticos y no tanto literarios.

3. Rajab en la lexicografía medieval judía (ss. X-XV)

El comienzo de la lexicografía de hebreo bíblico se ubica convencionalmente en el s. X y finaliza en el s. XV, enmarcándose en ambos casos en al-Ándalus. Es en este período cuando se despliega la mayor diversidad exegética en torno al significado de *zōnâ* en términos generales y también como epíteto particular de Rajab.

3.1. Los primeros testimonios lexicográficos

En el diccionario de Mĕnaḥem Ben Saruq, conocido bajo el título de *Maḥberet* y compuesto en la Córdoba califal *ca.* 950, la voz *zōnâ* se halla dentro del lema *ZN*. Este lema habrá de modificarse en las siguientes décadas tras la acogida de la teoría trirradical que, a la luz de la gramática árabe, propondrá Ḥayyūŷ (Martínez Delgado 2004: 147)[6]. Para Ben Saruq, el lema *ZN* se segrega en seis secciones semánticas. La voz *zōnâ* se encuentra en la quinta sección:

החמישית, והוא קרוב לענין זה העליון, והוא לשון מרחק, כאלה: הצמתה כל זונה ממך, הם הרחוקים מדרך יי .וכמהו, את רחב הזונה, היתה רחוקה משכונת בני אדם, כי ביתה בקיר החומה ובחומה היא יושבת, מובדלה מההצרות. (Sáenz-Badillos 1980: 155*)	El quinto [significado], y es cercano al asunto de arriba [*i. e.*, la idolatría], es del significado relativo a la «lejanía», como [muestran] estos [versículos]: *kol zōne mimeḵa* [Sal 73,27] (son los que se alejan del camino de YHWH). Y como este [versículo]: *vĕ-ʾet ha-zōnâ Rajab* [Jos 6,25]. Ella estaba lejos del vecindario de las gentes, pues su casa estaba en la pared de la muralla y en la muralla ella habitaba, separada de las propiedades.

---

6. Hasta la innovación de Wilhelm Gesenius a principios del s. XIX, la lexicografía de hebreo bíblico se rige por la lematización radical, no la léxica. Esto quiere decir que las palabras no forman entradas propias, sino que todas se aglutinan dentro de su raíz, que en la lengua hebrea es mayoritariamente de carácter trilítero.

En la cuarta sección, Ben Saruq había hablado del significado de la raíz en tanto que 'cometer fornicación' (irse [una mujer] con otros hombres) y 'cometer idolatría' (irse [una nación] con otros dioses). Ese sentido le da pie a vincular la quinta sección con la cuarta, pues la infidelidad religiosa es un desvío, o alejamiento, de la fe. Para Ben Saruq, el epíteto $zōn\hat{a}$ que recibe Rajab en el texto bíblico ha de leerse bajo esta luz: no es que se trate de una prostituta, sino que su casa estaba alejada del resto de hogares. Se aprovecha, una vez más, un detalle narrativo (la ubicación de la morada) como pauta de reevaluación de la voz. Considerando todas las fuentes que he consultado, esta exégesis parece propia de Ben Saruq y no será ni siquiera referida en obras posteriores.

El siguiente diccionario del período, titulado *Kitāb ŷāmiʿ al-ʾalfāẓ* y compuesto en judeoárabe por el caraíta David ben Abraham al-Fāsī, vuelve a alojar la voz $zōn\hat{a}$ en *ZN*. La imagen que transmite de Rajab es la de una ventera, lo cual resuena con los ecos del autor judeorromano Josefo diez siglos antes y los testimonios midráshicos posteriores que se han transcrito arriba:

ואלראבע מא תלקב בה אלאמראה֗
אלמנבד לה֗ פי אלאסואק ופי מתלהא קאל
אשה זנה וחללה זונה הי אלסואקה֗ וחללה
הי אלספיקה֗ אלוﬞה אלתי לא תהאב
אלרגﬞאל ולא תחתשם ממן ליס הו להﬞא
בקריב. והו אלדלּ נהא אללה ענה בקולה
אל תחלל את בתך להזנותה לאן מן דלך
ינתﬞג אלזנות. וקולה וחללה זנה הו מתﬥ
אשה זנה וחללה. ומן דלך אﬞסמית רחב
הזונה לא אנהא זאניה֗ לאן דלך ימתנע מן
וגﬤהין אלאול ממא ינכרה אלעקﬥ אן יקצדו
אלאכﬞיאר בית טאניה֗ ואלﬞתאני לו כאנת
זאניה֗ לם יעטוהא אמאן ואנמא כאנת
תאגרה֗ מנבדלה֗ פי אלביﬠ ואלשרי יקצדון
אלתגﬤלּ֗אר ואלמסאפרין אליהא פלמא
קצדוהא לם תקלק מנהם ולם תכﬞאפהם
(Skoss 1931: I/495)

El cuarto [significado] es lo que se llama a la mujer dedicada al mercado, y así se ha dicho: *ʾiššâ zōnâ wa-ḥălalâ* [Lev 21,7]. La *zōnâ* es la ventera y la *ḥălalâ* es la desvergonzada que no teme a los hombres ni tiene pudor ante quien no es pariente suyo. Alá prohibió con respecto a ella al decir: *ʾal tĕḥal·lel ʾet-bitka lĕhaznōtah* [Lev 19,29]. De aquí resulta la [palabra] *zĕnūt* ['prostitución']. Y está dicho: *wa-ḥălalâ zōnâ* [Lev 21,14], igual que *ʾiššâ zōnâ wa-ḥălalâ* [Lev 21,7]. A partir de aquí se denomina a Rajab la *zōnâ*, [pero] no porque sea una prostituta, pues esto se refuta por dos motivos. El primero [es] porque lo niega el pensamiento de que los mejores [hombres] se hubieran dirigido a una casa impía. El segundo [es porque], si fuera una ramera, no hubieran buscado en ella refugio, sino [que lo hicieron] porque era una ventera dedicada a la compraventa, a la que se dirigían los mercaderes y los viajeros. Cuando se dirigían a ella, ella no se inquietaba por ellos ni los temía.

Con Al-Fāsī, el elemento literario (ora la mención de la muralla en Ben Saruq, ora los haces de lino en los testimonios midráshicos) es sustituido por un elemento moral: en un ejercicio de análisis psicológico de los espías israelitas, este lexicógrafo intenta defender la imposibilidad de que estos hubieran buscado cobijo en un prostíbulo. Porque, en efecto, para Al-Fāsī constituía un signo de deshonor el que «los mejores hombres» solicitaran los servicios sexuales de una ramera; única explicación lógica que justificaría su alojamiento en tales lares. Pero además, la exégesis de la voz *zōnâ* en Al-Fāsī no afecta exclusivamente a su aplicación como epíteto de Rajab, sino que el autor caraíta cree ver en otros lugares (como los versículos citados de Levítico) un uso semejante como 'ventera'. Nótese, adicionalmente, cómo los argumentos propuestos por Al-Fāsī para refutar la equivalencia *zōnâ* = 'prostituta' constituyen dos versiones del mismo motivo y no dos motivos distintos: la primera versión adopta la perspectiva de los israelitas (su altura moral) y la segunda, la de Rajab (su supuesta bajeza). Por último, reflexiona Al-Fāsī que Rajab no teme a los forasteros porque está acostumbrada a tratar con varones, por el desempeño de su oficio.

Tanto Ben Saruq como Al-Fāsī, iniciadores de la lexicografía de hebreo bíblico en la Edad Media, verán sus voces ahogadas en la transmisión posterior de la tradición. A partir del s. XI se instaura una nueva tendencia en la descripción lingüística de *zōnâ*, en la que la versión targúmica jugará un rol fundamental.

3.2. La traducción targúmica

Con la aparición de la obra gramatical de Ḥayyūŷ a principios del s. XI, se establecerá que la raíz de *zōnâ* ha de reconstruirse como *ZNH*. En un escenario lexicográfico en el que la lematización es radical, esta reconsideración tiene gran impacto lingüístico en los diccionarios. Es por ello que, cuando Yonâ ibn Ŷanāḥ redacte su diccionario *Kitāb al-ʾuṣūl* en la Zaragoza de *ca.* 1050, la voz *zōnâ* se encontrará participando del lema *ZNH* y no ya *ZN*, como se observaba en Ben Saruq y Al-Fāsī. En comparación con estos, Ibn Ŷanāḥ se muestra parco en palabras al abordar la cuestión de Rajab y se limita a comentar el siguiente dato:

وقال فيه الترجوم وفي رحب الزونة ايضا פונדקיתא El Targum dijo sobre ella [la madre de Jefté]
(Neubauer 1875: 198)[7]   y sobre Rajab la *zōnâ* igualmente: *pūndĕqitâ.*

---

7. Al igual que el diccionario de Al-Fāsī, el de Ibn Ŷanāḥ fue redactado en judeoárabe. El editor del primero, Skoss, mantuvo unos criterios de transcripción fieles al original, mientras que el del segundo, Neubauer, prefirió convertir las letras hebreas de los manuscritos con los que trabajaba en letras árabes,

La mención de Rajab en Ibn Ŷanāḥ forma parte de un fragmento en el que la madre de Jefté y su epíteto, también *zōnâ* (Jue 11,1), es el centro de atención[8]. Rajab aparece de manera coyuntural porque el Targum ha elegido la misma voz aramea para traducir *zōnâ* en ambos casos.

El siguiente lexicógrafo será Šĕlomô ibn Parḥōn, que, siguiendo de cerca la obra de Ibn Ŷanāḥ, compondrá en Salerno en 1160 su propio diccionario hebreo-hebreo: *Maḥberet he-ʿArūḵ*. En *ZNH*, encontramos un tratamiento semejante de la voz *zōnâ* aplicada a Rajab:

וכן רחב הזונה (יהושיע ו') והתרגום אמר עליה
פונדקיאה
(Stern 1844: יחb)

Y también [está el versículo] *Rajab ha-zōnâ* (Jos 6[,25]). El Targum dijo de ella: *pūndĕqîʾâ*.

La equivalencia targúmica que aparece en Ibn Parḥōn no es un error de copia, sino que es una adaptación hebraizante del arameo *pūndĕqitâ*. Casualmente, un lexicógrafo medieval posterior, Šĕlomô ben Mobaraḵ hará algo semejante en su diccionario *Kitāb at-Taysīr*, un par de siglos más tarde:

רחב הזונה פונדקאניה

Rajab ha-zōnâ [Jos 6,25]: *funduqāniyyâ*

(Martínez Delgado 2010: I/294)

Como se observa, esta vez la glosa citada parece ser una adaptación arabizante del arameo del Targum, que contrasta con la documentación en el árabe andalusí: *funduqayrâ* (Corriente 1997: 407). A estos efectos, las decisiones lexicográficas de Ibn Parḥōn y Ben Mobaraḵ comparten el haber calcado el arameo en la metalengua del diccionario de cada cual.

A modo de avance de lo que se verá más adelante, es preciso apuntar aquí que ninguno de estos tres diccionarios ofrece una traducción propia al árabe o al hebreo de lo que para ellos significaba *zōnâ* en tanto que caracterización de Rajab; ni tampoco establecen una equivalencia (al menos no cognada) de lo que ellos entendían por el arameo *pūndĕqitâ*. Optaron, no obstante, por seguir la estela del Targum como meros

---

siendo común en la época considerar que las transcripciones científicas del judeoárabe debían ser en alifato, y no en alefato, a pesar de la evidencia material. En este artículo, respeto los criterios editoriales de cada académico y me limito a verter lo que se encuentra en la edición consultada, de forma que el lector encontrará algunos pasajes judeoárabes citados en letras árabes y otros, en letras hebreas.

8. La caracterización de la madre de Jefté como *zōnâ*, también reflexionada por los lexicógrafos medievales, debe dejarse al margen en este artículo. Para una aproximación al problema, remito a Carbonell Ortiz (2022: 630-635).

y fieles transcriptores de la tradición. La glosa aramea es citada por ellos sin mayores aclaraciones para el lector.

3.3. Una nueva explicación radical

Entre la composición del diccionario de Ibn Parḥōn y el de Ben Mobaraḵ se había compuesto en Provenza, en torno al año 1210, un nuevo diccionario hebreo-hebreo, titulado originalmente *Sefer ha-ʿiniyanīm*. Escrito por David Qimḥī, se trataba de uno de los muchos esfuerzos de la época para realizar un transvase de la Filología Hebrea gestada en al-Ándalus, y escrita mayormente en judeoárabe, a las comunidades judías europeas que no tenían acceso lingüístico a estas. Pero Qimḥī no reflejará en la entrada que afecta al personaje de Rajab ni siquiera una traza del legado andalusí. Por primera vez en la historia de la lexicografía hebrea, se replantea la alineación etimológica de *zōnâ*.

En la entrada de *ZNH*, Qimḥī guarda silencio sobre Rajab y menciona a otra mujer en su lugar: la madre de Jefté.

והתאר לנקבה והוא בן אשה זונה (שופטים יא, א) (Biesenthal y Lebrecht 1847: 89)	El adjetivo femenino [de la raíz *ZNH* se encuentra en] *wě-hūʾ ben ʾiššâ zōnâ* (Jue 11,1).

Si el lector se queda con esta exigua información y deja de buscar en el diccionario de Qimḥī, tendrá la impresión de que, con este autor, Rajab ha sido eliminada de la lexicografía. No obstante, si acude a la entrada *ZWN*, encontrará algo inesperado:

והשם בר ולחם ומזון (בראשית מה, כג), ורחב הזונה (יהושוע ו, כה), תאר בפלס טובה ופירושו מוכרת מזון. וכן תרגם יונתן פונדקיתא. (Biesenthal y Lebrecht 1847: 86)	Y el nombre [de la raíz *ZWN*, se encuentra en] *bar u-leḥem u-mazōn* (Gen 45,23) y *Rajab ha-zōnâ* (Jos 6,25) [es] el adjetivo con el paradigma de *tōḇâ* y su interpretación es 'vendedora de comida'. Así lo tradujo Jonatán: *pūndĕqitâ*.

Lo que Qimḥī pretende transmitir, con el lenguaje críptico propio de los lexicógrafos medievales, es que *zōnâ* es una forma femenina que puede proceder de dos raíces y, por ende, tener dos significados: 1) de la raíz de tercera radical débil *ZNH*; 2) de la raíz de segunda radical débil *ZWN*. Para corroborar la posibilidad de lo segundo, Qimḥī acude a una raíz de idénticas características a *ZWN*: *TWḆ* ('ser bueno'), a la que pertenece la voz femenina *tōḇâ* ('buena'). La analogía entre paradigmas morfofonéticos (ZWN | $TW\underline{B}$, $z\bar{o}n\hat{a}$ | $t\bar{o}\underline{b}\hat{a}$) permite a Qimḥī formular un argumento homonímico que cambia la semántica de al menos un tipo de $z\bar{o}n\hat{a}$, convirtiendo a Rajab de prostituta a vendedora de alimento.

En verdad, Qimḥī había encontrado su fuente de inspiración, aunque nunca lo declare, en uno de los más renombrados exegetas ashkenazíes del medievo: Rašī. En su comentario bíblico, este había declarado sobre la mención de Rajab en Jos 2,1:

אשה זונה – פונדקיתא מתרגמינן, מוכרת מיני מזונות.	$'I\check{s}\check{s}\hat{a}$ $z\bar{o}n\hat{a}$: se traduce [en el Targum] por $p\bar{u}nd\check{e}qit\hat{a}$, [es decir] 'vendedora de diversos alimentos'.

La impronta de Rašī en Qimḥī queda al descubierto cuando se observa que no solo coincide la idea, sino también la formulación lingüística: si comparamos las expresiones para «vendedora de alimentos», vemos que el primero había dicho $m\bar{o}\underline{k}eret$ $m\bar{i}n\bar{e}$ $m\check{e}z\bar{o}n\bar{o}t$ y, el segundo, $m\bar{o}\underline{k}eret$ $maz\bar{o}n$.

Cuando, a finales del período, Sẽ^{c}adyah Ibn Danān componga en judeoárabe su propio diccionario como parte de su $Kit\bar{a}b$ $a\d{d}$-$\d{d}ar\bar{u}r\bar{i}$ $fi'l$-$lug\hat{a}$ al-$^{c}ibr\bar{a}niyy\hat{a}$, seguirá de cerca el postulado de Qimḥī, aunque aportando un argumento de índole no gramatical. Volvemos a encontrar a Rajab en la entrada de ZWN:

רחב הזונה. באיעה אלטאעם. ויב״ע ע״ה תרגמה פונ־ דקיתא. וכל זונה פי אלמקרא ענדי קחבא. ודרש ולא קמה עוד רוח ינבי בצחה קולנא. (Jiménez Sánchez 1996: 108-109)	$Rajab$ ha-$z\bar{o}n\hat{a}$ [Jos 6,25]: [significa] 'vendedora de alimento'. Jonatán ben ^{c}Uzzi$^{\prime}$el lo tradujo por $p\bar{u}nd\check{e}qit\hat{a}$. Todos [los demás casos][9] de $z\bar{o}n\hat{a}$ en la Escritura [significan] en mi opinión 'ramera'. La interpretación de u-$l\bar{o}^{\prime}$ $qam\hat{a}$ $^{c}\bar{o}d$ $r\bar{u}a\d{h}$ [Jos 2,11] demuestra lo cierto de lo que decimos.

Si comparamos este fragmento con el de Qimḥī, a quien Ibn Danān conoce y emplea a menudo en su obra, observamos que la analogía gramatical con $t\bar{o}\underline{b}\hat{a}$ no aparece. Pero, a modo de sustentación argumentativa, el lexicógrafo granadino aporta el versículo de Jos 2,11, en el que se dice que «su espíritu no volvió a alzarse». En cierto lugar del diccionario de Ibn Danān, este explicará el significado del versículo como «no se ha desplegado» (Jiménez Sánchez 1996: 292). El verbo árabe

---

9. Esta lectura entre corchetes es necesaria para que el pasaje cobre sentido y no incurra en una contradicción absoluta del argumento.

que emplea Ibn Danān en el original comparte raíz con la palabra para la erección, lo cual no es casualidad. El conocedor del Talmud, que sin duda era el público al que Ibn Danān se dirigía, estaba familiarizado con un pasaje en el que Jos 2,11 se interpretaba como que «no hubo erecciones» (TB Zev 116b). Ibn Danān se sirve de la interpretación sexual de Jos 2,11 para alegar que, si no tenían erecciones, tampoco podrían tener sexo con una mujer. De ello se sigue que no podrían haberse acostado con Rajab. Y eso es porque ella no era una ramera. De ahí que dicho versículo «demuestre lo cierto» de lo que dice.

Si, al igual que había propuesto hacer con Qimḥī, seguimos indagando en el diccionario de Ibn Danān, hallaremos más información sobre Rajab en la entrada de *ZNH*:

ורחב הזונה. באיעה אלטעאם. [...] וזונה אלמאקול
פי רחב ויפתח אצלה ענדי זון מד. ואלואחדה תשתק
מן מזון [...]. פהמא נעת ללאנתי מן מעלתי אלעין,
עלי זנל שומה, סוגה בשושנים, ואלחולם בדל שורק.
(Jiménez Sánchez 1996: 111)

Y *Rajab ha-zōnâ* [Jos 6,25]: 'vendedora de alimento' [...]. La primera [palabra][10] *zōnâ*, aplicada a Rajab, lleva *pataḥ*, y es en mi opinión [de] la raíz *ZWN*. Esta procede de [la palabra] 'alimento' [*mazōn*]. Ambas son adjetivos femeninos de segunda radical débil, según el tipo *śūmâ* [2Sam 13,32] y *sūga ba-šōšanīm* [Cant 7,3].

Al igual que había hecho Qimḥī con la analogía del adjetivo femenino *tōḇâ* (de la raíz *TWḆ*), Ibn Danān se propone presentar otros dos ejemplos: *śūmâ* (de la raíz *ŚWM*) y *sūga* (de *SWG*). El objetivo de ambos lexicógrafos es demostrar que este paradigma vocálico (ʔōʔâ) no solamente pertenece a las raíces verbales de tercera débil (en este caso, *ZNH*), sino que a él también se adhieren las de segunda débil (y por lo tanto, *ZWN*).

Más allá de los argumentos morfológicos, cabe cuestionar por qué Ibn Danān incluye el debate sobre Rajab la *zōnâ* dentro del lema *ZNH*, cuando él considera que en realidad pertenece a *ZWN*. El motivo está relacionado con una práctica conocida en la lexicografía medieval y que consiste en la introducción de falsos lemas pedagógicos. Ibn Danān era consciente de que la interpretación convencional de *zōnâ* aplicado a Rajab era la de 'prostituta' y que esta información se ubicaba,

---

10. En este fragmento, Ibn Danān analiza la voz *zōnâ* predicada de Rajab y predicada de la madre de Jefté, por lo que las menciona de forma conjunta. No obstante, para este lexicógrafo la lectura 'vendedora de alimento' solo sirve para Rajab.

consecuentemente, dentro del lema *ZNH*. Por lo tanto, y con un objetivo puramente práctico, decide reduplicar la información: la inserta en *ZWN*, donde cree que pertenece, y de nuevo en *ZNH*, porque ahí esperaría encontrarla el usuario, aunque desde allí este será redirigido a *ZWN*. Además, es en *ZNH* y no en *ZWN* donde Ibn Danān despliega la justificación gramatical. Todos estos elementos están dispuestos de tal manera que se anticipan a los criterios de búsqueda del usuario del diccionario y, al mismo tiempo, se asegura su aprendizaje.

3.4. Releyendo a Josefo y el Targum

Si echamos la vista atrás en el tiempo, vale reflexionar sobre otro asunto. Tanto Rašī como, siguiéndolo, Qimḥī y finalmente Ibn Danān, están haciendo algo más que afirmar que la voz *zōnâ* significa aquí 'vendedora de alimento': están, adicionalmente, atribuyendo esa interpretación a la traducción targúmica. Desde una perspectiva filológica moderna, podría decirse que estos autores racionalizan el arameo *pūndĕqitâ*; pero Qimḥī e Ibn Danān lo hacen desde un refinado planteamiento gramatical que hunde sus raíces, y nunca mejor dicho, en la teoría trirradical de Ḥayyūŷ.

Algunos autores han querido retrotraerse hasta Josefo. Para Weill, quien tradujo al francés la obra de este autor, «Josèphe suit l'exégèse palestinienne et comprend le mot de *zona* comme le Targoum (sur *Josué*, II, 1), qui emploi l'expression de *poundekita,* «aubergiste» (1900: 295, n. 1). Esto implicar hacer equivalente la traducción de *zōnâ* por *pūndĕqitâ* en el Targum y la referencia a Rajab en Josefo como propietaria de algún tipo de posada denominada *katagŏgion*. Previamente, Weill había afirmado que el arameo *pūndĕqitâ* era una traducción que «suppose sans doute dans le mot *zona* la racine *zoun*, qui signifie nourrir» y que ello viene refrendado porque, en Josefo, Rajab «est représentée comme un aubergiste; or la Bible l'appelle précisément *zona*» (1900: 209, n. 2). La conclusión que ha de extraerse del análisis de Weill es que *pūndĕqitâ* interpreta *zōnâ* < *ZWN* (y no *zōnâ* < *ZNH*) y que Josefo y el Targum entienden este caso de *zōnâ* como 'mesonera', y no como 'prostituta'.

Cabe, no obstante, realizar algunas objeciones a esta hipótesis. En primer lugar, un planteamiento formulado de esta manera incurre en un anacronismo gramatical: en todo caso, el Targum y Josefo estarían relacionando las palabras *zōnâ* y *mazōn*, pero nunca alineando *zōnâ* con la raíz *ZWN*, puesto que la mera teoría del trirradicalismo hebreo es un avance filológico de sello escrupulosamente medieval. Ni Josefo ni el Targum piensan la morfología hebrea en torno a la noción de tres raíces; menos aún, en casos de debilidad radical como la que afecta a esta palabra en cualquiera de sus dos posibilidades (*ZWN* o *ZNH*). En segundo lugar, cabe remarcar que Josefo no está empleando un sustantivo de persona, como hace el Targum con *pūndĕqitâ*, sino un sustantivo de lugar (*katagṓgion*). Es decir, Rajab en Josefo no es descrita como *alguien* sino como la *propietaria de algo*.

Si acudimos al *BDAG*, el diccionario de referencia para la literatura neotestamentaria y cristiana temprana, y buscamos los términos griegos de los que el arameo derivará su *pūndĕqitâ*, notamos algo sobresaliente. En la entrada del sustantivo de lugar *pandoḵeîon* ('mesón'), el diccionario informa al usuario de que «though lacking in Philo […] and Joseph, the word was taken over by Jews as a loanw[ord]» (*BDAG* 2013: 669). Igualmente, en la entrada del sustantivo de persona *pandoḵeús* ('mesonero), el diccionario repite la misma información: «[t]aken over by Jews […] but not found in Philo and Joseph» (*idem*). Puesto que en el corpus textual que abarca el *BDAG* solo aparecen las formas nominales *pandoḵeîon* y *pandoḵeús* de esta raíz, el usuario corre el riesgo de sacar una conclusión equivocada tras la lectura de estos fragmentos. En efecto, Josefo nunca emplea estos términos griegos para el mesón y el mesonero, pero sí que conoce el verbo de la raíz: *pandoḵeúein*. De hecho, lo emplea en su reescritura de Lev 21,7. Donde el hebreo dice *zōnâ* y *ḥălalâ*, Josefo habla de *kapeleías kaì toû pandokeúeiv peporisménas tòn bíon*, es decir: 'las taberneras (*kápelē*) y las que se ganan la vida siendo mesoneras (*pandokeúeiv*)'. Es decir, Josefo conoce las voces griegas de la familia *pandoḵ-*, como indica el hecho de que use este verbo. Ahora bien, Josefo habría decidido no emplear el sustantivo de profesión *pandoḵeús* para traducir el *zōnâ* de Rajab, y eso es un dato relevante y motivado.

Gracias a sus *Antigüedades judías*, sabemos que Josefo entiende el significado de *zōnâ* en ocasiones como 'prostituta' (1Re 3,17) y, en otras ocasiones, prefiere hacer referencia a un lugar regentado y llamado *katagṓgion*, pero no *pandoḵeîon* (Jos 2,1; Jue 16,1). La hipótesis que planteo es que Josefo establece una diferencia entre dos instituciones semejantes: el *katagṓgion* (no relacionado con lo sexual) y el *pandoḵeîon*, y que, mientras él hace referencia al primero en Jos 2, los testimonios targúmicos pensarían en el segundo.

4. Rajab en la lexicografía moderna cristiana

El s. XVI marca el comienzo de una nueva etapa en la lexicografía de hebreo bíblico; un período liderado por autores cristianos, a diferencia del período medieval. Es entonces cuando el lexicógrafo se debate entre legar una tradición targúmica ajena, que ve en Rajab a una *pūnděqitâ*, o legar las tradiciones propias: la neotestamentaria, que la reconoce como *porně*, y la traducción de la Vulgata, como *meretrix*[11].

4.1. El legado de la tradición judía

El primer diccionario de la época, compuesto por el católico Johannes Reuchlin en 1506, se inclina por la tradición de la Vulgata, pero aun así no vacila en mostrar la alternativa targúmica. Su testimonio es la primera prueba del calado de la interpretación *zōnâ*-mesonera fuera de círculos judíos:

זוֹנָה Meretrix. ut Iosue. ii. Ingressi sunt domu[m] mulieris meretricis. alii interpretant lixa quae discurrit hinc inde ut conferat escam. Sic Ionathas chaldaeus transfert caupona[m]. (Reuchlin 1506: 148)	*Zōnâ*: 'meretriz', como en Jos 2[,1]: *Entraron en la casa de una mujer meretriz* [Vulgata]. Otros interpretan: 'cantinera que va de aquí para allá para traer comida'. Así el arameo de Jonatán traduce por *caupona* ['mesonera'].

Las fuentes de Reuchlin son Qimḥī y Rašī. Nótese cómo Reuchlin ahorra a los lectores las explicaciones gramaticales que había procurado Qimḥī (es decir, la analogía con *tōḇâ*). Ello se debe a dos motivos: Reuchlin no respalda la lectura como para detenerse en la morfología y su público objetivo tampoco posee conocimientos de hebreo suficientemente sólidos como para seguir el debate. Es por ello que Reuchlin también prescinde del arameo *pūnděqitâ* y en su lugar ofrece directamente la traducción latina *caupona*.

El siguiente diccionario redactado en el siglo es el que se insertó en el sexto volumen de la Biblia Políglota Complutense bajo la alegada supervisión de Pablo Núñez Coronel y Alonso de Zamora:

---

11. En este epígrafe, los ejemplos ofrecidos se circunscriben, por motivos de brevedad y representatividad, al s. XVI.

זנה [...] & i[n]de זוֹנָה Zona. i. meretrix. fornicaria. [...] Ios. 2. Ingressi sunt domum mulieris meretricis. & dicunt aliqui hebrei q in predicto loco significat hospitatricem vel cauponam. De quo vide supra in dictione זון Zun.
(*BPC* 1515: fo. xLa)

ZNH [...] y de ahí [procede] *zōnâ*, 'meretriz', 'fornicaria'. [...] Jos 2[,1]: *Entraron en la casa de una mujer meretriz* [Vulgata]. Y dicen algunos hebreos que en dicho lugar significa 'hospedera' o 'mesonera', de lo cual véase arriba en la voz *ZWN*.

זון [...] Dicunt etiam hebrei q a predicta dictione potest deriuari זוֹנָה zona: quod ponitur pro meretrice. vt Ios. 2. Vbi dicitur ingressi sunt domum mulieris meretricis. et q potest etiam significare hospitatrice[m] vel caupona[m]: que solet etcas vendere. Cui co[n]cordat translatio caldaica.
(*BPC* 1515: fo. xxxvIIIb)

ZWN [...] Dicen también los hebreos que de dicha voz puede derivarse *zōnâ*, que se emplea por 'meretriz', como en Jos 2[,1]: *Entraron en la casa de una mujer meretriz* [Vulgata], que puede también significar 'hospedera' o 'mesonera': 'que acostumbra a vender comida'. Concuerda con esto la traducción aramea.

En estos pasajes, se observa un nuevo uso del falso lema, pero, a diferencia de Ibn Danān, el recurso no sirve aquí un propósito pedagógico, sino que es una nota de erudición: los lexicógrafos se posicionan a favor de *zōnâ* > *ZNH*, pero ello no les impide ofrecer la lectura *zōnâ* > *ZWN* con el objetivo de informar a sus lectores, cristianos, de los usos exegéticos judíos.

El 1525, el protestante Sebastian Münster redactará un nuevo diccionario de hebreo bíblico en latín. En él, la herencia de Qimḥī resulta transparente, pero no porque se le nombre en la entrada, pues el silencio en la transmisión de opiniones es un rasgo común en las obras del período, sino porque decide reflejar (traduciéndola) la misma analogía morfológica que este había propuesto en su diccionario:

זנה [...] Item secundu[m] Hebraeos significat etiam tarbernariam seu cauponariam: Ihos. 2. & Iudic. 11. ubi Chaldaeus interpres uertit פּוּנְדְּקִיתָה [*sic*] & tunc deriuatur à זון cibauit, non à זנה scortatus est, sicut & טוֹבָה bona, uenit à uerbo טוב bonum fuit.
(Münster 1525: s. pag.)

ZNH [...] También según los hebreos *zōnâ* significa o 'tabernera' o 'mesonera': Jos 2[,1] y Jue 11[,2]. El intérprete arameo [Jonatán] lo tradujo como *pūndĕqitâ* y así derivándolo de *ZWN* 'alimentar', no de ZNH 'fornicar', así como *toḇâ* 'buena' procede del verbo *TWḆ* 'ser bueno'.

De nuevo, la exégesis judía se menciona en calidad de adición erudita, sin ser respaldada por el lexicógrafo. La excepción será sorprendentemente el católico

Sanctes Pagnino, fiel seguidor de Qimḥī, que apenas unos años después de la obra de Münster publicará su propio diccionario. Esta vez, como corresponde a quien decide adherirse a la exégesis de Qimḥī, Rajab aparece en la entrada de *ZWN* y lo hace exclusivamente, sin dejar rastro alguno en la de *ZNH*:

זון […] Hinc etiam sit זוֹנָה.i. caupona, hospita, sic appellata, q escas preparet, & uendat: & est nomen Tóar, instar טוֹבָה .i. bona: & exponit Ra. Da. מוֹכֶרֶת מָזוֹן .i. uendens escam. Iehos. 2. v. 1. Et ingressi sunt domu[m] mulieris זוֹנָה .i. caupone, & nomen eius Rachab. & ita Ionathán uertit in Targhum יונדקיתָּא [*sic*] .i. caupone, siue hospitae. (Pagnino 1529: col. 496)

ZWN […] De aquí también puede ser *zōnâ*, es decir 'mesonera', 'hospedera', así llamada porque prepara y vende comida. Y es adjetivo a la manera de *toḇâ* 'buena'. Expuso Rabí David Qimḥī: *mōḵeret mazōn*, 'vendedora de comida'. Jos 2,1: *entraron en la casa de una mujer zōnâ*, es decir, 'mesonera', cuyo nombre era Rajab. Así lo tradujo Jonatán en el Targum: *pūndĕqitâ*, 'mesonera' u 'hospedera'.

Especialmente durante los ss. XVII y XVIII, la lexicografía se tiñe de un tono polémico antijudío en el que los hebraístas cristianos se proponer corregir, como ya marcara Forster (*vid. infra*), la «estulticia de los rabinos» y lo que se consideraban sus esperpénticas interpretaciones. Una de las obras que merece ser citada, aunque sea de manera fugaz, es el diccionario hutchinsoniano de John Parkhurst, donde se refuta una vez más que Rajab fuera una mesonera:

Some pretend that in John. ii. I, and other passages, where *Rahab* is spoken of, the word should be interpreted a *hostess*, or *taverner*; but the LXX. in all those passages render it Πορνη, and the Vulgate, Meretrix, a *harlot*; and in like manner Rahab is called Πορνη by St. Paul, Heb. xi. 31, and by St. *James*, ch. ii. 25. And indeed nothing more may be intended by the epithet, *harlot*, but that she had *formerly* been so (Parkhurst 1792: 199-200).

Una lectura atenta de Parkhurst desvela que este lexicógrafo no está tan alejado de la apologética rabínica que identifica a Rajab como una mesonera. La táctica mediante la cual procede Parkhurst no pasa por forzar la raíz *ZWN* y la voz targúmica en la morfología hebrea, como se había hecho en círculos judíos, pero es análoga en la motivación desexualizadora: Parkhurst habla del carácter fornicario de Rajab en pretérito («she had *formerly* been so»). La diferencia entre ciertos autores judíos y Parkhurst es meramente temporal: para los primeros, Rajab no fue nunca una prostituta, y para Parkhurst, Rajab dejó de serlo en algún momento. A pesar de las discrepancias en el proceder exegético, los caminos transitados discurren en paralelo.

4.2. El caso de Forster

En 1557, el protestante Johannes Forster redacta en Basilea un diccionario olvidado por el hebraísmo actual, pero que es quizá la obra que trata el problema de Rajab de manera más ingeniosa. Por primera vez en la lexicografía de hebreo bíblico, se plantea que en realidad las raíces *ZNH* y *ZWN* no son sino las mismas. La entrada de *ZNH* queda vaciada de contenido y sirve como falso lema donde el autor remite al usuario al lema real, *ZWN*. Es en esta segunda entrada donde se lee:

זוֹנָה [...] In genere foeminino זוֹנָה lotrix, cauponaria, publicana, quaestuaria & meretrix, eò quòd lotrices & cauponariae antiquitus erant quoq famosae, & simul etiam corpore merebant. Licet multi contendant eo in loco non scortum significare, sed cauponariam seu hospitam. [...] Et Iacob. cap. 2 ac Autor epistolae ad Hebraeos πόρνη reddiderunt, quod à πέρνω. id est, ue[n]do descendit, [...] unde etiam πορνεία prostitutio.
(Forster 1557: 230)

Zonah [...] En género femenino significa 'lavandera', 'mesonera', 'arrendadora de los impuestos públicos', 'prostituta' y 'meretriz', puesto que las lavanderas y mesoneras en la antigüedad eran mujeres de mala fama, e igualmente mercadeaban con su cuerpo. Jos 2[,1]: *vinieron a la casa de una mujer meretriz cuyo nombre era Rahab.* Aunque muchos discuten en este lugar que no significa 'prostituta' sino 'mesonera' u 'hospedera'. [...] Y [en] Sant 2[,25] y el autor de la epístola a los Hebreos [11,31] lo tradujeron como *pórnē*, que procede de *pérnō* [*sic*], que desciende de 'vender', [...] de donde también procede *porneía*, 'prostitución'.

Al planteamiento que propone Forster subyace la siguiente reflexión: ¿y si la disyuntiva «prostituta o mesonera» fuera capciosa y naciera de un anacronismo hermenéutico que no entiende el *Sitz im Leben* del Targum Jonatán? Testimonios medievales como el de Al-Fāsī, Rašī, Qimḥī e Ibn Danān habían descartado la lectura de 'prostituta' en favor de 'vendedora' y, los tres últimos, lo hacían apoyándose en la voz *punděqitâ* del Targum. Mientras tanto, los sucesores cristianos del s. XVI vistos anteriormente desaprobaban por lo general el significado de 'mesonera' para $zōn\hat{a}$, pero nunca impugnaban el significado de 'mesonera' para $pund\breve{e}qit\hat{a}$. Forster, sin embargo, en un *tour de force* exegético, sugiere que el Targum Jonatán nunca quiso denominar a Rajab como otra cosa que no fuera una prostituta. El hecho de que empleara el arameo $pund\breve{e}qit\hat{a}$ no invalida su hipótesis, puesto que en la época una y otra mujer se confundían en una misma vida de libertinaje y lujuria. La interpretación de Forster pretende ser tan armonizadora que incluso reubica los términos griegos: el apelativo que Rajab recibe en el material neotestamentario, *pórnē*, deja de entenderse como relacionado con el verbo sexual *pornéō* para alinearse con *porneáō*, que significa 'vender'. Forster crea, así, la ilusión de que los versículos del Nuevo Testamento están, en verdad, de acuerdo con la traducción del Targum, y ambos, a su vez, son tan solo otra forma de explicar lo que es una mujer prostituta tal y como lo expresa el hebreo. Más importante aún quizá sea el hecho de que Forster no entiende esta interpretación como privativa de Rajab, sino que la extiende a todas las ocurrencias de $zōn\hat{a}$ en el texto bíblico.

Ahora bien, si se ojea la portada del diccionario de Forster, llama la atención un título irreverente que siembra la polémica religiosa: «Dictionarivm hebraicvm novvm, non ex rabinorvm commentis, nec nostrativm doctorvm stulta imitatione descriptum, sed ex ipsis thesauris sacrorum Bibliorum» ('nuevo diccionario de hebreo, no extraído a partir de los comentarios de los rabinos ni de la estúpida imitación de estos por nuestros doctores, sino de los propios tesoros de los Sagrados Libros'). Forster avisa en la propia portada de que su obra se aleja de la tradición tanto judía como católica y presenta el diccionario como una exposición original de los significados bíblicos solo en la medida en la que la sola Escritura le permita. Pero ¿es la hipótesis de Forster realmente tan novedosa?

La respuesta a esta pregunta ha de buscarse en una obra que, sin ser un diccionario, alberga información relevante en torno a la cuestión de Rajab y que forma parte de un género literario hermanado al lexicográfico. Se trata del comentario bíblico de Qimḥī, que gozó de gran prestigio no solamente durante la Edad Media sino también en los círculos cristianos de la Europa en la que se inventa la imprenta, y que Forster sin duda conoció. Al menos el título de su obra reconoce indirectamente su familiaridad con la tradición judía, en la que Qimḥī juega un rol fundamental en calidad tanto de gramático como de exegeta.

Escrito después de su diccionario (Talmage 1975: 58), el comentario bíblico de Qimḥī retoma la traducción targúmica $pūnd\breve{e}qit\hat{a}$ en el análisis del versículo Jos 2,1:

זונה – כמשמעה, או מוכרת מזון כמו שתרגם יונתן: פונדקיתא. והוא בשקל טובה. והאמת דעת יונתן זונה ממש כי כן דרכו במקומות לתרגם זונה פונדקית, וכן: שתים נשים זונות – פונדקן, ואף על פי שתרגם מקצתן נפקת ברא, ודעתו לפי שהזונה כפונדקיתא שמפקרת עצמה לכל.

Zōnâ: según su sentido literal [*i. e.*, 'prostituta'] o 'vendedora de alimento', tal y como tradujo Jonatán: *pūndĕqitâ*. Es del paradigma de *ṭōḇâ*. En verdad, la opinión de Jonatán es [que significa] 'prostituta', pues así hace en los lugares que traduce *zōnâ*, escribiendo *pūndĕqitâ*. Y así: *našīm zōnōt* [1Re 3,16] [lo traduce como] *pūndĕqan*, aunque tradujo algunas [ocurrencias de *zōnâ*] como *nafqat barâ*. Su opinión es que la prostituta es como la mesonera, que se toma libertades con todos.

El análisis de Qimḥī parte de una consideración traductológica que no se fija exclusivamente en el epíteto de Rajab, sino que, más bien, aborda cómo traduce el Targum Jonatán la voz hebrea *zōnâ* en todo el corpus bíblico. El análisis no afecta solo a Rajab y al versículo de 1Re 3,16, que es el que menciona Qimḥī, sino también a Jue 11,1; 16,1 y Eze 23,44. Qimḥī es adicionalmente consciente de que el Targum Jonatán emplea otro equivalente para *zōnâ* aparte de *pūndĕqitâ*: la expresión convencional para la prostituta en arameo, *nafqat barâ*. Esta inconsistencia, sin embargo, no le disuade para concluir que la *zōnâ* y la *pūndĕqitâ* son la misma cosa. Como se aprecia, Qimḥī parece haber cambiado de opinión desde que compuso su diccionario y nos ofrece aquí una interpretación madurada en la que la *pūndĕqitâ* no es sino otro tipo de mujer fornicaria, solo que expresada en consonancia con las coordenadas culturales en las que se produce el Targum Jonatán. En esta traducción aramea, a pesar de lo desconcertante que pueda sernos el epíteto *pūndĕqitâ*, Rajab es tan prostituta como las dos mujeres que acuden al rey Salomón en el famoso juicio bíblico.

5. Vestigios polémicos en la lexicografía contemporánea (s. XIX)

De forma general, se toma la fecha de 1810 como fin del período de la lexicografía moderna y umbral de la contemporánea, pues es en este preciso año que Wilhelm Gesenius compone su diccionario, y con él, impone un cambio de rumbo a esta disciplina. En esta nueva etapa, que se extiende hasta nuestros días, el debate en torno a la cuestión de Rajab sufre una pérdida de importancia. El análisis que se presenta a continuación es tan solo una muestra representativa de dos posturas al respecto:

la aproximación histórica al problema filológico y la recapitulación críptica del asunto en una época en la que cada vez se considera menos relevante repasar los anales del hebraísmo.

El primer tipo de aproximación se encuentra en la obra de madurez de Gesenius, su *Thesaurus*:

Nonnulli interpretes, tum Judaici tum Christiani, perverso quodam rei apologeticae studio ducti et *meretrices* mentione nonnullis certe in locis (Jos. II, 1 coll. Matth. I, 5. Jac. II, 25. Hebr. XI, 31 – Iud. XI, 1. XVI, 1. 1 Reg. III, 16) offensi, זוֹנָה in his mulierem cauponariam significare volunt, a rad. זון cibare. Ita Targg. l. l. c. c. et Ez. XXIII, 44 reddunt פּוּנְדְּקִיתָא i. e. gr. πανδοκεύτρια quae diversorio quosvis excipiebat, quibus accedit Josephus (Arch. 5, 1§.2: ὄντες ἐν τῷ τῆς Ῥαχάβης καταγωγίῳ), R. Jona, R. Salomo, [...]. Alii, ut KIMCHIUS, vcc. זוֹנָה et פּוּנְדְּקִיתָא non meretricem, sed concubinam significare volunt (Gesenius 1835: 422).

Algunos intérpretes, tanto judíos como cristianos, han conducido perversamente el estudio apologético y, ofendidos por la mención de 'meretrices' en ciertos lugares (Jos 2,1, Mat 1,5; Sant 2,25, Hebr 11,1; Jue 11,1; 16,1, 1Re 3,16), han querido que *zōnâ* signifique aquí 'mujer mesonera', de la raíz *ZWN*, 'alimentar'. Así el Targum en estos lugares y Eze 23,44 traducen *pūndĕqitâ*, esto es, el griego *pandokeútria*, que recibía en cualquier posada; con lo que estuvo de acuerdo Josefo (Ant V.1.2: *hóntes en tō tēs Raxábēs katagōgíō*), Rabbí Yonâ [ibn Ŷanāḥ], Rabbí Šĕlomô [Rašī] [...]. Otros, como Qimḥī, ven que *zōnâ* y *pūndĕqitâ* no quieren decir 'meretriz', sino 'concubina'.

Gesenius lleva a cabo el mayor acopio de fuentes documentales a favor de una u otra interpretación que se había realizado hasta el momento en una entrada de diccionario. Desafortunadamente, comete una imprecisión en el análisis de los testimonios medievales. Para Gesenius, la opinión de Ibn Ŷanāḥ no difiere de la de Rašī. Para él, ambos habían defendido, en la misma medida, la lectura *zōnâ*-mesonera. En las palabras de Gesenius se observa cómo asume que la inclusión de la equivalencia *pūndĕqitâ* en una entrada de diccionario medieval significa que el lexicógrafo en cuestión entiende una relación de *zōnâ* con *ZWN*. En realidad, tal y como podemos constatar en las páginas anteriores, Ibn Ŷanāḥ (junto con los lexicógrafos posteriores Ibn Parḥōn y Ben Mobarak) se limita a adjuntar la traducción targúmica *pūndĕqitâ*, pero nunca reconsidera la alineación radical, como sí haría Qimḥī; y este desplazamiento, de *ZNH* a *ZWN*, es el único síntoma que nos permite establecer con absoluta certeza la consideración semántica de un autor sobre Rajab la *zōnâ*. Además, Gesenius menciona a Qimḥī solo con respecto a la opinión que emite en su comentario bíblico (y lo hace de manera defectuosa), mientras que guarda silencio sobre su afirmación en el diccionario. La presentación de estos detalles en el *Thesaurus* hace que el usuario corra el riesgo de hacerse una falsa idea del devenir histórico de la cuestión de Rajab en los diccionarios.

El siguiente y último diccionario que cabe mencionar de la época es el de Carl Siegfried y Berhard Stade. La nota es parca en detalles pero especialmente sintomática del futuro que aguardaba al epíteto de Rajab dentro de la entrada del diccionario: «הַזּוֹנָה als Zuname der Rahab, Jos 6,17. 25 (vgl Hebr 11,31. Jac 2,25)» (Siegfried y Stade 1893: 176). En este diccionario, se defiende la lectura de 'prostituta' y, al mismo tiempo, se efectúa una crítica velada a la traducción 'mesonera' y su alineación con *ZWN*. El estilo lacónico o críptico de estos autores se basa en sugerir al usuario que comparen los versículos del Antiguo Testamento en los que se menciona a Rajab como *zōnâ* con los del Nuevo Testamento, que ofrecen la glosa *pórnē*. Es decir, la autoridad bíblica se impone sobre la tradición targúmica. No obstante, la manera que tienen estos autores de recapitular ambas tradiciones exegéticas es tan breve que al usuario le resulta necesario conocer previamente los términos del debate para descifrarla.

Conclusiones

La lectura de *zōnâ*-mesonera basada en el arameo targúmico *pūndĕqitâ* y su refutación son dos elementos que permean la historia de Rajab en la lexicografía de hebreo bíblico desde sus inicios en el s. X hasta finales del s. XIX.

Una vista panorámica al conjunto de obras lexicográficas permite concluir que la alineación homonímica *zōnâ* > *ZWN* es minoritaria y está prácticamente restringida al período medieval. En el período moderno, el dato lingüístico se convierte en dato anecdótico: se menciona desde la erudición que busca entretener (y asombrar) al usuario en el ejercicio de la filología arqueológica, pero no tiene un objetivo verdaderamente informativo. En el período contemporáneo, la cuestión de Rajab va debilitándose hasta desaparecer por considerarse impertinente en la entrada lexicográfica.

Los testimonios de Qimḥī y Forster han demostrado ser especialmente destacables en el rastreo metalexicográfico, en la medida en que desvelan que la voz aramea *pūndĕqitâ* no está exenta de matices sexuales, sino que habría sido otra forma de denominar a la prostituta; esta vez, haciéndolo dentro de las coordenadas del

Targum Jonatán. La ironía de la situación radica en que la mayoría de exegetas, tanto judíos como cristianos, habrían malinterpretado el objetivo del Targum Jonatán: lo convertirán en una estratagema hermenéutica para ennoblecer no ya solo la propia figura de Rajab, sino el comportamiento moral de los israelitas que la visitan.

Bibliografía

Adler, Elaine J. (1980): *The Background for The Metaphor of Covenant As Marriage in The Hebrew Bible* [tesis doctoral]. California: University of California.

Baskin, Judith (1979): «The Rabbinic Transformations of Rahab the Harlot», *Notre Dame English Journal*, 11, 2, 141-157.

Biesenthal, Johann H. R. y Fürchtegott Lebrecht (eds.) (1847): *Rabbi Davidis Kimchi Radicum liber sive Hebraeum Bibliorum Lexicon. Cum animadversionibus Eliae Levitae.* Berlin: G. Berthge.

BPC (1515): *Vocabularium Hebraicum totius veteris testamenti cum aliis tractatibus prout infra in prefatione continetur in academia complutensi nouiter impressum* (sexto volumen de la Biblia Políglota Complutense).

Carbonell Ortiz, Clara (2022): *Metalexicografía diacrónica aplicada a diccionarios de hebreo bíblico. Aproximación a la serie verbal del campo semántico SEXO* [tesis doctoral]. Madrid: Universidad Complutense de Madrid.

Corriente, Federico (1997): *A Dictionary of Andalusi Arabic*. Leiden: Brill.

Eilberg-Schwartz, Howard (1994): *God's Phallus. And Other Problems for Men and Monotheism*. Boston: Beacon Press.

Gesenius, Wilhelm (1835): *Thesaurus philologicus criticus linguae hebraeae et chaldaeae Veteris Testamenti (T. 1, fasc. 1-2)*. Leipzig: F. C. G. Vogel.

Jiménez Sánchez, Milagros (ed.) (1996): *Sĕ'adyah Ibn Danān. Sefer ha-šorašim*. Granada: Universidad de Granada.

Martínez Delgado, José (ed.) (2004): *El libro de Ḥayyūŷ. Versión original árabe del siglo X.* Granada: Universidad de Granada.

Martínez Delgado, José (ed.) (2010): *Šĕlomoh ben Mobarak ben Ṣa'īr. Libro de la facilitación Kitāb at-Taysīr (Diccionario judeoárabe de hebreo bíblico) (Vol. 1-2)*. Granada: Universidad de Granada.

Münster, Sebastian (1525): מַקְרֵי דַרְדְּקֵי *Dictionarium hebraicum ex Rabbinorum commentariis collectum*. Basilea: Johann Froben.

Neubauer, Adolf (ed.) (1875): *The Book of Hebrew Roots by Abu'l Walī Marwān ibn Janāh otherwise called Rabbi Yonah*. Oxford: Clarendon Press.

Pagnino, Sancte (1529): אוֹצַר לְשׁוֹן הַקֹּדֶשׁ *hoc est, Thesaurus Linguae Sacrae, siue Lexicon Hebraicum*. Lugduni: Sebastian Gryphius.

Parkhurst, John (1792): *An Hebrew and English Lexicon, withouth points*, tercera edición. Londres: M. Folingsby.

Pruvost, Jean (2003): «Some Lexicographic Concepts Stemming from French Training in Lexicology (Part One)», *Kernerman Dictionary News,* 11, 10-15.

Rengstorf, Karl Heinrich (1975): *A Complete Concordance to Flavius Josephus. Volume II: E - K.* Leiden: Brill.

Reuchlin, Johannes (1506): *De rudimentis hebraicis*. Pforzheim: Thomas Anshelm.

Sáenz-Badillos, Ángel (ed.) (1986): *Měnaḥem ben Saruq: Maḥberet. Edición crítica, introducción y notas*. Granada - Salamanca: Universidad de Granada - Universidad Pontificia de Salamanca.

Siegfried, Carl y Bernhard Stade (1893): *Hebräisches Wörterbuch zum Alten Testamente*. Leipzig: Verlag von Veit & Comp.

Skoss, Solomon L. (ed.) (1936): *The Hebrew-Arabic Dictionary of the Bible Known as Kitāb Jāmiʻ al-Alfāẓ (Agrōn) of David ben Abraham al-Fāsī the Karaite (Tenth Cent.)*. New Haven-Connecticut: Yale University Press.

Talmage, Frank Ephraim (1975): *David Kimchi. The Man and the Commentaries*. Cambridge-Londres: Harvard University Press.

Stern, Salomon G. (ed.) (1844): שלמה אבן פרחון. מחברת הערוך כולל כללי לשון עברית בשני חלקים. Pressburg: Schmidt.

Weems, Renita (1995): *Battered Love. Marriage, Sex, and Violence in the Hebrew Prophets*. Mineápolis: Fortress Press.

Weill, Julien (trad.) (1900): *Oeuvres complètes de Flavius Josephus. Tome premier. Antiquités Juives livres I-V*. París: Ernest Leroux.

MALIGNA O EMPODERADA:
UNA RELECTURA DE LA INFORMACIÓN HISTÓRICA
DE LA REINA AQUEMÉNIDA PARISÁTIDE

Juan Antonio Álvarez-Pedrosa

UNIVERSIDAD COMPLUTENSE DE MADRID

Resumen:

Ctesias nos ha dejado una obra fragmentaria y muy cuestionada en términos de validez histórica. Sin embargo, los testimonios de Ctesias sobre las reinas aqueménidas son muy interesantes y algunos de ellos no han sido suficientemente explorados en cuanto a su interés religioso y desde una perspectiva de género. En el presente artículo analizaremos la información que Ctesias nos proporciona sobre Parisátide, una de las reinas tenidas como archimalvadas en la historiografía aqueménida (aunque no la única), y cuyas actividades, fuera de la evidente crueldad con la que buscaba la venganza o el castigo, parecen tener unas motivaciones de carácter superior en búsqueda de la integridad religiosa de la soberanía de los reyes aqueménidas.

Palabras clave: Ctesias de Cnido, Parisátide, Imperio aqueménida, reinas aqueménidas.

1. Ctesias de Cnido: vida y obra

1.1. Vida

Ctesias de Cnido fue un médico y escritor griego que vivió a caballo entre la segunda mitad del siglo V y la primera mitad del siglo IV. Una parte muy importante de su vida, la que de hecho marcará el contenido de su obra, se desarrolló en la corte del rey persa Artajerjes II Mnemón, que reinó desde 404 hasta 358 a.C. Después de abandonar la corte persa, escribió sus *Historias de Persia* en 23 libros en los que trataba sobre el Imperio aqueménida con una larga introducción de seis libros sobre el Imperio asirio; su otra gran obra son las *Maravillas de la India*. Lamentablemente, sus obras se perdieron y lo que conocemos nos ha llegado siempre a través de otros autores. Sabemos poco de la vida de Ctesias, salvo algunas informaciones que él nos da y que han quedado recogidas en los fragmentos de su obra que han pervivido (abreviados con F) y en informaciones que autores antiguos dan sobre él y que los editores agrupan bajo el epígrafe *Testimonia* (abreviado T).

La numeración de los fragmentos de la obra de Ctesias a la que hacemos referencia es la creada por Jacoby (1958) para su edición que es también la seguida y mejorada por Lenfant (2004).

Quizá en el año 415 a.C. fue llevado como prisionero de guerra al servicio del rey Darío II Oco, que reinó de 423 a 404 a.C. Los médicos griegos eran especialmente apreciados en la corte aqueménida, como prueba el hecho de que tenemos noticia de otros médicos que trabajaron allí, como es el caso de Democedes (Hdt. 3.129-133) o Apolónides de Cos (Ctesias F14.34, 44). No obstante, la fecha de la llegada de Ctesias a la corte del rey persa ha planteado varios problemas a la crítica moderna. Todos los autores aceptan que el médico cario retornó a su patria en torno al 398/397 a.C. Según el testimonio de Diodoro Sículo (T3 = F5.32.4), Ctesias sirvió en la corte persa diecisiete años, por lo que su llegada se puede datar en el año 415 a.C. Sin embargo, Ctesias nunca dice que haya servido como médico de Darío II y siempre hace referencia a su servicio a su sucesor Artajerjes II y a su madre Parisátide. Por ello, Müller (1844: 2) propuso enmendar el texto de Diodoro y sustituir la lectura «diecisiete» por «siete» y fijar, por tanto, la llegada de Ctesias en el año 405 a.C. El periodo de diecisiete años al servicio de la familia imperial persa sería, según los autores que corrigen el texto de Ctesias, un modo de dotar a su biografía de un prestigio especial (Brown 1978, Eck 1990). Jacoby (1922: 2033), que no enmienda el texto, sin embargo, considera que el periodo de diecisiete años alegado por Ctesias es una exageración del autor para vanagloriarse de su prestigio profesional como médico del Gran Rey. Sin embargo, los manuscritos que transmiten el texto de Diodoro son unánimes y no hay ninguna razón para corregirlos; además, Juan Tzetzes transmite también la misma información (T1b). Pero también es posible que llegara al corazón del Imperio persa como prisionero de guerra en 415 a.C. y que no entrase a servir como médico personal del Gran Rey hasta la subida al trono de Artajerjes II en 404 a.C.

Así pues, es muy verosímil que primero sirviera como médico personal de Parisátide, la esposa de Darío II (T7aα), por lo que, como veremos, las referencias que hace de ella tienen un interés particular. Su ascenso en la corte persa se debió sin duda a un golpe de suerte: durante la batalla de Cunaxa (401 a.C.), que enfrentó a los partidarios de Ciro el Joven (424-401 a.C.) y a los de su hermano mayor, Artajerjes II, trató con éxito una herida a este último. Plutarco (T6aα, T6b, T7b) y Jenofonte (T6aβ) nos confirman que Ctesias estaba al servicio de Artajerjes durante la batalla de Cunaxa.

En el bando de Ciro el Joven lucharon muchos griegos, como el propio Jenofonte, y muchos de ellos y sus generales cayeron prisioneros de las tropas de Artajerjes. Ctesias se tuvo que mover entre dos aguas: si bien era médico personal de este rey, era también confidente de Parisátide, que se mostró abiertamente partidaria de su hijo menor, Ciro; además, como griego, consideró que debía de ayudar a sus compatriotas. Sabemos que proporcionó al general Clearco cuando estaba en prisión un peine y comida (F28), aunque no le proporcionó la daga que le había pedido para suicidarse, pues esto suponía un riesgo excesivo.

Ctesias fue testigo de la ejecución de los generales griegos por Artajerjes, pero también de la venganza de Parisátide sobre los enemigos de su hijo, el derrotado Ciro el Joven (F27), y del asesinato de su nuera Estatira. Es posible que en ese momento la influencia en la corte de la reina Parisátide decayera y que, por tanto, el principal apoyo de Ctesias dejara de tener el inmenso poder que tuvo durante los primeros años del reinado de Artajerjes II. Este ambiente peligroso le debió de persuadir a abandonar la corte aqueménida a la primera ocasión. No sabemos con certeza si Ctesias huyó aprovechando una misión diplomática o simplemente se le concedió un retiro honroso. Lo cierto es que podemos datar con seguridad la fecha del retorno de Ctesias a Cnido en el año 398/397 a.C., donde vivió con tranquilidad y se dedicó a escribir su extensa obra.

1.2. Obra

A su vuelta a la patria, Ctesias escribió mucho sobre su experiencia en la corte persa, aunque, como hemos dicho, ninguna de sus obras se conserva y las conocemos solamente a través de transmisión indirecta, es decir, mediante citas que nos recogen otros autores. De este modo, conocemos la existencia un par de libros menores. El primero es un libro de información geográfica, llamado de varias maneras, *Periodoi, Periploi* o *Periegesis*, que probablemente contenía noticias curiosas sobre diversas partes del mundo, con una suerte de hilo literario que se basaba en un trayecto que iba desde Persia hasta Grecia. Sabemos muy poco de otra obra titulada *Sobre los tributos de Asia*, que recogía información sobre un aspecto ya tratado por Heródoto y que interesaba al público lector griego: cuánto y qué pagaba cada región de Asia al Gran Rey.

Las *Relaciones de la India* de Ctesias (Álvarez-Pedrosa 2018) constituyen un testimonio histórico y etnográfico importantísimo, pues son la primera información que el mundo occidental recibe sobre la India antes de la conquista de Alejandro Magno, después de la de Escílax de Carianda. Gran parte de la información que Ctesias recopiló sobre la India procede de su propia observación y de testimonios orales, en especial, relatos de viajeros o de embajadores. Así lo dice explícitamente en su protesta de veracidad (F45.51). Muchos de los relatos fantasiosos que tanto se han reprochado a Ctesias pueden provenir de una imagen distorsionada de la India que los mercaderes transmitían a sus clientes de las cortes persas, con la intención de incrementar el valor de los productos que venían de las satrapías orientales. La importancia de los autores que criticaron a Ctesias en la Antigüedad y la relevancia que se dio a las noticias «chocantes» de las Relaciones de la India motivaron que Jacoby (1922) dictaminara que las noticias de Ctesias sobre la India eran exclusivamente fruto de su imaginación y de un deseo de llamar la atención en el público lector griego. Sin embargo, hoy en día los materiales de las *Relaciones de la India* han sido rehabilitados desde el punto de vista zoológico por Karttunen (1989) o desde una perspectiva historiográfica por Gómez Espelosín (1994). Los principales parámetros de la alteridad en Ctesias se refieren a la desmesura de los objetos y criaturas de la India, sea por enormidad, como es lo más frecuente, sea por pequeñez extrema, como en el caso de los pigmeos; a sus colores no habituales o muy brillantes; al hibridismo de los seres, como el martícora, que es una combinación de hombre, león y escorpión; o directamente a su carácter monstruoso, como los otolicnos o los esciápodas, *cf.* Lenfant (1995).

Su obra más extensa son las *Historias de Persia*, en 23 libros. Nuestro conocimiento de esta obra procede fundamentalmente de dos grandes resúmenes o epítomes. Diodoro Sículo hizo extenso resumen de los seis primeros libros, dedicados el Imperio asirio. El segundo gran epítome lo realizó el patriarca Focio en el siglo IX para incorporarlo a su enciclopédica obra *Biblioteca*, un compendio de 386 lecturas clásicas que le parecían de notable interés. Esto quiere decir que todavía en esta época la obra de Ctesias no se había perdido. El epítome de Focio comprende los libros 7 al 23. Además de estos dos resúmenes, conocemos también la obra a través de citas directas o paráfrasis del texto de Ctesias en otros cuarenta autores antiguos.

1.3. Valoración de la obra de Ctesias

Además de reunir y editar los fragmentos de la obra de Ctesias, Jacoby (1922) formuló la primera gran crítica a la labor de Ctesias como historiador: mientras que Tucídides constituye el culmen de la historiografía griega, tanto por la calidad de su prosa como por su acribia, la historia de Ctesias no sería sino un acopio de anécdotas sin valor histórico en las que prima el sensacionalismo de lo oriental: las intrigas de las mujeres y los eunucos de la corte persa y los asesinatos truculentos: una «historia de escándalos», como la definió él.

La opinión de Jacoby se mantuvo inalterada durante casi todo el siglo XX (Drews 1973; Momigliano 1975: 134). Grandes historiadores contemporáneos del Imperio aqueménida estiman que contiene un pobre material histórico (Sancisi-Weerdenburg 1983), le responsabilizan de la creación entre los griegos de la (falsa) idea histórica de la decadencia del Imperio aqueménida (Sancisi-Weerdenburg 1987) o incluso le hacen culpable de comenzar la línea historiográfica que convierte el exotismo del Oriente en la quintaesencia del «Otro» para los griegos (Briant 2002: 7). El mismo Briant (2002: 265) le acusa de no informar de nada más que de chismes de alcoba o de cotilleos de mayordomo. Según él, lo único que nos da Ctesias es una mirada «por el ojo de la cerradura» de la corte aqueménida, completamente inútil para reconstruir la historia del Imperio persa.

La rehabilitación de la obra de Ctesias comienza con Lewis (1977: 21-22); este autor viene a decir que no es extraño que la obra de Ctesias se centre en intrigas de harén, pues estas son consustanciales a gobiernos despóticos. Este tipo de análisis es seguido recientemente por otros autores que han estudiado el texto (Stevenson 1997: 45s., 80s.; Marincola 1997: 22) y Stronk (2007: 114): al haber vivido tantos años en una corte peligrosa, como era la de Artajerjes II, se convierte, como consecuencia de su experiencia personal, en el modelo de literatura histórica generada en una entorno autocrático. Por otra parte, Ctesias no es el único responsable de que conozcamos una historia centrada en lo anecdótico: los autores antiguos que le citan o le epitomizan son en buena medida responsables de la imagen de historiador frívolo con la que ha llegado a nosotros (Brunt 1980: 494; Stronk 2007: 29-37).

Es cierto que Ctesias no sirve como material de importancia para la elaboración de una historia del Imperio aqueménida. Pero desde un punto de vista literario, sin embargo, su valor va creciendo por momentos. La historia de Ctesias comparte muchos más patrones con la literatura de ámbito mesopotámico, relacionada con la historia oral, que con la historia griega (Lenfant 1996; Llewellyn-Jones y Robson 2010: 66).

Por otra parte, hay que insistir en el hecho de que él mismo es un testigo privilegiado, pero directamente implicado, por lo que descalificar su testimonio parece poco justo.

Desde el punto de vista de la clasificación del género literario que escribe Ctesias, la entrada de tal cantidad de oralidad hace que se descarte su pertenencia al género histórico, incluso para los autores que revalorizan su testimonio: así, Llewellyn-Jones y Robson (2010: 70-71) consideran que Ctesias no se planteó estar escribiendo historia en sentido estricto; Stronk (2007: 45) considera que Ctesias escribe historia-ficción o «historia imaginativa»; Madreiter (2012: 122-125) califica la obra de Ctesias como «ficción metahistórica».

El complejo problema del género literario que escribe Ctesias es abordado recientemente por Meeus (2017). El primer problema para dicha definición está en el estado fragmentario de la obra. El epítome de Focio toma fundamentalmente los temas principales de cada libro, pero de ellos no podemos hacer una deducción fina sobre el estilo en el que estaban escritos. En un interesante estudio sobre las citas de autores antiguos cuyo texto conocemos bien, Lenfant (1999) demuestra lo poco fiables que son las citas de autores antiguos, por lo que, si hubiéramos perdido a Heródoto, por ejemplo, tendríamos de él una idea bien distinta de la que tenemos si tuviéramos que estudiarlo a partir de las citas transmitidas en la Antigüedad.

De los testimonios de Demetrio (T14a), Focio (T13) y Dionisio de Halicarnaso (T12), Stronk (2007: 51-52) extrae la conclusión de que Ctesias no era un historiador, sino más bien un poeta. En realidad, se trata de una interpretación muy restrictiva del término ποίησις, que los autores de la Antigüedad aplicaban a cualquier obra con calidad estética. Los autores insisten en identificar como una de las características propias de la obra de Ctesias los diálogos vívidos.

Otros autores, sobre todo Auberger (1995) y Llewellyn-Jones y Robson (2010: 68-76), prefieren considerar que la obra de Ctesias es más bien una novela o más bien una suerte de proto-novela que anticipa los rasgos de la novela helenística, debido al gusto del autor por narrar amores accidentados, digresiones fabulosas y el traído y llevado uso del diálogo trágico. Sin embargo, todas o alguna de esas características aparecen en otros autores que se conceptúan sin dudar como historiadores, como Heródoto o el mismo Tucídides.

En definitiva, Marincola (1997: 22) y Meeus (2017) mantienen que Ctesias es un historiador, sobre todo teniendo en cuenta que el género de la historiografía está en sus inicios. Es fundamental para ello retomar el concepto de «historia intencional» definido por Gehrke (1994): si la historia define la identidad de un pueblo en tanto esta se entiende en oposición al otro (y más si ese otro es bárbaro), la historia de este otro ha de ser escrita de una manera peculiar, es decir, intencionada. Esa intención es clara en Ctesias, como veremos: en función de los chismes de la corte, busca demostrar la disfuncionalidad de un Imperio donde las mujeres mandan y los hombres son seres pasivos dominados por sus pasiones, el placer, sus concubinas y sus eunucos.

1.4. El problema de las fuentes de Ctesias

Un elemento clave para valorar el interés histórico o literario de Ctesias es determinar qué fuentes manejó el autor para elaborar su obra. Ctesias mismo reclama que manejó «pergaminos reales» (T3, F1b §22.5). Muchos autores han negado la veracidad de tal afirmación e incluso la existencia de dichos pergaminos reales (Jacoby 1922: 2047; Smith 1990: 9; Briant 2002: 889), sobre dos argumentos principales: lo que sabemos de la administración real y los archivos de la corte aqueménida proviene sobre todo de las tablillas administrativas de la Fortificación y el Tesoro de Persépolis, que son documentos en escritura cuneiforme y en elamita, principalmente, y que tienen poco que ver con los datos históricos que proporciona Ctesias. Por otra parte, hay quien duda que Ctesias adquiriera los conocimientos lingüísticos para poder conocer el babilonio o el arameo y poder acceder a documentación de carácter archivístico. Alguna lengua tuvo que aprender para poder comunicarse con sus pacientes de la familia real e incluso para actuar como traductor, como sugiere la información recogida por Plutarco (F23 §6). Otra cosa es saber en qué lengua se comunicaban en la corte aqueménida, pues es posible que la corte fuera bilingüe antiguo persa-arameo, o incluso multilingüe.

Sin embargo, es posible que los pergaminos de los que habla Ctesias existieran y que consistieran en un tipo de literatura de «entretenimiento» sobre datos legendarios o novelísticos de la historia del Imperio y de sus predecesores, como la historia de Semíramis, que Diodoro Sículo recoge a partir de Ctesias. En ese sentido, el testimonio del libro de *Esther* 6, 1-2 es muy relevante, pues el rey Asuero (es decir, Jerjes), en un momento de insomnio pide que le traigan un libro de crónicas donde se narra un tipo de historia muy similar a las que cuenta Ctesias, una intriga de palacio en la que intervienen dos eunucos. Quizá a una fuente de este tipo se refiere Ctesias cuando habla de «pergaminos reales» (Christensen 1936: 117-119; Stronk 2007: 107-109).

Con todo, el dato más relevante de todos está en el T8b (citado más adelante), en el que Ctesias revela que la reina Parisátide le hizo su confidente y le narró diversas historias de la corte, es decir, que hay una parte importante del relato de Ctesias que tiene una fuente oral, relacionada muy en particular con el servicio en la corte como médico personal de la reina Parisátide. De hecho, casi una cuarta parte de los 23 libros de las *Historias de Persia*, los libros que van del 18 al 23, se dedican a los reinados de Darío II y de Artajerjes II (Abe 2014: 45), es decir, el período en el que Parisátide tuvo un protagonismo político enorme. Se trata de una desproporción tal que solo puede ser explicada por la superabundancia de información que Ctesias manejó para ese período; él fue testigo de parte de esos acontecimientos, pero de otros tuvo que ser informado y lo más verosímil es que la información provenga de la propia Parisátide.

Así pues, en una buena medida los rumores y confidencias personales del ámbito de la corte forman parte sustancial de la historia de Ctesias. La cuestión es saber si esto es tan malo como tantas veces se ha dicho (Llewellyn-Jones y Robson 2010: 57). Se podría plantear quizá la misma pregunta sobre autores que basan su información en fuentes similares y que no reciben una censura tan negativa, como podría ser el caso de Plutarco, del que nadie niega que sea una fuente de información apreciable. Hoy en día todos deberíamos de estar de acuerdo en que valor de la obra literaria no se debe medir en función de su rigor moral. El reproche que algunos historiadores modernos le hacen a Ctesias parece basarse en la frustración de que un testimonio ocular de alguien que ha vivido en las mismas interioridades de la corte aqueménida, en vez de ser de un rigor histórico ejemplar para poder reconstruir con exactitud la historia del Imperio aqueménida, es una colección de anécdotas. Sin embargo, parece obvio que, quien vivió dentro de la corte, nos dé información sobre lo que conoce, es decir, el ambiente de la corte. Por otra parte, si una de las principales informantes es nada menos que la reina Parisátide, es decir, la mujer que acumuló más poder en su tiempo, no parece que eso sea simplemente un vulgar acopio de chismes de cocineros y de criados, como se ha dicho (Briant 2002: 265), sino algo de mucho más valor, algo en definitiva mucho más cercano al periodismo actual.

2. La reina Parisátide en la obra de Ctesias

Existen trabajos muy completos y recientes sobre las reinas aqueménidas y la economía, basadas sobre todo en los materiales hallados en los archivos de Persépolis (Brosius 1996) o sobre Semíramis tal como se nos narra en el largo fragmento de Ctesias conservado gracias a Diodoro Sículo (Stronk 2017). Normalmente se dice que Parisátide aparece como el prototipo de reina archimalvada en la colección de escándalos de corte que sería la historia de Ctesias (Briant 2002: 589). Sin embargo, si la propia Parisátide fue la informante de Ctesias ¿qué interés tenía en aparecer como la malvada de la historia? ¿eran los parámetros de Parisátide los mismos que los nuestros o que los del propio Ctesias? ¿no estamos juzgando de manera demasiado severa, o de manera orientada por el género, los actos de crueldad de una mujer por el mero hecho de ser mujer cuando no hacemos lo mismo con otros hombres que han tenido un poder absoluto y que han sido tanto o más crueles?

Es necesario volver sobre los testimonios de Ctesias sobre Parisátide para poder entender mejor al personaje y su función dentro de la obra del autor cnidio. Por otra parte, al volver sobre las acciones de las que Parisátide es protagonista tendremos una mejor visión del grupo cohesionado que formaban la reina, su círculo íntimo de eunucos y el médico que la servía, dentro del cual circulaban los chismes que sustentan parte de la obra historiográfica de Ctesias, según todo lo que hemos visto.

2.1. Parisátide y su relación personal con Ctesias

Algunas anécdotas sobre Parisátide solo se pueden explicar como confidencias que la reina hizo a su médico, incluso cuando el resultado de la historia es de una crueldad extrema. Repasemos el tipo de confidencias que Parisátide le hizo a Ctesias.

2.1.1. Confidencias que tienen que ver con la relación entre médico y paciente

Esto es claramente lo que sucede cuando nos informa del número de partos de la reina, *cf.* F15.51:

> y luego uno tras otro hasta que tuvo trece hijos. Y el historiador dice que escuchó esto de la propia Parisátide. Pero los otros niños pronto murieron y los que sobrevivieron fueron los que ya han sido mencionados.

Cuando Ctesias auxilia en la cárcel a Clearco, el general de los mercenarios griegos capturado después de la derrota de Cunaxa, lo hace como médico y como confidente de la reina, como se lee en F27.69:

> Y Ctesias relata cómo él mismo era el médico de Parisátide y cómo, a pedido de ella, realizó una serie de servicios y tratamientos beneficiosos para Clearco cuando estaba en prisión.

No solo eso: la historia de la tumba que crece espontáneamente sobre el cadáver de Clearco (F27.69), protegiéndole de ser devorado por aves y perros (F.28 §18.7) entra de lleno en un relato propagandístico elaborado por la propia Parisátide o sus eunucos (Briant 2002: 239), destinado a reforzar la idea, típicamente aqueménida, de que existe un vínculo entre el orden divino y el orden que los reyes establecen en la tierra, y una de sus manifestaciones más claras es el orden que se manifiesta en un jardín (Briant 2003): por ello, Parisátide, imbuida en la dignidad sagrada que representa su papel de reina, ordena a sus eunucos que planten palmeras en el túmulo que la divinidad ha querido formar sobre la tumba de Clearco (F27.21).

Según el fragmento F45m de las *Relaciones de la India*, Ctesias sabía que Artajerjes II y su madre eran los únicos que poseían un veneno indoloro y fulminante proveniente de los excrementos de un pájaro de la India. También esta delicada información tiene que ver con las relaciones entre médico y paciente.

La reina efectivamente era aficionada a usar veneno para librarse de sus oponentes: F16.61 nos dice concisamente que la reina acabó con el hijo de Teritucmes con un veneno: «Y cuenta que Parisátide hizo morir al hijo de Teritucmes mediante un veneno».

Pero la historia más elaborada y más impactante es la del envenenamiento de su nuera, la reina Estatira. Según el testimonio de Focio (F27.70) y Plutarco (F29b §19), la reina, que odiaba a Estatira por razones complejas que luego analizaremos, decidió acabar con su vida. Para ello, se ganó pacientemente su confianza de modo que compartieran juntas mesa, aunque Estatira seguía desconfiando de Parisátide y solo comía lo mismo que comiera esta última. Para superar este escollo, Parisátide envenenó solo un lado de un cuchillo, de modo que al trinchar un ave, el lado envenenado por el cuchillo se sirviera a Estatira y el lado libre de veneno a Parisátide. Estatira, pensando que al comer ambas el mismo alimento, estaría libre de peligro, se comió la mitad envenenada. Parisátide, desde luego, no usó el veneno indoloro de la India, sino que hizo morir a su odiada nuera entre terribles dolores. Esto le valió la cólera de su hijo y su confinamiento en Babilonia, donde ella debía de tener vínculos familiares, al ser su madre de allí (F15.47). Además de los vínculos familiares, Parisátide tenía negocios en Babilonia, confirmados por los archivos de los Murašû, una familia de empresarios que gestionaban negocios de agricultura (Stolper 2006).

2.1.2. Informaciones de carácter interno sobre las relaciones familiares

Focio transmite el nombre de pila de Artajerjes II como Arsacas (F15.51) o Arsaces (F15.55, F15.56, F16.57); Plutarco (F15) como Arsicas. La forma transmitida por Dinón: Oartes, puede ser una corrupción de Arses, que es el nombre que recogen los Diarios Astronómicos de Babilonia (*Aršu*). Por tanto, el nombre de pila podría ser Arses, que en su variante hipocorística en *-ka/-ika* se transformaría en *Aršaka* o *Aršika*. Esto reforzaría la idea de que la información proviene de la propia Parisátide, que usaba el nombre familiar en su variante afectiva. Por la misma razón, podemos suponer que también es responsabilidad interesada de la misma Parisátide la noticia que nos da Ctesias (F15.51, F15a) de que el nombre de Ciro el Joven, a.pers. *Kuruš*, tiene que ver con la palabra en antiguo persa para «sol», lo cual vendría a reforzar los pretendidos derechos de Ciro el Joven; la etimología es falsa (Schmitt 2002: 58-60), pero nos orienta sobre el modo en que actuaba el aparato de propaganda de Parisátide y sus eunucos.

La parte más llamativa de las relaciones familiares sobre las que informa Ctesias y otros autores que lo toman como fuente tiene que ver con la relación de Parisátide con sus hijos. Según Plutarco, en una pasaje claramente tomado de Ctesias (F17 §2.3), Parisátide amaba más a Ciro que a sus otros hijos varones. La preferencia de Parisátide por Ciro también es confirmada por Jenofonte, *An.* 1.1.4. Y Plutarco *Art.* 2.4 nos da la razón: mientras que al primogénito, el futuro Artajerjes II, le tuvo cuando todavía su marido no reinaba, Ciro nació cuando ya su padre Darío II era rey. Parisátide no actuaba por un capricho de madre caprichosa e hiperprotectora, sino que actuaba imbuida de una alta concepción del carácter sagrado de la monarquía. Este hecho estaría confirmado también por el testimonio de Heródoto. 7.3 con respecto a la elección de Jerjes como sucesor, que da la misma razón del «nacimiento en la púrpura». Sin embargo, Briant (2002: 615) considera que Ctesias es poco fiable y que está imitando a Heródoto; esta crítica parece un prejuicio contra el valor histórico de Ctesias, pues, si aplicamos el criterio del testimonio múltiple, la noticia de Ctesias debería de ser considerada como fiable. Por otra parte, Lenfant (2001: 416) remarca la idea de que, al parangonar Ciro el Joven con Ciro el Grande, Ctesias está reproduciendo una idea lanzada por la misma Parisátide en su afán de promocionar a su hijo menor frente al mayor.

Cuando Ciro muere en la batalla de Cunaxa, la reina no disimula un dolor extremo por su hijo favorito. Tenemos un fragmento de Demetrio (F24) en el que se nos dice cómo Ctesias dramatiza el momento en el que el mensajero da a Parisátide la nueva de la muerte de Ciro, para ponerlo como ejemplo de demora dramática de una noticia trágica. Se retira a Babilonia, según parece su ciudad favorita y donde tenía negocios y propiedades –no hay que olvidar que era hija de una concubina de Artajerjes procedente de Babilonia (F15.47)–, a hacer duelo por Ciro de donde no se vuelve a Susa hasta que no recupera la cabeza y la mano de su hijo (F16.66).

Parisátide comienza entonces una escalonada e implacable serie de venganzas, que son las que, en parte, le han dado la fama de reina cruel y maligna.

Para desarrollar su venganza, por un lado, usa en su beneficio propio la vanidad de su hijo Artajerjes II. Esto es lo que ocurre cuando un mercenario cario se vanaglorió de haber herido a Ciro en la batalla. Como el rey se jactaba de haber sido él mismo el que había herido a su hermano, se sintió herido en su vanidad, lo que aprovechó Parisátide para que le entregaran al imprudente cario, lo torturaran durante diez días, le sacaran los ojos y le echaran en los oídos plomo fundido (F16.67, F26 §14.10). Lo mismo le ocurre a un noble persa llamado «Mitridates» (o «Mitradates», según el resumen de Focio). Si bien en un primer momento se conformó con asumir un papel secundario en la muerte de Ciro en Cunaxa, en un banquete el exceso de vino le jugó una mala pasada: se vanaglorió de haber sido el que dio muerte a Ciro. Parisátide se enteró por un eunuco de su confianza, se lo contó al rey y consiguió que este le castigara con un tormento especialmente cruel, el escafismo, que consistió en meter a Mitridates entre dos artesas que ajustaban perfectamente dejando fuera la cabeza y las extremidades. La cara se colocaba hacia el sol y se untaba con miel, para que se le llenara de moscas. Por otra parte, se le obligaba a comer y beber para que hiciera sus necesidades dentro de la artesas, de modo que la corrupción generada en el interior consumiera el cuerpo. El tormento de Mitridates duró diecisiete días (F16.67, F26 §16).

Por otro lado, la reina despliega toda su astucia para rematar la venganza. Para cobrarse una pieza difícil, un eunuco de la máxima confianza del rey, llamado «Bagapates» según el resumen de Focio (F16.66) y «Masabates» según Plutarco (F26 §17.1), que era quien había profanado el cadáver de Ciro cortándole la cabeza y la mano derecha, espera pacientemente a recobrar la confianza y la amistad de su hijo el rey. Como ambos eran aficionados a jugar a los dados, Parisátide le plantea una partida fuerte a su hijo Artajerjes. Primero apuestan mil dáricos, una auténtica fortuna. Parisátide se deja perder; pide entonces la revancha y se apuestan un eunuco. Cada uno de ellos se reserva cinco eunucos «intocables», no incursos en la apuesta. Artajerjes comete el error de no incluir en ese grupo a Bagapates-Masabates. La reina se emplea a fondo, gana la partida y reclama lo apostado que no es ni más ni menos que este eunuco, al que manda desollar vivo y colocar su cuerpo transversalmente en tres cruces, extendiendo la piel por separado, v. F26 §17.7:

Y antes de que el rey se enterara del asunto, entregó al eunuco a los verdugos y les ordenó que lo despellejaran vivo, le empalaran el cuerpo en tres cruces y colocaran la piel al lado.

Es difícil entender el detalle anatómico del suplicio al que se sometió al eunuco, pero sí se percibe su extrema crueldad.

La reacción de su hijo el rey y la respuesta cínica de la reina en la que se muestra ufana de su astuto y despiadado comportamiento también tienen todo el aspecto de formar parte de una confidencia de Parisátide a Ctesias, según el testimonio de Plutarco (F26 §17.8):

Cuando el rey se enfureció por lo que había pasado y se enfadó con ella, esta le respondió riendo: «¡Qué encantador y gracioso eres! ¡Te enfadas por un eunuco viejo y malvado, mientras que yo, que he perdido a los dados mil dáricos me callo y aguanto!».

Es probable que este fragmento nos dé también una prueba de ese estilo dramatizado que tanto le gustaba a Ctesias, según hemos visto, pero tiene también toda la apariencia de una revelación personal.

2.2. Parisátide como garante del carácter sagrado de la realeza

Una de las líneas directrices de la conducta cruel de Parisátide es la eliminación de los Idárnidas, descendientes de un aristócrata persa llamado «Hidarnes». La coincidencia del nombre de este con el Hidarnes (en antiguo persa $Vid\underline{a}rna^h$), que fue uno de los siete que ayudó a Darío en la conjura contra el Mago, nos permite pensar que Hidarnes II era descendiente de Hidarnes I, es decir, un miembro del círculo más estrecho de la nobleza persa, los más afectos y cercanos al trono.

Darío II, por algún motivo que se nos escapa, probablemente para asegurarse la lealtad de las familias aristocráticas, rompió con la costumbre de desposar a los príncipes aqueménidas con hermanos o medio-hermanos. Este había sido era el caso de su matrimonio con Parisátide, pues ambos compartían padre, Artajerjes I, pero eran hijos de distinta madre: Darío II Oco era hijo de una concubina llamada Cosmartidene, mientras que Parisátide era hija de la babilonia Andía.

El matrimonio entre hermanos dentro de la familia aqueménida está muy bien testimoniado: Heródoto 3.31 y 3.88.2 nos habla del matrimonio de Cambises con dos de sus hermanas y Plutarco *Artajerjes* 23 del de Artajerjes II con sus hermana Atosa y Amestris, por citar solo unos algunos ejemplos.

El cambio de la política matrimonial de Darío II hizo que un hijo de Idarnes II, Teritucmes, se casara con la hija de Darío y Parisátide, Amestris, y por su parte, el hijo mayor de la pareja real, Arsaces-Artajerjes II, se casó con una hermana de Teritucmes llamada Estatira.

Según el relato de Ctesias, aquí no sabemos bien si inspirado en las confidencias de Parisátide o en su propia visión novelesca de las relaciones de la corte, el odio furibundo de Parisátide contra la familia de Teritucmes se debió al hecho de que este se enamoró de su propia hermana Roxane, que tenía virtudes que para un griego eran exclusivas de varones, pero que debían de ser algo normal en la educación de las aristócratas persas: además de hermosa, era una experta lanzadora de jabalina y tiradora de arco, elementos esenciales, como sabemos, de la formación de la nobleza persa, *cf.* F15.55:

> tenía una hermana nacida del mismo padre llamada Roxane, bella y muy hábil en tirar al arco y disparar la jabalina.

Este amor le condujo a no solo a despreciar a su esposa Amestris, hija de Parisátide, sino a planear su muerte y a organizar una rebelión contra el Rey, *cf.* F15.55:

> Teritucmes se enamoró de esta y se convirtió en su amante, por lo que odiaba a Amestris; finalmente, decidió meterla en un saco y hacerla traspasar por trescientos hombres, con los que además tramaba una rebelión.

El asesinato de Amestris se llevó a cabo de una manera brutal: la metió en un saco e hizo que trescientos de los implicados en la revuelta la lancearan, seguramente para que el crimen les dejara inevitablemente ligados a la revuelta. Esta fracasó y Teritucmes murió en el combate a manos de un tal Udiastes, que traicionó su causa (F15.55).

Según el resumen de Focio (F15.56), fue la propia Parisátide la encargada de vengar la muerte de su hija: mandó enterrar vivos a la madre de Teritucmes, a sus hermanos, Mitrostes y Hélico, y dos de sus hermanas; a Roxane le reservó un castigo más cruel, pues fue destazada viva. La mujer de Arsaces, Estatira, se salvó porque Arsaces estaba enamorado de ella y suplicó desesperadamente por su vida a sus padres. A pesar de que Parisátide ha pasado a la historia como una madre dura y poco cariñosa con su hijo mayor, no debía de ser así, pues se apiadó de él y perdonó a Estatira, contra el criterio de Darío Oco, quien advirtió a su esposa de que se arrepentiría de esta decisión, como así fue, *cf.* F15.56:

Cuando Parisátide se dejó convencer, cedió también Darío Oco, diciéndole a Parisátide que se arrepentiría mucho por esta causa.

Al final, como ya hemos visto, Parisátide envenenó a su nuera. Además, el duelo de poder entre la reina madre y la reina consorte fue acumulando víctimas. Estatira, prevaliéndose de su condición de consorte del rey Artajerjes II, ordenó la muerte de un modo muy cruel de Udiastes, el ejecutor de su hermano Teritucmes durante la rebelión que hemos comentado, *cf.* F16.58: «se le corta la lengua a Udiastes tirando de ella hacia atrás y muere». Clearco también fue víctima del duelo de poder entre Estatira y Parisátide. Esta deseaba ponerlo en libertad, por ser el general de su hijo Ciro; por el contrario, Estatira convenció a Artajerjes II de que fuera ejecutado (F27.69; F28 §18.5). Esto fue la gota que colmó el vaso de la contención de Parisátide, que aguardó al momento propicio para envenenar a su nuera de la manera que ya hemos contado.

Aparentemente, en toda la historia del exterminio de los Idárnidas por Parisátide parece que subyace una historia de celos y de turbulentas pasiones propias de mujeres que tienen un poder que no deben manejar y que, cuando por la inversión de los términos propia de la corte persa, lo obtienen, lo usan de manera desaforada y cruel. Sin embargo, es muy posible que lo que sucedió en realidad es que Parisátide se erigió en la guardiana del carácter sacral de la realeza aqueménida: enfrentada al hecho de una serie de matrimonios no aceptables desde su concepción sagrada de la realeza, esto es, matrimonio entre hermanos o medio hermanos, de modo que la sangre real no se contaminara, la solución a un error de su marido fue el exterminio de todos los Idárnidas, unas veces con excusas, otras veces con astucia, pero siempre de manera efectiva y en la misma dirección.

Por otra parte, todo ello refuerza la idea de que la preferencia de Parisátide por su hijo Ciro no era un simple capricho femenino ni mucho menos resultado de unas relaciones incestuosas entre madre e hijo, como muchos autores clásicos pretendieron: aunque a veces podemos leer entre líneas la acusación de incesto, la afirmación más explícita la encontramos en Eliano, *NA.* 6.39:

Pues incluso entre los irracionales este hecho (el incesto) se tiene como algo impuro y maldito. A Ciro y a Paristátide, ¡ay, los persas!, esto les parecía bonito y legítimo: amaba Ciro a su madre de manera inapropiada y era amado por su madre con un amor idéntico.

Por el contrario, el apoyo de Parisátide a Ciro el Joven se basaba en la defensa del carácter sagrado de un hijo que había nacido cuando su padre ya era rey. De hecho, en las relaciones entre Parisátide y su hijo Arsaces-Artajerjes II no se ve odio, sino un conflicto que se resuelve siempre, ya sea con una actitud compasiva por parte de la madre cuando perdona la vida a Estatira (F15.56), ya sea con el perdón del hijo cuando permite que su madre vuelva del retiro en Babilonia y se convierta en su consejera principal (Plu. *Art.* 23.2).

Queda el problema de saber si esta actitud de Parisátide implica, además de una preservación del respeto por el carácter sagrado de la monarquía aqueménida, un respeto por las reglas del zoroastrismo acerca del matrimonio consanguíneo, como defiende Boyce (1982: 218). Es cierto que el carácter especialmente sagrado del matrimonio dentro de la familia, en av. $x^v a\bar{e}tuuada\theta a$-, está presente en textos muy antiguos del Avesta: *Yasna* 12.9 «Yo proclamo la religión mazdea (...) que favorece los matrimonios consanguíneos» y también en *Visperad.* 3.3 «yo quiero establecer a aquel que ha hecho un matrimonio consanguíneo».

De hecho, solo la orina de los que han establecido un matrimonio consanguíneo es válida para purificar a los encargados de realizar el manejo de los cadáveres y alejar así a la demonesa de los cadáveres, Druj Nasu (Moazami 2014).

Vīdēvdāt 8.12-23: Oh creador del mundo material, de ley justa. ¿Quiénes son aquellos con cuya orina, oh justo Ahura Mazda, los encargados de las tareas funerarias se lavarán los cabellos y el cuerpo, la orina de animales pequeños, o de animales grandes, o de hombres o de mujeres? Entonces Ahura Mazda dijo: «Ni de animales pequeños, ni grandes, ni de hombres, ni de mujeres, salvo los dos casos que son el hombre y la mujer que hayan hecho un matrimonio consanguíneo: esos deben producir la orina con la que se lavarán los cabellos y el cuerpo los encargados de las tareas funerarias».

De los testimonios de Ctesias es imposible saber si la reina Parisátide tenía una motivación religiosa en su defensa del matrimonio consanguíneo. Boyce (1982: 201-204, 218) considera que el origen babilonio de Parisátide es clave en el desarrollo de la iconografía de la diosa irania Anāhita vinculada o hibridada con la diosa Ishtar (v. la crítica de Briant 2002: 1000). Es difícil pensar que una defensa tan sangrienta y centrada en la venganza esté motivada en una defensa de los presupuestos del zoroastrismo, que es una religión con unos presupuestos morales elevados, de modo que me decanto por más bien por pensar que la reina tenía ante todo una visión sagrada de la monarquía, que incluía la defensa del matrimonio consanguíneo.

Conclusiones

Como dice Auberger (1993), Grecia y Persia tenían dos conceptos totalmente distintos de las esferas públicas que podían ser ocupadas por las mujeres: en Grecia, de hecho, prácticamente ninguna. Por ello, la historia de Ctesias tenía una fuerte motivación: Persia no es nunca el modelo que seguir. Para ello su historia basada en confesiones íntimas de pacientes y en chismes cortesanos tenía un fuerte carácter cohesionador: las actitudes de independencia de criterio, de autonomía política, de fuerte carácter y de libertad en la toma de decisiones, no podían dejarse nunca en manos de las mujeres, ya fueran reinas buenas que se comportan como héroes civilizadores, como Semíramis, ya fueran reinas que miran por la integridad de la dinastía hasta llegar a la extrema crueldad, como Parisátide. El problema de la historia que parece que nos ha legado Ctesias, basada en confidencias y rumores que circulaban por palacio, es que no termina de distinguir bien las esferas públicas y privadas de la vida de la corte aqueménida: lo que Parisátide hace de manera privada tiene repercusiones en lo público, pero eso no se distingue bien, porque es un rumor, destinado a representar la corte persa como un lugar siniestro, donde el mundo está al revés y las mujeres ocupan el lugar de los hombres.

Por ello, es paradójico que Ctesias haya sido siempre criticado desde la Antigüedad hasta el severo juicio de Jacoby como mentiroso, cuando en realidad su objetivo estaba más que cumplido. Su historia conseguía el propósito buscado: ante el lector griego y, como una deriva natural ante el lector occidental moderno, pone a la mujer en su sitio, es decir, bien lejos de la influencia política.

Las mujeres persas transgresoras son, según deducimos de la lectura de Ctesias y de la interpretación que hacemos del personaje de Parisátide, el paradigma de la maldad y de la crueldad oriental refinada, precisamente porque son poseedoras de legitimidad y de autonomía política. En ese sentido, podemos postular que Parisátide es una mujer a la vez maligna, en tanto que se comporta con una crueldad avasalladora, pero también empoderada, porque su actividad política activa busca salvaguardar el carácter sagrado de la monarquía aqueménida. Sin embargo, es juzgada con una mayor severidad precisamente por el hecho de ser mujer: si nosotros leyésemos los mismos testimonios de torturas y de crueldad pero atribuidos u ordenados por un hombre, por ejemplo, Jerjes, no nos llamarían especialmente la atención; todo lo más, los imputaríamos, como hace Heródoto, a los excesos propios de un despotismo oriental; sin embargo, atribuidos a una mujer, reciben una crítica especial y de carácter doble: a la reina se la tacha de comportarse fuera de los estándares que se atribuyen a su sexo; al autor que los narra se le denigra por contar chismografía de la corte. La cancelación de la información circula, por tanto, en los dos sentidos, tanto respecto a la protagonista de los actos, por el hecho de ser mujer y gobernar como un hombre, y al narrador de los eventos, por transmitir una información que se etiqueta como deficiente o carente de interés o de relevancia histórica.

Bibliografía

Abe, Takuji (2014): «Ctesias' Persica: Persian Decadence in Greek Historiography», en Yoshiaki Nakai y Paolo Carafa (eds.), *Memory of the Past and Its Utility: Nation, State, Society, and Identity*. Roma: Scienze e lettere, 35-53.

Álvarez-Pedrosa, Juan Antonio (2018): *Ctesias de Cnido. Edición, traducción, notas y comentario*. Madrid: Dykinson.

Auberger, Janick (1993): «Ctésias et les femmes», *Dialogues d'histoire ancienne,* 19, 253-272.

Auberger, Janick (1995): «Ctésias romancier», *L'Antiquité Classique,* 64, 57-73.

Boyce, Mary (1982): *A History of Zoroastrianism. II. Under the Achaemenians*. Leiden: Brill.

Briant, Pierre (2002): *From Cyrus to Alexander. A History of the Persian Empire*. Winona Lake, IN: Eisenbrauns.

Briant, Pierre (2003): «À propos du roi jardinier: remarques sur l'histoire d'un dossier documentaire», *Achaemenid History,* 13, 33-49.

Brosius, Maria (1996): *Women in Ancient Persia, 559-331 BC*. Óxford: Clarendon Press.

Brown, Truesdell S. (1978): «Suggestions for a Vita of Ctesias of Cnidus», *Historia,* 27, 1-19.

Brunt, Peter A. (1980): «On Historical Fragments and Epitomies», *Classical Quarterly,* 30, 477-494.

Christensen, Arthur E. (1936): *Les gestes des rois dans les traditions de l'Iran antique*. París: Conférences Ratanbai Katrack 3.

Drews, Robert (1973): *The Greek Accounts of Eastern History*. Cambridge, MA: Harvard University Press.

Eck, Bernard (1990): «Sur la vie de Ctésias», *Révue des Études Grecques,* 103, 409-434.

Gehrke, Hans-Joachim (1994): «Mythos, Geschichte, Politik – antik und modern», *Saeculum,* 45, 239-264.

Gómez Espelosín, F. Javier (1994): «Estrategias de veracidad en Ctesias de Cnido», *Polis,* 6, 143-168.

Jacoby, Felix (1922): «Ktesias», *Realencyclopädie der classischen Altertumswissenschaft,* 11, 2032-2037.

Jacoby, Felix (1958): *Die Fragmente der griechischen Historiker* IIIC no 688. Leiden: Brill.

Karttunen, Klaus (1989): *India in Early Greek Literature*. Helsinki: Finnish Oriental Society.

Lenfant, Dominique (1995): «L'Inde de Ctésias, des sources aux représentations», *Topoi Orient-Occident,* 5, 309-336.

Lenfant, Dominique (1996): «Ctésias et Hérodote, ou les réécritures de l'histoire dans la Perse achéménide», *Révue des Études Grecques,* 109, 348-380.

Lenfant, Dominique (1999): «Peut-on se fier aux "fragments" d'historiens? L'exemple des citations d'Hérodote», *Ktèma,* 24, 103-121.

Lenfant, Dominique (2001): «La "décadence" du Grand Roi et les ambitions de Cyrus le Jeune. aux sources perses d'un mythe occidental?», *Revue des Études Grecques,* 114, 407-438.

Lenfant, Dominique (2004): *Ctésias de Cnide. La Perse. L'Inde. Autres fragments*. Paris: Les Belles Lettres.

Lewis, David M. (1977): *Sparta and Persia Lectures delivered at the University of Cincinnati*. Leiden: Brill.

Llewellyn-Jones, Lloyd y Robson, James (2010): *Ctesias' History of Persia. Tales of the Orient*. Londres / Nueva York: Routledge.

Moazami, Mahnaz (2014): *Wrestling with the Demons of the Pahlavi Widēwdād. Transcription, Translation, and Commentary*. Leiden: Brill.

Madreiter, Irene (2012): *Stereotypisierung – Idealisierung – Indifferenz: Formen der Auseinandersetzung mit dem Achaimeniden-Reich in der griechischen Persika-Literatur*. Classica et Orientalia 4. Wiesbaden: Harassowitz.

Meeus, Alexander (2017): «Ctesias of Cnidus. Poet, Novelist or Historian?», en Lisa Hau y Ian Ruffell (eds.), *Truth and History in the Ancient World: Pluralising the Past*. Nueva York: Routledge, 172-201.

Marincola, John (1997): *Authority and Tradition in Ancient Historiography*. Cambridge: Cambridge University Press.

Momigliano, Arnaldo (1975): *Alien Wisdom: The Limits of Hellenization*. Cambridge: Cambridge University Press.

Müller, Carl (1844): *Ctesiae Cnidii et Chronographorum Castoris, Eratosthenes, etc. Fragmenta*. París.

Sancisi-Weerdenburg, Heleen (1983): «Exit Atossa: Images of Women in Greek Historiography on Persia», en Avril Cameron y Amélie Kuhrt (eds.), *Images of Women in Antiquity*. Londres: Routledge, 20-30.

Sancisi-Weerdenburg, Heleen (1987): «Decadence in the Empire or Decadence in the Sources? From Source to Synthesis: Ctesias», en Heleen Sancisi-Weerdenburg (ed.), *Achaemenid History, vol. I. Sources, Structures and Synthesis*. Leiden: Brill, 33-45.

Schmitt, Rüdiger (2002): *Die iranischen und Iranier-Namen in den Schriften Xenophons*. Wien: Verlag der Österreichischen Akademie der Wissenschaften.

Smith, John S. (1990): *Greece and the Persians*. Bristol: Bristol Classical Press.

Stevenson, Rosemary B. (1997): *Persica. Greek Writing about Persia in the Fourth Century B.C.* Edimburgo: Scottish Academic Press.

Stolper, Matthew W. (2006): «Parysatis in Babylon», en Ann Guinan *et al.* (eds.), *If a Man Builds a Joyful House: Assyriological Studies in Honor of Erle Verdun Leichty*. Leiden: Brill, 463-472.

Stronk, Jan P. (2007): «Ctesias of Cnidus: A Reappraisal», *Mnemosyne, 60*, 25-58.

Stronk, Jan P. (2017): *Semiramis' legacy: The history of Persia according to Diodorus of Sicily*. Edimburgo: Edinburgh University Press.

Se terminó de imprimir este libro
el día de 5 de octubre de 2024,
en los talleres gráficos
de Masquelibros